"十三五"普通高等教育汽车服务工程专业规划教材

汽车维修企业设计与管理

(第二版)

胡立伟　冉广仁　主　编
　　　　傅厚扬　主　审

人民交通出版社股份有限公司
China Communications Press Co.,Ltd.

内 容 提 要

本书是"十三五"普通高等教育汽车服务工程专业规划教材,共分为十五章,内容包括:概论、汽车维修企业设计内容概述、汽车维修企业的作业组织、汽车修理企业初步设计、厂区和车间设计、加油站与充电桩设计、汽车维修企业经营管理、汽车维修企业的生产技术管理、汽车维修企业质量管理、汽车维修企业的人力资源管理、汽车维修企业的设备管理、汽车维修企业的配件管理、汽车维修企业的财务管理、汽车维修企业的计算机管理、与汽车维修相关的法律、法规和标准等。

本书为高等学校汽车服务工程专业的教材,也可供交通运输、载运工具运用工程等专业及其相关专业的本科、专科学生使用,以及从事汽车服务行业和相关工程技术人员学习参考。

图书在版编目(CIP)数据

汽车维修企业设计与管理/胡立伟,冉广仁主编
.—2 版.—北京:人民交通出版社股份有限公司,
2017.8
ISBN 978-7-114-14022-8

Ⅰ.①汽… Ⅱ.①胡… ②冉 Ⅲ.①汽车—修理厂—工业企业管理 Ⅳ.①F407.471.6

中国版本图书馆 CIP 数据核字(2017)第 170154 号

"十三五"普通高等教育汽车服务工程专业规划教材

书　　名:	汽车维修企业设计与管理(第二版)
著 作 者:	胡立伟　冉广仁
责任编辑:	曹　静
出版发行:	人民交通出版社股份有限公司
地　　址:	(100011)北京市朝阳区安定门外外馆斜街 3 号
网　　址:	http://www.ccpress.com.cn
销售电话:	(010)59757973
总 经 销:	人民交通出版社股份有限公司发行部
经　　销:	各地新华书店
印　　刷:	北京市密东印刷有限公司
开　　本:	787×1092　1/16
印　　张:	14
字　　数:	327 千
版　　次:	2006 年 12 月　第 1 版 2017 年 8 月　第 2 版
印　　次:	2017 年 8 月　第 2 版　第 1 次印刷　累计第 4 次印刷
书　　号:	ISBN 978-7-114-14022-8
定　　价:	31.00 元

(有印刷、装订质量问题的图书由本公司负责调换)

"十三五"普通高等教育汽车服务工程专业规划教材编委会

主任委员: 许洪国(吉林大学)

副主任委员:

张国方(武汉理工大学)	储江伟(东北林业大学)
简晓春(重庆交通大学)	王生昌(长安大学)
李岳林(长沙理工大学)	肖生发(湖北汽车工业学院)
关志伟(天津职业技术师范大学)	付百学(黑龙江工程学院)

委员:

杨志发(吉林大学)	杜丹丰(东北林业大学)
赵长利(山东交通学院)	唐 岚(西华大学)
李耀平(昆明理工大学)	林谋有(南昌工程学院)
李国庆(江苏理工学院)	路玉峰(齐鲁工业大学)
周水庭(厦门理工学院)	宋年秀(青岛理工大学)
方祖华(上海师范大学)	郭健忠(武汉科技大学)
黄 玮(天津职业技术师范大学)	邬志军(皖西学院)
姚层林(武汉商学院)	田茂盛(重庆交通大学)
李素华(江汉大学)	夏基胜(盐城工学院)
刘志强(长沙理工大学)	孟利清(西南林业大学)
陈文刚(西南林业大学)	王 飞(安阳工学院)
廖抒华(广西科技大学)	李军政(湖南农业大学)
程文明(江西科技学院)	鲁植雄(南京农业大学)
钟 勇(福建工程学院)	张新峰(长安大学)
彭小龙(南京工业大学浦江学院)	姜连勃(深圳大学)
陈庆樟(常熟理工学院)	迟瑞娟(中国农业大学)
田玉东(上海电机学院)	赵 伟(河南科技大学)
陈无畏(合肥工业大学)	左付山(南京林业大学)
马其华(上海工程技术大学)	王国富(桂林航天工业大学)

秘书处: 李 斌 曹 静 李 良

前 言

Qianyan

　　汽车保有量的迅猛增长对汽车维修行业产生了深远的影响,随着汽车技术含量的增加,对汽车维修企业与维修技术人员提出了更高的要求。汽车维修由传统机械修理转向依靠电子设备和信息数据进行诊断与维修。汽车维修设备生产厂家也推出先进的专用检测设备和仪器,为汽车维修企业注入了高科技成分的同时带来了新的挑战。因此,适合中国国情的现代化的汽车维修企业设计与管理,已是汽车维修行业亟待解决的课题。设计高水平的适合中国经济社会发展的汽车维修企业,吸纳更多具备较高汽车维修企业管理水平的人才,已成为中国高速发展的汽车维修业、交通运输业乃至整个汽车产业健康发展的当务之急。

　　本书在调研了中国汽车维修企业目前状态的基础上,结合新的历史条件下的客观实际,从更有利于汽车维修企业经营管理的实践角度,重点介绍了汽车维修企业设计内容、汽车维修企业的作业组织、汽车修理企业初步设计、厂区和车间设计、加油站与充电桩设计、汽车维修企业经营管理、汽车维修企业的生产技术管理、汽车维修企业质量管理、汽车维修企业的人力资源管理、汽车维修企业的设备管理、汽车维修企业的配件管理、汽车维修企业的财务管理、汽车维修企业的计算机管理、与汽车维修相关的文件等。

　　本书是根据"十三五"普通高等教育汽车服务工程专业规划教材编写要求对昆明理工大学傅厚扬主编版本的再版。主要由昆明理工大学胡立伟、山东交通学院冉广仁编写形成。全书共十五章,其中第一章、第十五章由胡立伟、陈政编写,第二章、第三章、第四章、第五章、第六章由冉广仁编写,第七章、第八章由胡立伟、王淼编写,第九章、第十一章由胡立伟、佘天毅编写,第十章由胡立伟、李林育编写,第十二章、第十四章由曹录翠(云南经济管理学院)、胡立伟编写,第十三章由胡立伟、张婷编写。本书由昆明理工大学傅厚扬副教授主审。谨借此机会对教材主审和参考文献的各位作者致以衷心的感谢。

　　由于编者水平有限,书中错误之处在所难免,恳请读者批评指正。

编　者
2017 年 5 月

目 录

Mulu

第一章　概论 ……………………………………………………………… 1
　第一节　汽车维修企业的定义、作用和特点 ……………………………… 1
　第二节　汽车维修企业的类型 ……………………………………………… 3
　第三节　我国汽车维修企业的历史和现状 ………………………………… 5

第二章　汽车维修企业设计内容概述 …………………………………… 9
　第一节　设计任务书的编制 ………………………………………………… 9
　第二节　企业设计的一般程序 ……………………………………………… 9
　第三节　汽车维修企业的规模与组成 ……………………………………… 11
　第四节　汽车维修企业的建厂原则 ………………………………………… 12
　第五节　汽车维修企业的厂址选择原则 …………………………………… 13

第三章　汽车维修企业的作业组织 ……………………………………… 14
　第一节　汽车维修的作业组织方法 ………………………………………… 14
　第二节　汽车修理的工艺过程组织 ………………………………………… 15

第四章　汽车修理企业初步设计 ………………………………………… 17
　第一节　生产任务、生产纲领及各种作业时间定额的确定 ……………… 17
　第二节　年度工作量及职工人数 …………………………………………… 18
　第三节　建筑面积计算 ……………………………………………………… 20
　第四节　设备数量的计算和配备 …………………………………………… 24

第五章　厂区和车间设计 ………………………………………………… 28
　第一节　厂区总平面布置 …………………………………………………… 28
　第二节　主要生产厂房的平面布置 ………………………………………… 36
　第三节　动力站房设计 ……………………………………………………… 39
　第四节　库房设计 …………………………………………………………… 50
　第五节　车间抽排设计 ……………………………………………………… 52
　第六节　停车场设计 ………………………………………………………… 53
　第七节　检测线设计 ………………………………………………………… 57

第六章　加油站与充电桩设计 …… 66
第一节　加油站设计 …… 66
第二节　电动汽车充电站设计 …… 75

第七章　汽车维修企业经营管理 …… 83
第一节　概述 …… 83
第二节　汽车维修企业的经营管理 …… 86

第八章　汽车维修企业的生产技术管理 …… 96
第一节　汽车维修企业的生产管理 …… 96
第二节　汽车维修企业的技术管理 …… 104

第九章　汽车维修企业质量管理 …… 115
第一节　质量与质量管理的概念 …… 115
第二节　汽车维修企业质量管理体系的建立 …… 118
第三节　汽车维修质量管理体系的运行 …… 128

第十章　汽车维修企业的人力资源管理 …… 134
第一节　概述 …… 134
第二节　人力资源规划 …… 139
第三节　员工的招聘 …… 143
第四节　绩效管理 …… 146
第五节　报酬管理 …… 152
第六节　企业文化管理 …… 154

第十一章　汽车维修企业的设备管理 …… 159
第一节　汽车维修设备管理的分类及管理工作要求 …… 159
第二节　汽车维修设备管理工作要求 …… 164

第十二章　汽车维修企业的配件管理 …… 169
第一节　配件的经营管理 …… 169
第二节　配件的质量管理 …… 171
第三节　配件的仓储管理 …… 173

第十三章　汽车维修企业的财务管理 …… 176
第一节　概述 …… 176
第二节　汽车维修企业的资产、债务和所有者权益 …… 178
第三节　汽车维修企业的成本管理 …… 180
第四节　汽车维修企业的财务报告 …… 183

第十四章　汽车维修企业的计算机管理 …… 193
第一节　计算机管理系统的建设与运行 …… 193

第二节　典型的计算机管理业务流程……………………………………………197
　　第三节　互联网在汽车维修行业的应用…………………………………………206
第十五章　与汽车维修相关的法律、法规和标准…………………………………209
　　第一节　现行与汽车维修企业相关的部分法律、法规…………………………209
　　第二节　现行与汽车维修企业相关的部分标准…………………………………210
参考文献……………………………………………………………………………213

第一章 概　论

第一节　汽车维修企业的定义、作用和特点

一、汽车维修企业的定义

汽车维修企业是指从事汽车维护和修理生产的经济实体。一般包括汽车维护企业、汽车修理企业、汽车专项修理业户、汽车技术状况诊断检测站等。

按照现行国家标准《汽车维修业开业条件》，汽车维修企业分为三类：一类汽车维修企业、二类汽车维修企业和三类汽车维修业户。

一类汽车维修企业是从事汽车大修和总成修理生产的企业，亦可从事汽车维护、汽车小修和汽车专项修理生产。

二类汽车维修企业是从事汽车一级、二级维护和汽车小修生产的企业。

三类汽车维修业户是专门从事汽车专项修理（或维护）生产的企业和个体户。专项修理是指对汽车单项或几项附属总成、附件、零部件、专用装备、电器仪表、轮胎、装修涂饰中的一项或几项进行专业性的修理、维护、工艺加工、技术服务、改装等作业，如汽车喷（烤）漆、蓄电池充电修理、电气或空调器修理、轮胎修补充气、喷油泵修理、高压注（换）油、曲轴磨修、车身修理改装、门窗玻璃安装、检测四轮定位等。专门从事某一车型维修的汽车制造厂维修中心和特约维修站也参照相应条件进行分类。

二、汽车维修企业的作用和特点

1. 汽车和汽车产业的特点

由 2 万多个零部件组成的汽车是典型的集现代高新科技之大成的交通运输设备，其数量之多，普及面之广，运输量之大，远远超过了其他任何交通工具。汽车产业是资金密集，技术密集，人才密集，发展速度快、涉及行业广、对国民经济影响极大的产业。汽车及汽车产业的发展水平已成为一个国家或地区经济实力及科学技术发展水平的标志。汽车和汽车产业的高速发展在促进整个世界经济高速发展的同时，也给人类社会带来一系列难以解决的问题，其中行车安全、节约能源、环境保护已成为当前亟待解决的三大重要问题。而与这三大问题密切相关的除汽车设计与制造行业、交通运输与管理行业外，汽车维修也是与这三大问题密切相关从而影响到整个汽车及其相关产业能否健康发展的，不可或缺的行业。

2. 汽车维修企业的作用和特点

1）作用

（1）汽车维修企业是汽车运用与服务工程的重要组成部分，也是整个汽车产业链中的一个重要环节。汽车维修企业作为汽车维修市场的主体，通过提供汽车维修及相关服务，在保持或恢复汽车动力性、经济性、安全性、可靠性，控制汽车噪声、污染，最大限度地延长汽车使用寿命、节约能源和其他宝贵资源等方面，发挥着不可替代的作用。

（2）汽车维修企业的迅速发展，为缓解社会就业压力起到了不可忽视的作用。截至2016年末，我国民用汽车保有量19440万辆，其中营运车辆占比70%左右，每辆专业性营运车辆的年维修费用平均达4000～6000元，非专业性运输车辆年维修费用也平均达1500～2500元，由此可以算出，全世界每年用于汽车维修的费用超过2000亿元。我国每年用于汽车维修的费用也在200亿元以上。如此巨大的维修产值使我国现有的22余万个汽车维修企业，得以容纳从业人员350余万。这无疑为我国宏观经济的健康发展和缓解社会就业压力起到不可忽视的作用。

（3）汽车维修企业对汽车新技术的推广普及和发展均起到极大的促进作用。由于汽车技术的高速发展，几乎每年都有大量的新技术在汽车上被采用。作为新技术的拥有者，总是千方百计地延长对其知识产权的垄断，但这些新技术一旦被采用，其结构原理和核心技术总是最先在相关的汽车维修企业被公之于众。因而汽车维修企业又自然而然地成为汽车新技术的传播场所和从事汽车专业学习的学生甚至汽车技术研究人员极佳的实习基地。这无疑对汽车新技术的推广普及和发展均起到极大的促进作用。

2）特点

（1）随着许多高新技术，诸如电子控制技术、尾气净化技术、卫星定位技术、代用燃料技术等的发展，汽车维修技术也必须同步发展。因此，近几年来不少汽车维修企业在技术改造、技术进步方面做了许多工作，他们改善了作业条件、购置了先进的设备、引进了技术人才。大量先进的检测维修设备已经进入了维修企业。据统计，到2015年底，汽车维修企业拥有的维修检测设备已经达到了3000余万台套，其中检测诊断设备占43%。汽车维修行业技术进步对其产值的贡献率达到45%。因此，某些汽车维修企业成了典型高新技术产业，其跟踪高新技术、掌握高新技术的能力从某种意义上讲已经领先于我国汽车制造业。

（2）汽车维修企业是一种技术密集、劳动密集的企业。汽车维修作业的对象是在用汽车，而汽车是一种结构复杂、技术密集的现代运输工具，也是一种可靠性、安全性要求较高的行走机械。为了适应社会发展的需要，车辆的品种日益增加，新技术、新工艺、新材料也不断被采用，使车辆的结构也越来越复杂。这就决定了汽车维修行业的技术复杂性。从汽车维修作业的工种看，不仅需要发动机、底盘、电气、钣金、轮胎、喷漆等专业修理工种，而且需要车工、钳工、铆工、焊工等各种机械方面的通用工种。生产要求差异性很大，使维修企业的作业内容、作业深度千差万别。另外，由于设计制造和使用环境相近等原因，同型号的车辆在维修作业中暴露出的问题有很大的重复性，使维修经验在维修作业中的地位也十分突出。

（3）社会分散性。汽车维修作业是为在用车服务的。在用车的特点是流动分散，遍布城乡各地。因而，汽车维修企业必然会分布在社会各个角落，具有很大的分散性。尤其从事汽车专项维修的业户，这种分散性表现得更为突出。它决定了汽车维修企业的规模不可能过大。因此，汽车维修业以中小型企业为主。

（4）市场的调节性。汽车维修行业是随着道路运输业和汽车制造业的发展而发展的，加之企业点多面广和专业服务的特点，决定了该行业具有较强的市场调节性。道路运输业、汽车制造业乃至整个国民经济的波动，都会对汽车维修市场需求产生至关重要的影响。这就使一些不能随市场变化而变化的汽车维修业户的稳定性很差。也就是说，根据市场的需要,维修业户的开业、停业在动态变化中自行调节,使汽车维修市场的供求关系逐渐趋于平衡。

(5)隶属关系错综复杂。汽车分布在千家万户,各行各业。改革开放前,在封闭的经济体制下,很多经济实体都有为自己服务的汽车维修企业。改革开放后,这些企业都纷纷向社会开放,进入维修市场,形成了一个社会化的行业。但是,这些企业大部分的隶属关系并未改变,仍为原部门和单位所有。这一情况就决定了我国汽车维修行业的隶属关系错综复杂。随着企业改革的深入和发展,这种局面将逐步得到改善。

(6)汽车维修企业也是一种高投入、高产出、存在激烈竞争和一定风险的企业。随着国民经济的高速发展和外资的大量引进,我国汽车产业发生了质的飞跃,汽车的保有量成倍地提高,给汽车维修企业带来空前的发展空间。大量高科技含量的汽车维修设备特别是汽车检测设备,先进的维修技术,科学的作业方式及管理模式的采用,大幅度地提高了汽车维修作业效率,使很多汽车维修企业成为名副其实的高投入、高产出的企业。汽车维修业作为一个重要的经济增长点,越来越强劲地吸引着社会各方面的资金,越来越多的投资者选择汽车维修行业作为经营的柱石。与此同时,还有不少老的汽车维修企业,因体制落后,资金匮乏,员工素质不高,经营方式和管理模式陈旧,无法适应新形势下汽车维修市场的变化,被迫关、停、并、转。还有一些新建的汽车维修企业,由于没有对投资项目进行足够的可行性分析,因工厂选址问题、人员设备配备问题、投资规模问题、车源问题、配件渠道问题、周边环境问题等,投资建厂后时间不长即被迫停产、减产或转产。在我国20多万户汽车维修企业中,每年有一万多家企业因各种原因而停业。同时又有更多的维修企业诞生,使汽车维修行业表现出强烈的竞争性和相当的风险性。

第二节 汽车维修企业的类型

一、汽车维修企业分类的必要性

汽车维修行业是一种技术复杂的服务性行业,各企业的规模、经营项目差异较大。各维修企业的技术水平、设备条件、厂房场地面积、人员的技术素质和其他生产设施等各不相同。为使汽车维修行业管理系统化、规范化、科学化,促进汽车维修行业提高维修质量、生产效率和经济效益,方便广大汽车用户,必须实行分类管理。在由中华人民共和国交通部提出,交通部公路管理司与交通部标准计量研究所起草,并于2004年实施的《汽车维修行业开业条件》中对汽车维修作业的类别及其作业范围和汽车维修企业的类型等,进行了详细而明确的划分。

二、汽车维修的类别及其作业范围

汽车维修是汽车维护和修理的泛称。按定义和类别可分为汽车维护与修理。

1. 汽车维护的类别和主要作业内容

汽车维护的类别是指汽车维护按汽车运行间隔期限、维护作业内容、运行条件等划分的不同的类型或级别。其中,运行间隔期限是指汽车运行的里程间隔或时间间隔。汽车维护的主要类别和主要作业内容如下:

1)定期维护和主要作业内容

定期维护是按技术文件规定的运行间隔期限实施的汽车维护,在整个汽车寿命期内按规定的周期循环进行。按《汽车运输业车辆技术管理规定》中的汽车维修制度,汽车维护分为:例行维护、一级维护和二级维护。各级维护的周期和主要作业内容是:例行维护(一种日常性作业),每日由驾驶人出车前或收车后进行。其作业中心内容是清洁、补给和安全检查等。一级维护:由专业维修工在维修车间或维修厂内进行。间隔里程周期一般为1000~2000km。其作业中心内容除日常维护作业内容外,以检查、润滑、紧固为主,并检查有关制动、转向等安全系统的部件。二级维护:由专业维修工在维修车间或专业维修厂内进行。间隔里程一般为10000~15000km。其作业中心内容除一级维护作业内容外,以检查调整为主,并拆检轮胎,进行轮胎换位。上述汽车定期维护的周期和作业内容只是一些原则,由于车型和运行条件不同,使用的原材料和配件质量的差异,导致各级维护作业的深度和周期有很大的差别。所以,各地可根据具体情况,确定其周期和作业内容。

2)季节性维护和主要作业内容

为使汽车适应季节变化而实行的维护,称为季节性维护。通常,季节性维护可结合定期维护一并进行。主要作业内容是更换润滑油、调整油路、电路和对冷却系统的检查维护等。

3)走合维护和主要作业内容

走合维护是指新车或大修车走合期间实施的维护。主要作业内容除特别注意做好例行维护外,要经常检查紧固外露螺栓、螺母,注意各总成在运行中的声响和温度变化,及时进行适当的调整。走合期满,应更换润滑油、某些紧固连接件,并对走合维护范围内指定的零部件间隙进行调整。

2. 汽车修理的类别和主要作业内容

汽车修理的类别是按修理对象、作业深度形式来划分。按修理对象和作业深度划分为:汽车大修、总成修理、汽车小修、零件修理和视情修理等。

1)汽车大修

汽车大修是指用修理或更换汽车零部件(包括基础件)的方法,恢复汽车的完好技术状况或完全(或接近完全)恢复汽车寿命的恢复性修理。汽车大修是对整车进行解体,对所有零部件进行检验、修理或更换。汽车大修的期限随着汽车产品质量、使用条件和平时维护状况的不同有很大的差异,车辆技术管理部门应对接近大修定额里程的车辆加强状态监控,结合维护进行定期检测,做好技术鉴定工作,根据汽车大修的送修条件及时送修。

2)总成修理

总成修理是为了恢复汽车某一总成的技术状况、工作能力和寿命而进行的作业。也就是总成经过一定使用期限后,其基础件和主要零部件破裂、磨损、老化等,需要拆散进行彻底修理,以恢复其技术状况。主要总成包括发动机、车架、车身、变速器、后桥、前桥等。送修前要进行技术鉴定,达到送修条件的按规定送修。

3)汽车小修

汽车小修是用修理或更换个别零件的方法,保证或恢复车辆工作能力的运行性修理。汽车小修主要是为了消除车辆在运行过程中和维护作业中发生或发现的故障和隐患。

4)零件修理

零件修理是对因磨损、变形、损伤等不能继续使用的零件进行修复,以恢复其性能和寿命。它是节约原材料、降低维修费用的一个重要措施。当然,零件修理必须考虑是否有修复价值和是否符合经济性原则。

5）视情修理

视情修理是指按技术文件规定对汽车技术状况进行诊断或检测后,决定修理的内容和实施时间的修理。也就是根据鉴定结果决定修理的级别和项目。

三、汽车维修企业的类型

从汽车维修的类别和主要作业内容可以看出,各维修类别的作业内容和复杂程度有很大的区别,维修作业所要求的技术条件也相差悬殊。汽车维修企业类别的划分就是按其完成维修作业的最高类别来确定的,按照现行国家标准《汽车维修业开业条件》规定,汽车维修企业按经营项目分为以下两个类型。

1. 汽车整车维修企业

有能力对所维修的整车、各个总成及主要零部件进行各级维护、修理及更换,使汽车的技术状况和运行性能完全(或接近完全)恢复到原车的技术要求,并符合相应国家标准规定的汽车维修企业。按规模大小分为一类汽车维修企业和二类汽车维修企业。

2. 汽车专项维修业户

从事汽车发动机、车身、电器系统、自动变速器、车身清洁维护、涂漆、轮胎动平衡及修补、四轮定位检测调整、供油系统维护及油品更换、喷油泵和喷油器维修、曲轴修磨、汽缸镗磨、散热器(水箱)维修、空调维修、汽车装潢(篷布、坐垫及内装饰)、汽车玻璃安装等专项维修作业的业户(三类)。值得说明的是,在实际工作中,有的汽车维修企业专门从事某一车型的维修,如汽车制造厂的维修中心、特约维修站等,不属于三类汽车维修企业。因为这些企业有时也从事某一车型的整车、总成及主要零部件的各级维护、修理及更换。对于这种情况,应按其作业内容和规模划分,有些可定为二类汽车维修企业,有些可定为一类汽车维修企业。

第三节 我国汽车维修企业的历史和现状

一、我国汽车维修企业的历史

新中国成立之初,我国汽车维修企业仅有一百多家,且受长期战乱的破坏,大都处于奄奄一息的状态,为尽快抢修旧社会遗留下来的破旧车辆,恢复公路运输,满足经济建设和人民生活需求,政府部门帮助私营汽车维修企业克服困难恢复生产。当时,中央成立全国废旧汽车整修委员会,在其统一领导下,通过拆、拼、接、改等工艺方法,共修复汽车5000多辆。通过这项工作,不仅恢复了道路运输,而且增加了汽车维修企业的活力,培训了一批人才,增加了汽车维修设备,奠定了新中国汽车维修业的基础。与此同时,我国汽车预防维修体系也开始形成。1954年首次颁布的《汽车运输企业技术标准与技术经济定额》是我国第一部运输技术管理的法规性文件。该标准规定汽车保养分为例保、一保和二保,共三级,保养工艺中不含修理内容。修理分三类,即小修、中修和大修。该文件的发布与实施,为我国汽车维修制度的建立和健全奠定了良好的基础。随着国民经济建设的恢复和发展,汽车保有量逐渐增加,汽车维修的能力也有了较大幅度的提高。到1957年,道路运输部门基本上形成了一个多层的汽车维修网络,年大修能力达到2万多辆,但汽车维修业仍处于手工操作、作坊式生产的落后状态,不仅生产效率低,而且维修质量差,加之路况不好,汽车大修后只能以 40~50km/h 速度行驶。

1956 年 10 月第一汽车制造厂建成投产,在随后的 20 年间,南京汽车制造厂、济南汽车制造厂、北京第二汽车制造厂、四川汽车制造厂、陕西汽车制造厂和二汽相继建成投产,我国汽车制造业和交通运输业得到空前的发展,用于营运的汽车数量与日俱增,原有的汽车维修体系已不能满足交通运输业的需求。各汽车维修企业大力开展技术革新和技术改造以及文明生产活动,建立健全各种规章制度、技术标准,加强质量管理,充实人员和设备。通过几年的努力,汽车维修业的面貌有了较大的变化。各专业运输部门相继组建了比较完善的汽车维修企业。

20 世纪 70 年代,交通部根据汽车维修技术进步的需要,提出了汽车维修作业机械化、检验仪表化的发展方针,开展了一次大搞技术革新的群众运动,使汽车维修作业的技术水平和生产效率都得到大幅度的提高。到 1979 年,我国的汽车大修能力已达到 10 万余辆。但是,在汽车维修业发展过程中,除了部分交通部门独家经营的为社会车辆维修服务的企业外,大部分维修企业都依附在运输企业和车辆较多的单位中。主要是为自用车辆维修服务。这种一家独办的垄断经营方式造成了我国长期存在的"修车难"问题无法解决。单一卖方市场,缺乏竞争机制,不仅使企业缺乏活力,阻碍汽车维修生产力的发展,而且使用户失去了选择的余地,车辆无法得到及时的维修,影响了运输生产的效率,也从另一个侧面证明了这种依附于运输业的汽车维修企业,已经不仅不能适应公路运输的发展,更不能适应社会发展的需求。

党的十一届三中全会提出的"改革开放"的方针,给汽车维修业带来了活力和生机。随着道路运输市场的开放,汽车维修市场也逐渐开放。进入 20 世纪 80 年代,全国城乡的汽车维修厂点如雨后春笋,迅猛增长,出现了国营、集体、个体一起上的势头。截至 1999 年底,全国汽车维修厂点达到 22 余万个,从业人员增加到 350 余万人,年维修产值近 180 亿元,初步形成了一个分布广泛、门类齐全的汽车维修网络,基本上解决了"修车难"的问题。为适应新形式的需要,交通部于 1964 年在原"红皮书"的基础上,吸收国内外积累的经验,重新编写和颁发了《汽车运输企业技术管理规定》和《汽车运用技术规范》两本"红皮书"。1965 年交通部第四次颁发了《汽车修理规程》和《汽车运用规程》,三级保养制度改为例保、一保、二保和三保的四级保养制度,取消了中修,三保的里程周期为 40000~48000km,主要作业内容是总成解体、清洁、检查维修,发动机换活塞环,甚至镗缸换活塞等,使我国的汽车运用与维修作业水平跨上了一个新的台阶。20 世纪 60 年代末提出的"严格管理、合理使用、强调保养、计划修理"的十六字方针,使计划维修思想深入人心,加强了汽车维护和修理工作的计划性,降低了汽车故障频率,提高了行车安全,起到了促进公路运输发展的作用。然而,随着科学技术的发展和汽车设计与制造技术的进步,由 20 世纪 50 年代奠定、20 世纪 60 年代发展起来的旧的计划维修体系,到 21 世纪的今天,许多难以克服的缺陷开始暴露出来。

1. 理论依据问题

我国现行汽车维修的主要理论依据是磨损理论。按照零件磨损量或是使用时间函数的磨损规律曲线,安排计划预防维修周期和作业内容。其确定的原则是希望在零件极限磨损期之前对它进行维修,预防潜在的故障。但是,汽车各种零件的磨损规律并不一样,极限磨损期也各不相同,强制维修必然造成某些维修作业进行过早,盲目的拆卸不仅增加作业量,而且加速了机件的磨损和损坏;同时,还会有一些项目因维修期过迟而丧失了"预防"的时机,增加了途中故障频率,降低了可靠性。再者,磨损并不是汽车故障的唯一原因,诸如油路、电路故障以及使用不当都会引发汽车故障,而且汽车零部件因寿命引起的故障具有很大的随机性,定期强制维修难以从根本上解决问题。

2. 维护、修理作业重复交叉

由于缺少先进的检测手段,无法准确判断和预测汽车的技术状况和损坏情况。对于大修以外的修理,一般是结合维护定期执行计划外小修,将一些预定计划小修项目列入维护强制实行,如更换活塞环、研磨气门、更换润滑油等。事实上,这些项目是否需要实施,在很大程度上取决于材质、使用水平等,按相同时间间隔强制执行一些计划外小修项目的做法,必然带来超前和滞后修理的弊病,有时会浪费部分汽车零部件许多剩余使用寿命。

3. 作业内容

我国汽车维护周期和作业内容,基本上是根据解放 CA10B 型载货汽车的使用经验制定的。但近几年我国汽车产品结构、材质、制造质量等都有了较大的提高,而且我国汽车保有量中 1/3 以上是从国外进口,时至今日仍然沿用老解放牌汽车的模式来指导现代汽车维修,显然是不行的。

4. 汽车大修标志的规定不合理

在实际使用中,汽车各总成的磨损程度和寿命相差较大,以发动机总成为主要参考对象(载货汽车)来决定是否对整车进行大修,这是非常不科学的。20 世纪 80 年代,在总结汽车使用经验的基础上,对以往的"红皮书"作了概括和提炼,编印了《汽车运输和修理企业技术管理制度》和《汽车修理技术标准》,在全国分 3 个片区进行为期两年的标准验证,在此期间,提出了"科学管理、合理使用、定期保养、计划修理"的指导思想,对原十六字方针作了修改,把计划预防维修管理提高到了一个新的水平。

二、汽车维修业的现状

随着改革开放的深入进行,在正确政策的引导下,世界汽车制造业的重心迅速向我国转移,我国汽车的保有量和品种(特别是技术含量较高的品种)急剧增加,汽车的档次和高新技术含量迅速提高。与此同时汽车维修业的整体规模、作业方式、技术水平、维修理念和管理模式都发生了巨大的变化。

随着汽车品种的增多、档次的提高,汽车零部件的质量水平和耐用程度的差距越来越大,定期维护更换零件时必然会有部分零件还剩余相当可观的使用价值,从经济角度考虑,更换零件得不偿失。因此,采用先进的科学检测手段,按合理的周期对汽车性能和主要总成,使用检测诊断设备进行检测和诊断,确定需要维修的时机和作业内容,势在必行。1990 年交通部 13 号令发布了《汽车运输业车辆技术管理规定》。确立了定期检测、强制维护、视情修理三原则。为贯彻新的汽车维修制度,交通部又相继制定了 1998 年 2 号令《道路运输车辆维护管理规定》、《汽车维护工艺规范》(JT/T 201—1995),1991 年 28 号令《汽车维修质量管理办法》、29 号令《汽车综合性能检测站管理办法》,为建立新的汽车维修制度,提供了政策、法规、标准和依据,推动了汽车维修制度的改革,促进了新的汽车维修制度的形成。为增强汽车维修质量检测手段,截至 1997 年底,全国新建汽车综合性能检测站 893 个,其中 A 级检测站 225 个,B 级检测站 451 个,C 级检测站 117 个,专用检测车 9359 辆,这些检测站、检测车为实行新的维修制度提供了科学手段。

1. 定期检测

定期检测就是通过现代化的技术手段,定期正确判断车辆的技术状况。它包含两重含义。一是对所有在用车辆视其类型、老旧程度、使用条件和使用强度等制定定期检测制度,使其在行驶一定里程、时间后,按时进行综合性能检测。通过这种检测达到控制在用车辆技术状况的目的。定期检测是现实行业管理的依据,对维修车辆进行定期抽检,是监督维修质量的有力措施。定期检测的具体做法是由交通运输管理部门有计划地定期组织车辆,到认定的检测站进行综合性能检测。二是定期检测结合维护进行,以此确定维护附加作业项目,掌握车辆技术状况变化规律,同时通过对车辆的检测诊断和技术鉴定,确定车辆是否需要大修,以便实施视情修理。同时,要求具有一定规模的维修部门创造定期检测的具体条件,包括配备必要的检测设备和技术人员。

2. 强制维护

强制维护即强制保养。过去的设备管理,普遍推行计划预防维护制度。在20世纪50年代初,我国对运输车辆的管理就开始执行这一制度并取得显著成绩。随着科学技术的进步,现在国外普遍采用状态检测下的维护制度,这一制度并未废除过去的计划预防原则,而是在计划预防维护的基础上增加了状态检测内容,在执行计划维护的同时,结合状态检测的结果确定附加维护作业项目。因此,强制维护是建立在计划预防维护和状态检测的基础上进行的一种维护制度。这一制度有力地预防了某些人盲目追求眼前利益,不重视及时维护,对车辆进行破坏性使用的错误行为。维护与修理有着明显的界限,维护作业包括清洁、检查、补给、润滑、紧固调整等,除主要总成发生故障必须解体时,不得对其进行解体。最终的目的是逐步取消解体式的三级维护。

3. 视情修理

视情修理是随着检测诊断技术的发展和维修市场的变化而提出的,过去的计划修理往往因计划不周或执行不彻底而造成修理不及时或提前修理的情况。修理不及时的结果是车况急剧恶化,提前修理的结果会造成浪费。为了改变这种情况,将过去的计划修理改为视情修理,使之更加符合我国国情,这体现了技术与经济相结合的原则,是汽车维修制度的另一重大变化。视情修理是在定期检测诊断和技术鉴定基础上确定修理时间和项目,既不是按车辆所有者或使用者的意见,确定修理时间和项目,也不是取消车辆的总成大修。因为车辆的设计制造者已经考虑到了各部件或总成使用寿命的协调性。因而,在一般情况下只要使用部门正确掌握其维修周期,根据大修送修标志,对车辆或总成进行大修。尽管对某些部件或总成还是要造成提前修理,但这是不可避免的,从整体来讲也是经济合理的。

第二章 汽车维修企业设计内容概述

第一节 设计任务书的编制

设计任务书是进行设计的依据,它的作用是把对企业的要求和必要的资料以及发展方向告诉设计部门,以便设计部门进行设计。设计任务书一般委托设计部门来拟定。设计任务确定后,需要报有关主管部门批准方可进行设计工作。

一、设计任务书的内容

(1)建设性质:说明企业是新建、改建还是扩建等。
(2)建设的目的:说明企业建设的必要性、企业的服务对象、服务范围以及服务的车辆构成情况等。
(3)企业的生产纲领:说明本企业所修车辆的型号及维修项目的名称和年生产量。
(4)企业的生产制度和管理组织制度:说明企业的生产制度和管理组织制度。
(5)厂点基本情况:厂区地址、占地面积、地形、气象、水文地质资料;水、电、煤气和劳动力的来源等。
(6)生产协作关系:说明可能与哪些工厂进行生产协作。
(7)建筑期限:说明建筑竣工期限,分期建筑的顺序,将来发展的远景,以及投资的控制数字。

二、设计任务书附加的资料

(1)图纸要求:比例不小于1∶2000的建筑地区地图,图中必须注有交通线路、电力网、煤气管路、给排水管网、暖气管路;标注已有的和正在建设的全部企业、机关及宅区等。比例为1∶500或1∶1000的建筑场地地形图,图上应标明等高线。
(2)材料情况:建筑地区的建筑材料情况。
(3)批文:有关机关同意拨给的土地,同意进行建筑、供水、供电、供煤气、供暖气以及利用地下水道的批文。
(4)协议:与有关企业进行生产协作的协议书。

第二节 企业设计的一般程序

汽车维修企业设计一般分为初步设计、技术设计和施工设计三个阶段。在采用典型设计或重复利用已有的、在实际工作中获得良好效果的设计时,可以免去技术设计阶段。

一、初步设计

初步设计是根据设计任务书和其他设计资料进行的全盘研究和计算。其目的是证明该建筑项目在技术上的可能性和经济上的合理性,保证正确选择建筑场地、水源和动力来源等。在初步设计的工艺部分中,确定企业的工人数、厂房面积、水和动力消耗量、设备和低值生产用具的概算价值,并且要设计各车间和办公室的平面布置草图以及厂区总平面布置草图。如果采用两阶段设计,初步设计要做出主要设备的计算和设备平面布置,并作出设备、低值生产用具的财务概算,以及建筑工程费(包括土建、暖气、煤气、给排水、照明等)的财务概算,主要技术经济指标等。

二、工艺设计

汽车维修企业工艺设计程序为:论述企业任务——确定企业的生产纲领——简述生产工艺过程和工艺要点——确定生产车间的组成——确定企业的工作制度以及计算工人数和工作地点的年度工作时数——编制各工种作业工时定额——计算企业和车间的年度工作量和生产工人数——拟定企业的组织机构和编制企业定员表——计算生产厂房、辅助用房及行政生活用房的面积——计算主要生产设备的数量、选型——计算水和动力消耗量,说明选用的有关设备设施的型号——绘制企业的总平面布置图、主厂房平面布置图、辅助用房和行政生活用房的布置图——拟订企业的经济技术指标,并作出关于企业的技术经济效果。

三、技术设计

技术设计是在被批准的初步设计的基础上进行的,主要任务是解决设计工作的各部分(工艺、动力、建筑、卫生环保和经济部分)的主要技术问题,并最后确定企业的经济技术指标及其建设投资。在技术设计的工艺设计部分中,根据总的生产纲领和各个车间的分配情况,并根据拟定的工艺过程,按精确的定额计算各车间的各项技术经济指标及其建设投资。其程序为:阐明车间任务——确定车间的工作制度和工人、设备的年度工作时数——确定车间的年度生产纲领——根据生产纲领拟订车间生产工艺过程及工艺卡片——计算车间的年度工作量、工人数、工位数和设备数——编制车间定员表——设备选型,确定数量和车间面积——车间用水量和动力计算——进行车间平面布置——拟定车间的技术经济指标及其建设投资。

四、施工设计

施工设计是根据批准的技术设计或初步设计(按两步设计)和所定的设备,绘制施工详细图纸。施工图纸包括设备安装基础结构图(地基、电源和水源布局)、施工场地的平面安装图和房屋的断面图、固定运输设备用的辅助零件图、管道及技术安全设备布置图。

1. 设备安装图

标准设备安装图通常由制造厂家提供,可从产品说明书查到;非标准设备的安装图,一般由产品制造厂家来设计。根据批准的技术设计和定货设备数来拟定设备平面布置图和设备与土建结构的连接图。

2. 起重运输设备的悬挂设计

起重运输设备的悬挂设计,包括单轨吊车和梁式吊车及悬挂式起重机的悬挂装置。绘制吊车运输轨道的平面图,图上应有悬挂总成的结构图。梁式吊车的轨道应与土建结构同时设计。

3. 蒸汽、压缩空气、乙炔和氧气等管道设计

蒸汽、压缩空气、乙炔和氧气等管道设计,应绘出用气部位、管线布置和总成的结构图。在采用三阶段设计时,初步设计只讨论最主要的问题,在以后的设计阶段中,也可能对初步设计的资料进行修改。所以在初步设计时,没有必要花费很多的时间详细解决个别问题。技术设计对问题进行全面的详细的讨论,提出设备订货和确定工程的全部投资总额。

第三节 汽车维修企业的规模与组成

汽车维修企业的规模包括企业的设施条件、设备条件和人员条件等各方面,它决定了企业的生产能力。汽车维修企业的规模不同、服务对象不同、性质不同,其组成、生产方式和管理模式也不尽相同。一般维修企业由生产部门、质量检验部门、财务部门、行政管理部门、辅助部门等组成,如图 2-1 ~ 图 2-3 所示。

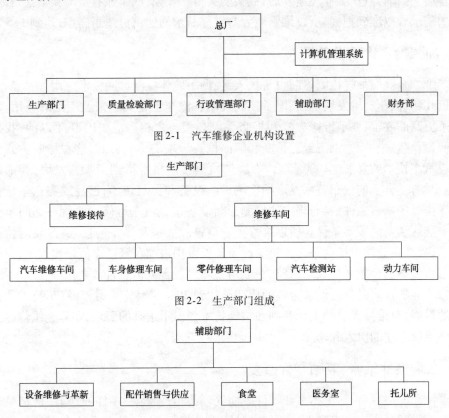

图 2-1 汽车维修企业机构设置

图 2-2 生产部门组成

图 2-3 辅助部门组成

质量检验部门包括汽车进厂检验、汽车出厂检验和汽车维修过程检验。有的汽车维修厂质量检验部门直接隶属于总厂,有些质量检验部门设在各个维修车间。行政管理部门包括厂长办公室、党委办公室、人事管理部门(人事科、人力资源部等)、财务管理部门及其他

管理部门(工会、宣传、后勤、保卫、妇联等)。

第四节 汽车维修企业的建厂原则

汽车技术和汽车维修技术飞速发展,社会文化的进步,对汽车维修行业提出了很高的要求,要求维修企业具有高水平的维修人员、先进的维修检测设备和高水平的管理,是一个高投入高风险的行业。筹建汽车维修企业,应从技术经济、社会需求、维修网点布局、专业协作、生产服务范围等诸方面全面考虑。

一、汽车维修能力与社会需求相适应

维修企业的生产能力必须与当地对维修的需求相适应,这样才能取得最佳的经济效益。汽车维修能力过大将造成投资的浪费,造成市场的恶性竞争;维修能力过小将给汽车维修带来困难,给车主带来不便。过大过小都会影响汽车维修行业的健康发展,影响维修业户的经济效益和发展。所以在筹建汽车维修企业时,要充分做好市场调查,全面掌握本企业服务区域对维修能力的需求,合理地确定本企业的规模。国内外比较成熟的经验是,维修能力应该大于维修需求,维修能力与维修需求的比例为 1.2 ~ 1.4,达到每千辆汽车有 3 ~ 5 家维修企业比较合适。当前,汽车工业飞速发展,社会购买力比较强,汽车保有量增长迅猛,社会对维修能力的需求难以准确把握,所以维修能力与维修需求的比例可适当高点,达到 1.5 左右。

二、加强检测诊断设备投入

汽车维修企业应加强检测诊断设备投入,强调不解体检测诊断技术应用。

最近几年,汽车技术发展迅猛,电子控制技术在汽车上得到越来越广泛的应用,对环保也提出了更高的要求,要求维修方式和维修手段必须与之相适应。1990 年以前,我国一直采用以问、看、听、摸、嗅的人工经验诊断和解体检查为主的诊断方式,这种诊断方式已远远不能适应汽车技术的发展。1990 年后,不解体检测诊断技术得到了飞速发展,当前已经比较成熟。具有适合当前汽车技术发展的检测诊断设备和检测技术,已经成为汽车维修企业从事汽车维修的基本条件,具有规定的检测诊断设备也是汽车维修行业管理部门审验汽车维修业户能否从业的重要条件。所以维修企业应该加大检测设备的投入,提高对检测设备的利用率,提高企业的市场竞争力。检测设备条件可用占固定资产净值之比表示,也可以用检测设备占设备总台数之比表示,现在一般用检测设备台数占总台数之比来表示。据统计,当前维修企业的检测设备占设备台数的比例已达到 30% ~ 35% 。另外,汽车技术和检测诊断技术的发展,对维修人员的文化基础和维修技术提出了很高的要求,在筹建维修企业时一定要考虑维修人才的引入和培养。

三、强调换件维修,兼顾零件修复

随着汽车零件材料、加工技术和零件表面处理技术的提高,零件的性能,特别是表面性能得到了大大的提高。很多零件表面都经过特殊的表面处理,处理后的表面具有很高的耐高温、耐腐蚀、耐磨损、耐疲劳性能。很多零件表面处理层磨损或有其他损伤,维修厂的修理条件难以修复,或修理后不能满足恶劣的使用条件,使用寿命很短。所以,当前汽车维修主要采用以换件为主的维修方式。但是很多零件,特别是一些基础件,价格比较高,经过修理

能够恢复其性能,为节约维修成本,尽量采用零件修理的维修方式。

四、正确确定本企业的维修车型

《汽车维修业开业条件》(GB/T 16739—2014)将汽车维修企业划分为整车维修企业和汽车综合小修及汽车专项维修业户。作为整车维修的一类维修企业,大车维修和轿车维修需要的环境条件和维修设备条件有很大区别,维修方式也不尽相同。当前从事整车维修的一类维修企业,一般分为大车维修企业和小车维修企业,这样比较有利于维修资源,包括设备资源和人力资源的利用。所以,在筹建维修企业时,一般应根据自己的具体情况,确定企业是从事大车维修还是从事轿车维修,以便合理地制定设备采购计划、厂区布置和车间布置以及人员配置。

五、加强专业化协作

加强专业化协作是节约投资、扩大生产规模的主要途径。汽车维修需要的设备比较多,一些专业性强的设备利用率不高。对那些专业化程度高、工作量比较小的、工艺装备要求高的作业,尽量与专业化维修企业协作。

第五节　汽车维修企业的厂址选择原则

厂址选择要根据国民经济计划和城市规划的要求,以及该厂生产性质考虑。厂址选择的适当与否,将直接影响建厂的投资、建厂速度、生产发展、产品成本和经营管理费用等。同时,厂址直接关系到工艺、土建、动力和卫生等。所以厂址的选择是整个设计的重要问题。厂址选择,主要应贯彻下列原则:

一、根据企业的隶属关系、规模大小和维修车型选择厂址

根据隶属关系,维修企业可以分为单位内部服务的维修厂和面向社会的维修厂。为本单位服务的维修厂,应该设置到单位附近车辆比较集中的位置;面向社会的维修厂,应该根据自己规模的大小、维修车型合理地选择厂址。规模比较大的一类维修企业,规模比较大的总成维修企业和零件修复企业等二类维修企业不宜设置在市中心和繁华街区,以设置在市区周围的公路干线附近为宜。规模比较小的一类维修企业和二类维修企业,如汽车美容店、小型的维修厂则应为方便用户,按照车辆的分布,以设置在车辆比较集中的地带,如社区、大型企业和办公密集区。一般面向社会的重型、中型汽车的维修企业,应设置在市区周围的公路干线附近。

二、节约用地,考虑发展

厂址用地必须坚持以农业为基础的方针,在符合生产工艺流程和厂内运输条件的要求下,用地要紧凑,少占地面,尽量少拆房屋,场地面积和形状应满足各建筑物及构筑物的布置要求,使生产工艺过程得到合理组织。在厂区布置时要考虑发展,留有一定的发展空间。在选址时,应同时考虑生活居住区的选择和布置。

第三章 汽车维修企业的作业组织

汽车维修的作业组织,直接影响到汽车的维修质量、维修效率和维修成本。因此维修企业必须根据自身的生产规模、工艺装备条件、工人的技术水平、维修对象、配件和材料供应情况合理地组织。

第一节 汽车维修的作业组织方法

一、汽车修理的作业基本方法

汽车修理的作业基本方法,一般分为就车修理法和总成互换修理法。

1. 就车修理法

就车维修法是指修理作业时,要求被修复的主要零件和总成装回原车的修理方法。这种方法的优点是能保持原车的技术状况,客户比较满意,不需要备用总成,对维修车型复杂、送修单位不一的中、小型修理厂比较适宜。这种方法的缺点是不容易组织流水作业,修理周期长,效率低。

2. 总成互换修理法

总成互换修理法是指修理作业时,用储备完好的总成替换汽车上不可用总成的修理方法。这种修理方法,除了载货汽车的车驾和客车的车身不能互换外,其他总成都可以用储备的完好总成代替,替下来的总成则另行安排修理入库储备。这种方法的最大优点是便于组织流水作业,修理效率高,可以大大缩短修理车日,修理成本比较低,适合于维修车型单一、规模比较大的企业。缺点是不能保证原车的技术状况,需要一定的周转总成。

二、汽车修理的作业组织形式

1. 定位作业

定位作业是指汽车在固定的工位上进行修理的方法。通常,汽车的拆装、主要总成的拆装及车架、驾驶室的修理等,一般在固定的修理工位上完成,而拆卸后的修理作业,可以在专业组进行。这种方法的优点是占地面积小,不受时间限制,需要的修理设备简单,适合生产规模比较小的汽车修理厂。这种方法的缺点是生产效率低。

2. 流水作业

流水作业是指汽车在生产线的各个工位上按确定的工艺顺序和节拍进行修理的方法。这种方法的优点是专业化程度高,生产效率高,适合于大型的修理厂;缺点是设备投资大,占地面积大。

三、汽车修理的劳动组织

1. 综合作业法

综合作业法是指全部的修理作业由一个班组负责完成的组织形式。辅助工种,如机加工、钳工、焊工、缝工、轮胎工、钣金、电工等专业性比较强的工种由其他车间配合完成。这种方法的优点是工人技术全面,责任明确,便于组织;缺点是工人的劳动熟练程度低,技术难以提高,修理效率低,修理质量不稳定,不适合大规模生产。

2. 专业分工作业法

专业分工作业法是指将汽车修理作业,按工种、部位、总成、组件或工序,划分成若干个作业单元,每个单元的修理工作由固定的一个或几个工人专门负责完成。作业单元划分越细,专业化程度越高。这种方法的优点是工人的劳动熟练程度高,生产效率高,有利于采用专用工艺装备和流水作业,便于组织各单元的平衡交叉作业,维修质量高。这种作业方法给生产组织、班组结算工资奖金带来困难,适合于生产规模大的修理厂。

第二节 汽车修理的工艺过程组织

一、采用就车修理法的汽车修理工艺过程

就车修理法的工艺过程,包括汽车验收和外部清洗、诊断检测、汽车解体、零件清洗、零件检验分类(将零件分为可用、可修和报废三类)、零件修理、总成及部件装配试验、汽车总装试车、出厂检验和交车等。就车修理法的工艺过程如图3-1所示。

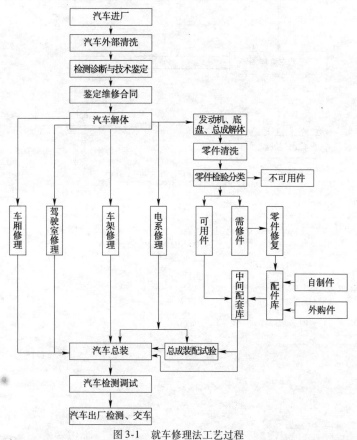

图3-1 就车修理法工艺过程

二、采用总成互换修理法的汽车修理工艺过程

待修汽车接受后进行外部清洗,然后从车上拆下总成,进行总成修理,总成修理试验完好后送入总成周转库;修竣车架进入汽车总装工位,然后从总成周转库中领取修竣的或新的总成和组件,进行汽车总装。汽车总装完成后进行试车交车,其工艺过程如图3-2所示。

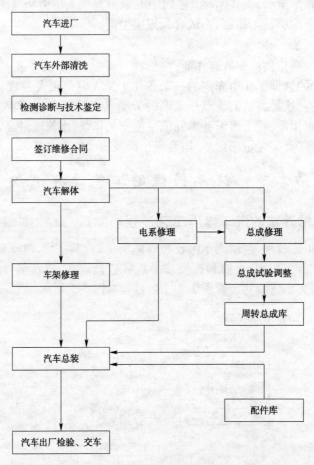

图 3-2　总成互换法工艺过程

第四章 汽车修理企业初步设计

第一节 生产任务、生产纲领及各种作业时间定额的确定

一、生产任务与生产纲领的确定

生产任务是指汽车修理企业所承担的工作;生产纲领则指该企业的年设计生产能力,即任务的多少。大的汽车修理企业主要进行车辆大修、总成大修、汽车维护、汽车改造、零件修配、旧件修复、技术革新以及其他任务。在计算生产纲领时,常把生产任务换算成标准车型(车型换算系数见表4-1),或直接计算出年工作量。

不同车型换算系数 k_1 表4-1

车型	北 BJ2021	解放 CA1091	重汽豪沃 A7	奥迪 A6	帕萨特
换算系数 k_1	0.9	1.0	1.2	2.5	2.0

二、各种作业时间定额的确定

在进行汽车修理企业初步设计时,只采用扩大时间定额计算全年的工作量,从而计算出全厂的生产工人数。

时间定额的确定方法有两个,一是先整车后工种,二是先工种后整车。先整车后工种是指先确定整车的修理工时,然后再按各总成、组合件所占的工时比例系数分配到每个工种。如果有这方面的资料,计算起来比较方便,可以减少设计工作量。先工种后整车是指先确定各工种的时间定额,然后把各工种的时间定额累计起来确定整车的修理时间定额。在缺少资料的情况下,该种方法可直接调研确定。不同车型的时间定额,可按表4-1折合成标准车型(解放 CA1091 或东风 EQ1090)的时间定额。有配件总成需要大修时,也需要折合成整车,其折合系数见表4-2。

汽车主要总成折合系数 k_2 表4-2

汽车总成	汽车类别	载货汽车		轿 车	大型客车	
		汽油机	柴油机		车架式	承载式
发动机附离合器		0.21	0.29	0.14	0.11	0.05
变速器		0.05	0.05	0.02	0.02	0.01
后桥(或驱动前桥)		0.08	0.10	0.06	0.04	0.02
前桥(或前悬架)		0.06	0.06	0.04	0.03	0.01
转向器		0.01	0.02	0.10	0.005	0.002
自动倾卸机构		0.07	0.05	—	—	—
传动轴		0.02	0.04	0.05	0.003	0.001
车身		—	—	0.65	0.62	0.85

这里需要说明的是，表中给出的是生产纲领（能力）为1000辆时的扩大时间定额，当生产纲领不是1000辆时，还应乘以批量系数k_3进行修正，见表4-3。如果生产纲领介于表4-3两数字之间，需用插入法计算k_3具体值。

批量系数k_3 表4-3

生产纲领(辆)	100	250	500	750	1000	2000	4000
批量系数k_3	2.4	1.54	1.18	1.08	1.00	0.91	0.80

例：一修理企业修车能力为解放CA1091整车1500辆，发动机总成1000台，变速器总成500台。生产纲领为1000辆时其工时定额如表4-4所示。求表中各作业的工时定额。

生产纲领为1000辆时工时定额 表4-4

序 号	作业名称	工时定额(h)	序 号	作业名称	工时定额(h)
1	发动机拆卸	8.00	3	车厢拆卸	12.00
2	变速器拆卸	2.00	4	焊工(电、气焊)	25.00

解：工时定额t_i，等于批量系数k_3乘以1000辆生产纲领的工时定额t_0，即

$$t_i = k_3 \times t_0$$

四种作业的生产纲领：

$Z_{发} = 1500 + 1000 = 2500$（台）

$Z_{变} = 1500 + 500 = 2000$（台）

$Z_{厢} = 1500$件（仅和整车有关）

$Z_{焊} = 1500 + 1000 \times 0.21 + 500 \times 0.05 = 1735$（辆）

用插入法求出批量系数k_3：

生产纲领	1000	1500	1735	2000	2500	4000
批量系数k_3	1.00	0.96	0.93	0.91	0.88	0.80

计算各作业的时间定额t：

$t_{发} = 0.88 \times 8 = 7.04$（h）

$t_{变} = 0.91 \times 2 = 1.82$（h）

$t_{厢} = 0.96 \times 12 = 11.52$（h）

$t_{焊} = 0.93 \times 25 = 23.25$（h）

第二节 年度工作量及职工人数

汽车修理企业年度工作量可按下式计算：

$$Q = Z_i \times \sum t_i \tag{4-1}$$

式中：t_i——各工种作业时间定额(h)；

Z_i——某作业年度生产纲领。

企业工人年度名义工作时数T_m：

$$T_m = [365 - (d_x + d_j)] \times t_\gamma \quad (h) \tag{4-2}$$

式中：d_x——全年周日天数，按双周日计算，每年共休息104日；

d_j——国家规定的节假日休息天数，全年应为10日；

t_γ——每班的工作时间(h)，白班为8h，其他班为7h。

企业工人年度实际工作时数 T_n：
$$T_n = T_m \times \alpha \times \beta \qquad (4-3)$$
式中：α——工人出勤率（考虑到病假、事假、产假、探亲假）；

β——工时利用率（考虑到用于本职工作外的或停产的工时损失）。

交通运输部曾统计过全国 14 家典型汽车修理厂，出勤率为 95%，工时利用率为 86% 左右。根据上面计算的年度工作量和年度工作时数，便可计算出生产工人数。

生产工人出勤人数 R_m：
$$R_m = \frac{Q}{T_m} \qquad (4-4)$$

生产工人在册人数 R_n：
$$R_n = \frac{Q}{T_n} \qquad (4-5)$$

生产工人数的计算，可按表 4-5 格式进行。

各工种生产工人计算表　　　　　　　　　　　表 4-5

序号	作业名称	时间定额(h)	年度生产纲领	年度工作量(h)	年度工作时数(h)		生产工人数目(人)		
					名义时数	实际时数	计算数	实际数	各班人数
1									
2									
3									

生产工人数确定后，便可计算其他人员数。汽车修理企业人员的划分，参看表 4-6。

汽车修理企业人员划分表　　　　　　　　　　　表 4-6

生产人员	工人	生产工人	汽车维修工、汽车维修电工、轮胎工、车架钣金工、漆工、汽车木工，钳工、焊工、机加工工
		辅助生产人员	设备维修工、电工、锅炉工、水、气、乙炔站工、车间起重工、配件销售供应人员、化验工、计量员
	技术人员		车间工程师、技术员、质量检验员
非生产人员	管理人员	行政管理	厂长、经理、副厂长、副经理、办公室主任、科长，人事、财务、物质供应、计划、总务、保卫、设备、车间主任，厂接待人员、车间接待人员、调度员、文秘、记工员
		技术管理	技术副厂长、总工程师，厂各科室技术管理人员
		政工	党、团、工会、妇联等部门负责人及办事人员
非生产人员	服务人员	工勤	机关驾驶员、收发员、话务员、环境卫生工作人员
		门卫、消防	门卫、消防人员
		文教卫生	职工培训、俱乐部、图书馆、医生、宣传等工作人员
		生活福利	食堂、托儿所、招待所、浴室、理发室等工作人员
	其他人员		六个月以上的病、伤、假人员，长期学习人员

辅助生产工人数是根据企业设备数量、设备维修制度、技术革新任务、动力站房和库房的设置及作业班次来确定。设备维修与技术革新工人数是根据工作量计算的，动力站房工

人,可按生产工人的8%~10%考虑,库房工人数可按生产工人的7%~9%确定。

非生产人员数是根据企业的生产性质和企业职工总数来确定。对汽车修理企业来说,非生产人员可按职工总数的18%左右选取。其中,管理人员占职工总数的8%~12%;服务人员占职工总数的4%~5%计;生产与非生产人员中的工程技术人员所占比例,一般不应低于企业职工总数的8%~12%。

企业的全部人员确定后,把各种人员列成表格,并计算出全厂人员总数附在企业设计说明书中。

第三节 建筑面积计算

汽车修理企业的建筑面积一般分为生产车间面积、辅助设施面积、生活与公共服务设施面积。

一、生产车间面积

生产车间面积通常是指发动机修理车间、底盘总成修理车间、汽车总装间、车身修理车间及修旧制配车间等的面积。各车间面积是根据车间生产工人数、设备台数、工位(或车位)、周转总成,以及汽车大修周期内的一些工件数等计算确定的。

1. 按生产工人计算生产车间面积

$$F = f_r \times R_m \quad (m^2) \qquad (4\text{-}6)$$

式中:f_r——每个工人作业所需的面积定额(m^2/人),一般取8~12m^2/人;

R_m——出勤生产工人数(人)。

对设备少、手工操作的工间,如检验分类间、电工间、发动机附件间、钣金间、钳工间等面积,可按式(4-6)计算。

2. 按设备台数计算生产车间面积

$$F = f_s \times Z_j \quad (m^2) \qquad (4\text{-}7)$$

式中:f_s——每台设备占用的面积指标(m^2/台),一般取18~26m^2/台;

Z_j——设备台数(台)。

对于发动机修理与装配间、底盘总成修理装配间,计算时f_s取大值;对发动机磨合调试间、胎工间、机加工间、焊工间等,计算时f_s取小值。

3. 按工位(或车位)数计生产车间面积

$$F = f_w \times N_w \times K_t \quad (m^2) \qquad (4\text{-}8)$$

式中:f_w——每工位(或车位)占地面积(m^2),和汽车外形尺寸有关;

N_w——工位(或车位)数;

K_t——车位的通道系数,一般取4~6。汽车拆装车位取大值,外部清洗和喷漆车位取小值。

工位(或车位)可按下式计算:

$$N_w = \frac{R_m}{R} \times B_d \qquad (4\text{-}9)$$

$$N_w = Z \times t \times \frac{K_b}{T_w} \quad (\text{个}) \tag{4-10}$$

式中：R——同时在一个工位上工作的人数；

B_d——每日工作班数；

Z——年度生产纲领；

t——单位产品的时间定额（h）；

K_b——平衡系数，取 1.1～1.4；

T_w——工位（或车位）年工作时数。

4. 按扩大指标计算生产车间面积

扩大指标是指每辆换算汽车（或人）的单位面积，计算时可参照表 4-7～表 4-9。

大修中型载货汽车车面积比 表 4-7

面积名称 \ 生产纲领（辆）	300	600	1000	1500	备注
区域面积	130	85	55	45	
建筑面积	30	20	16	13	
生产厂房面积	20	13	11	9	

$$F = f_a \times Z_a \tag{4-11}$$

式中：f_a——换算后的汽车车面积比（m^2/辆）；

Z_a——换算后的生产纲领（辆）。

不同吨位汽车换算成 1.5t 汽车时，需要乘以重量系数 K_4，换算系数见表 4-8。

换算成 1.5t 汽车的重量系数 K_4 表 4-8

汽车载重量	1.5	2	3	4	5
重量系数 K_4	1.00	1.17	1.30	1.40	1.48

1.5t 汽车的车面积比（m^2/辆） 表 4-9

建筑物名称 \ 换算纲领（辆）	100	250	500	1000	2000	3000	4000
区域面积	40.00	30.00	25.00	22.00	18.00	15.80	14.00
总有效面积	12.10	7.74	7.60	6.31	5.01	4.32	3.87
生产面积	7.00	5.20	4.00	3.20	2.60	2.26	2.05
仓库面积	1.30	1.20	1.10	0.90	0.62	0.62	0.55
发动机间面积	0.55	0.45	0.40	0.35	0.24	0.24	0.21

二、仓库面积的计算

1. 按地面荷重计算仓库面积

$$S = Q_c \times K_c \times \frac{n_c}{12q} \quad (m^2) \tag{4-12}$$

式中：Q_c——物料年消耗量（t/年）；

K_c——年入库量占全年消耗量百分比;

n_c——物料储备期(月),一般 1~2 月;

q——仓库单位面积上平均荷重(t/m^2)。

2. 按容积计算仓库面积

$$S = \frac{G_c}{q\delta} \quad (4-13)$$

式中:G_c——储备量(t),等于每日消耗量乘以储存日数;

δ——仓库面积利用系数,取 0.25~0.60;

q——单位面积上的有效负荷(t/m^2)。

$$q = p \times V \times \frac{a_v}{S'} \quad (4-14)$$

式中:p——物料单位体积质量(t/m^2);

V——货架容积(m^3);

a_v——货架容积系数,取 0.4~0.6;

S'——货架占地面积(m^2)。

3. 按百分比估算仓库面积

在进行企业初步设计时,仓库面积可按生产面积的 10%~15% 进行估算。分配比例见表 4-10。

仓库面积分配比例　　　　表 4-10

序号	名　　称	分配比例(%)	序号	名　　称	分配比例(%)
1	汽车配件	40~45	6	电石库	1
2	金属材料、工具库	15~20	7	二氧化碳、氧气瓶	1
3	总成储备库	1~10	8	轮胎库	8
4	油料库	3~5	9	劳动用品库	8
5	化学品库	2~4			

露天堆放场,应根据需要配置,面积一般取仓库面积的 20%。待修车与修竣车停车场面积,根据停车位置数确定。待修车与修竣车需停车的位置数,通常按年大修车辆数的 3%~5% 考虑。一般待修车停车场比修竣车停车场面积大一倍。

4. 按车面积比计算仓库面积

每辆大修汽车平均占用仓库面积,可以按 2.2~3.2 m^2/车计算。生产规模大、物料储备期较短的修理企业取小值,反之取大值。

三、生活与公共服务设施面积

1. 行政办公用房面积

行政办公楼的房间组成应根据生产任务、性质和规模大小来决定,建筑面积参照表 4-11 确定。

行政办公用房面积定额 表 4-11

室 别	面积定额（m²/人）	备 注	室 别	面积定额（m²/人）	备 注
一般办公室	3.5	不包括过道	图书馆	0.5	包括阅览室
	7.0	包括过道	打字室	6.5	
领导办公室	20	书记、厂长	文印室	7.5	包括装订、储存
	9	科长、车间主任	收发传达室		一般 15~20m²
会议室	0.5	无会议桌	会客室		一般 20~60m²
	2.3	有会议桌	厕所 男		一般 50 人设大小便池一个
设计绘图室	4.0~4.5		女		25 人设便池一个

2. 生活福利设施面积

汽车修理企业的生活福利设施，主要有单身宿舍、招待所、医务室、职工食堂、托儿所、幼儿园、浴室、运动场、自行车棚等。根据厂的生产规模、占地面积和地形等条件，生活福利设施可设在厂区内或设在厂外生活区。一般生产规模较小的修理厂，一部分生活福利设施可与行政办公楼合建。单身宿舍的面积可按 $4.0 \sim 6.5 m^2 /$ 人（楼房）考虑。单层床取大值，双层床取小值。招待所可按职工总人数计，每人 $0.25 m^2$。医务室按职工为 300~1000 人时，按 $30 \sim 40 m^2$ 计。职工食堂面积，一般按最大班职工人数计，每人平均 $1.25 \sim 2.00 m^2$。如果有家属就餐时，可取大值。餐厅和厨房比例约为 3∶2。托儿所建筑面积为 $7 \sim 9 m^2 /$ 人，占地面积为 $15 \sim 20 m^2 /$ 人。幼儿园建筑面积 $8 \sim 12 m^2 /$ 人，占地面积为 $20 \sim 25 m^2 /$ 人。浴室面积的大小根据最大班洗浴人数计算，每淋浴器的使用人数为 10~15 人，求出淋浴器数再乘以 $5 \sim 6 m^2$ 就可算出浴室的面积，包括浴间、更衣室、大小便池等。现在一般汽车维修厂都不设洗浴室。运动场面积可根据篮球、排球、网球、羽毛球场地面积要求设置，一般不宜设足球场地和大型运动场。自行车棚面积是按职工骑自行车的人数确定的。厂址设在城区时，职工按 30%~35% 计。厂址设在近郊时，职工按 20%~25% 计。自行车棚的布置应考虑便于职工存放、不妨碍交通及美观，一般设在厂出入口附近为好。1000 辆以下的自行车，应设置 2~3 处自行车棚。厂自用汽车库宜独立建筑，不附设于任何建筑物内，一般设在厂前区。汽车的配备通常按年大修 150~200 辆中型载货汽车配置一辆，每辆所需车库面积为 $29 m^2$。企业的生产任务如包括商品总成时，应分别采用不同的生产纲领计算工间面积。把各种计算面积整理成表 4-12 的形式。

面 积 计 算 表 表 4-12

序号	建筑名称	单位指标（m²/辆）	换算生产纲领（辆）	面积（m²）		备注
				计算面积	实际面积	
1						
2						

表 4-12 中实际面积是考虑到柱网尺寸，对计算面积适当增减，在平面布局时，为画到图纸上的面积。

第四节 设备数量的计算和配备

汽车修理企业的设备一般包括专用设备、检测设备、通用机加工设备、焊接设备、木工设备、起重运输设备和动力设备。汽车修理企业的设备,一般指企业的固定资产(一般价格高于500元者)。《汽车维修业开业条件》(GB/T 16739—2014)对一、二类汽车维修企业应该具备的设备进行了明确的规定,标准规定的设备必须具备。除了标准规定的设备外,企业还应该根据自己的生产纲领、主要维修的车型和维修方式配备生产必需的设备。

一、通用金属切削机床

主要用于零星修配、旧件修复、零件配制和设备维修等。通常用下式计算:

$$N_j = t_j \times \frac{Z}{B_d} \times T_m \times r \quad (台) \tag{4-15}$$

式中:N_j——金属切削机床的台数(台);

Z——年度生产纲领(辆);

t_j——机床作业的单件工时定额[h/件(辆)];

B_d——每日的工作班数;

T_m——人一年度名义工作时数(单班2008h);

r——机床利用系数(表4-13)。

利用表4-13~表4-15进行计算时,可用公式(4-15)先计算出总台数,再按表4-15的分配比算出各种机床的数量。也可用公式(4-15)直接计算出各种机床的数量,再合计出通用机床的总台数,最后整理成表格附在设计说明书中。年大修600辆解放CA1091汽车修理企业通用机床台数见表4-16。

通用金属切削机床利用系数　　　　　表4-13

机床	车床	铣床	刨床	磨床	镗床	钻床
系数	0.82~0.85	0.80~0.83	0.82~0.85	0.80~0.83	0.82~0.85	0.82~0.85

中型载货汽车机械加工工作量　　　　　表4-14

年工作量(h) ＼ 项目　　生产纲领(辆)	零件修复	零件配制	设备维修与技术革新	合　计
300	19350	6345	7140	32835
600	38700	12690	14280	65670
1000	64500	21150	23800	109450
1500	96750	31725	35700	164175
均工时定额(h/辆)	150	47	85	—
机加工比例(%)	43	45	28	—

通用设备数量与各种机床分配比 表 4-15

生产纲领(辆)	300	600	1000	1500	生产纲领(辆)	300	600	1000	1500
机床台数(台)	12	23	38	56	刨床(%)	10	10	10	10
单位数量(台或辆)	0.400	0.383	0.380	0.373	磨床(%)	13	15	15	15
车床(%)	56	51	50	49	镗床(%)	—	2	3	4
铣床(%)	12	12	12	12	钻床(%)	9	10	10	10

年大修 600 辆解放 CA1091 汽车修理企业通用机床台数 表 4-16

机床类型	工作量分配(%)	年工作量(工时)	机床完好系数	作业班班制	机床年基数(h)	机床台数(台) 计算	机床台数(台) 采用	零星修配机床台数(台)	总计
车床	51	32573.7	0.83	2	4064	8.02	8	1	—
铣床	12	7664.4	0.81	2	3966	1.93	2		
刨床	10	6387.0	0.83	1	2032	3.14	3	1	
磨床	15	9580.5	0.81	2	3966	2.42	3		
镗床	2	1277.4	0.83	1	2032	0.63	1		
钻床	10	6387.0	0.83	1	2032	3.14	3	1	
合计	100	63870.0					20	3	23

规模比较小的汽车修理厂,机加工设备利用率比较低,除现行标准《汽车维修业开业条件》规定的必须具备的机加工设备以外,其他机械加工设备可以外协,这样可以减少投资,节省人员。生产规模比较大的汽车修理厂,可以参照以上方法配备机械加工设备,也可以适当减少部分加工设备数量,像镗床、刨床这些利用率低的设备,尽量外协。

二、专用设备与检测设备

汽车修理专用设备主要是指曲轴磨床、镗缸机、磨缸机、磨气门机、气门座修磨机、制动鼓镗磨机、曲轴动平衡机、传动轴动平衡机等,它们的数量可用下式计算:

$$N_i = t \times (Z_1 + Z_2) \frac{(1+K)}{B_d \times T_m} \times r \qquad (4-16)$$

式中:N_i——专用设备台数;

t——每个零部件的加工时间(h/件),$t = t_0 \times k_3$,t_0 为 1000 辆生产纲领的工时定额,k_3 为批量系数;

Z_1——换算标准车型整车生产纲领[件(辆)];

Z_2——换算标准车型总成生产纲领[件(辆)];

K——其他服务系数,取 $K = 0.10$;

其他符号意义同前。

如果有扩大量标的资料,如表 4-17 所示,可用下式计算:

$$N_i = n_i \times \frac{Z}{100} \qquad (台)$$

式中:n_i——每 100 辆车占用设备台数(台);

Z——企业生产纲领(辆)。

每100辆中型载货汽车占用设备台数　　　　　表4-17

年大修汽车生产纲领（辆）		300	600	1000	1500
通用机床	机床台数（台）	12	23	38	56
	扩大量标（台/100辆）	4.00	3.83	3.80	3.73
专用机床	机床台数（台）	7	8	13	18
	扩大量标（台/100辆）	2.33	1.33	1.30	1.20

上述计算方法，同样可以计算出修理企业中，用以检验测试设备的数量。但是，在检测工时的定额中，必须要考虑到重复试验的工时，一般按该项检测工时定额的5%~10%计。

对现行标准《汽车维修业开业条件》中规定的必备的检测设备，修理企业可根据维修的车型和资金情况选定。

三、其他设备

锻压机械、焊接设备和热处理设备，是根据该项作业的年工作量和企业的具体情况，来确定设备和配备设备。生产规模比较小的修理企业，一般不设热处理车间和锻压车间，往往通过外协来解决。木工机械数量，通常不按机床工作量计算，而是从车间作业要求配备。起重运输设备的选择，直接影响到劳动生产率、作业延续时间和工人的劳动强度。所以，新建企业尽可能地采用机械化的起重运输工具。在各车间和厂房内，可借助于桥式起重机的空间作业，减轻地面的拥挤程度。车间和车间之间的运输，可用地轨车和蓄电池车。起重运输设备的形式和规格，按各车间所需的起重吨位、起重设备的工作制度以及厂房的跨度等具体条件选择。在汽车修理企业中，经常用的起重设备有：电动桥式起重机、电动梁式悬挂起重机、手动桥式起重机、电动葫芦、手动葫芦、悬臂起重机等。厂内常用的运输设备有汽车吊车、电瓶车、地轨车、平板推车等。一些专门用于拆装的非标准小车，可根据需要自制或选用。

汽车修理厂常用的起重机械设备如图4-1所示。

起重机械的工作制度，一般根据电动机的相对持续率JC来选择。

$$JC = \frac{H_0}{H_0 + H_1} \times 100\% \tag{4-17}$$

式中：H_0——工作时间（min）；

H_1——停车时间（min）。

JC值通常按10min（一个工作周期）内的工作时间来决定。但吊车在空中停留及无负荷升降和运行时间不应计入工作时间。对桥式起重机，一般是用升降机构的工作时间来计算。

当JC值为15%时，是轻级工作制度；为25%时，是中级工作制度；为40%时，是重级工作制度。汽车修理企业一般规模不大，起重机工作也不繁忙，工作制度可按轻级或中级选取。拆装间的起重吨位，可按汽车自重减去车箱质量的一半选取，其他车间或工作间按最大总成或零件质量选取。起重设备的台数，按其服务线长度确定，服务线长度一般为50~70m。

对于标准设备的选型，可根据国家的定型产品目录进行选择。对一些非标产品，可自制或与有关企业协同制作。设备的数量、型号确定后，应列成明细表（包括非标设备）附于"设计说明书"中。

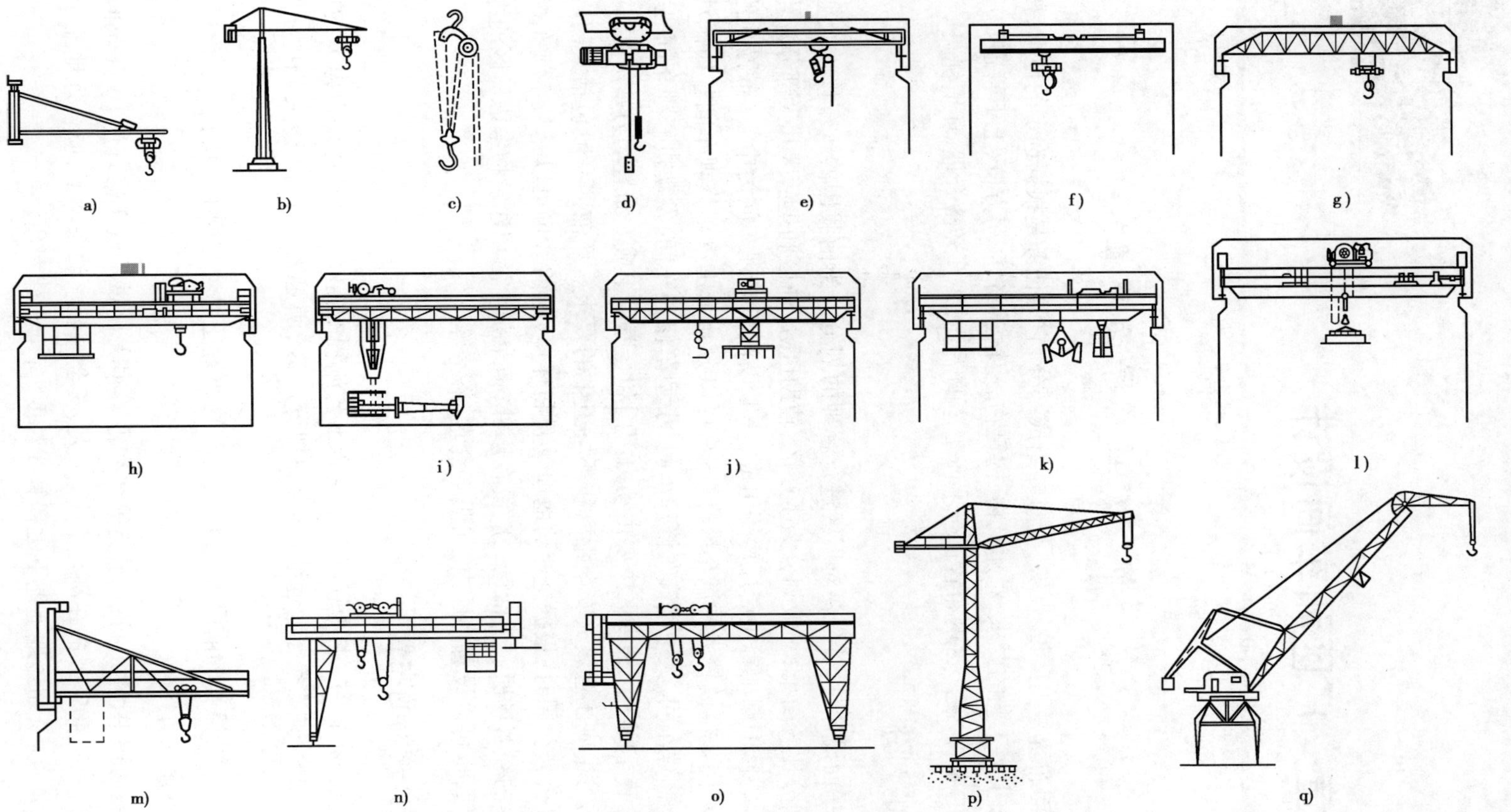

图 4-1 起重运输设备

a) 固定式旋臂起重机；b) 独立式旋臂起重机；c) 手拴链式葫芦；d) 电动葫芦；e) 手动桥式起重机；f) 电动梁式悬挂起重机；g) 电动单梁桥式起重机；h) 电动桥式起重机；i) 桥式电动电磁起重机；j) 料耙起重机；k) 桥式电动抓斗起重机；l) 桥式加料起重机；m) 悬壁移动起重机；n) 半龙门式起重机；o) 门式起重机；p) 塔式起重机；q) 门型高架起重机

第五章 厂区和车间设计

第一节 厂区总平面布置

厂区总平面布置是工厂设计的一个重要组成部分,它的任务是根据选定的地形,按工厂的性质、规模和生产工艺的要求,对建筑物、构筑物、运输道路、厂房方位、上下管道和厂区绿化等进行合理的布置,使厂区的布置适合生产工艺的需要,并且经济合理,环境优美。

一、厂区的划分

在进行总平面设计时,首先要对厂区进行合理的划分。当前我国的汽车修理企业规模比较小,厂区划分比较简单,一般划分为生产区、辅助区、厂前区和生活区几大部分。生产区主要由汽车维修、修旧制配等生产厂房等组成,一般以汽车修理车间为中心,布置其他的生产车间和辅助部门。规模较大的汽车维修企业,可以分几个主汽车修理车间。如汽油车修理车间、柴油车修理车间、大中型汽车修理车间、小型车修理车间、发动机修理车间、底盘修理车间、汽车总装车间等。辅助区主要由动力部门和仓库等组成。布置动力站房时,应该考虑靠近客户,同时也应注意放火安全距离和环境卫生的要求。厂前区一般包括大门、门卫、传达室、行政办公楼。同时,根据企业的地理位置和环境,门前区也可以是从事汽车配件经营、汽车美容等的经营场所。生活区一般设在厂外,但个别生活用建筑物考虑厂区的大小和职工生活的方便,也可以设置在厂内,如职工食堂、浴室等。

二、建(构)筑物的布置

在进行建筑物布置时,主要应该考虑生产工艺流程的需要。另外还要考虑节约用地,充分利用地形地质条件,考虑远近结合,合理划分厂区,满足安全生产、防火、卫生和环境美化。

在满足生产工艺流程的前提下,厂区的建筑物布置还要考虑如下原则:

1. 合理缩小建筑间距

在企业区域面积中,建筑间距、道路等往往占着很大比重。汽车修理厂,仅建筑间距一项就约占全厂面积的40%。故在满足卫生、防火、安全等要求的条件下,应合理地缩小建筑物间距,减少占地面积,缩短地上地下工程管线长度,降低土建费用。

2. 厂房集中布置或适当合并

厂房集中布置或车间加以合并的目的是节约用地、减少运输量、节省劳力和降低投资费用。车间的合并,必须按其性质和要求,将同类型的车间,如汽车零件修复、零件配制、机械

加工车间等,考虑合并,金属材料、配件库和工具库等也可以合并。在厂房合并时,应注意以下几点:

(1) 工艺要求:要满足生产工艺的要求,并考虑扩建和工艺改造的可能性,为以后的发展留有发展空间。

(2) 互相影响:要消除生产上的互相影响。

(3) 管线敷设合理:地上地下管线敷设合理。

(4) 通风、采光、卫生和消防等要求:不能过分地影响通风、采光、卫生和消防等要求。对生产噪声比较大车间,最好不要合并营造。

(5) 利于生产管理:能适应工厂管理机构的组织形式,要有利于生产管理。

车间合并形式有:水平方向合并(将几个生产性质相近的车间合并成联合车间);垂直方向合并(多层车间);混合方向合并(单层、多层合并相结合)。上述三种合并方式各有优缺点,应视生产性质和需要而定,如多层厂房,适合零件质量轻的、工作噪声振动小的车间。多层营造也可以考虑把配件库、工具库、办公室、职工休息室、客户休息室布置在上层。

3. 按长年主导风向进行布置

将产生火源的热加工间、锅炉房等布置在全厂的下风向,散发有害气体的工间布置在全厂的下风向,并尽量远离厂区,位于厂区的后面或侧面。易燃品存放库也应该布置于全厂下风向。

4. 工厂动力站所的设置

变电所、压缩空气站、乙炔发生站、氧气(瓶)站、蒸汽站,要注意靠近主生产厂房或用量大的工间。

5. 工厂出入口的设置

工厂大门、传达室、值班室等,一般应布置在全厂职工出入的主要通道附近。车辆出入口和人员出入口可分开设置,最好是单向行驶。出入口的数量可根据工艺流程、车(人)流量而定。

6. 生活区的布置

生活区(如食堂、托儿所、医务室等)的布置,主要应该考虑安全、环境和环保的要求。应该远离厂区主要道路,远离污染源,远离噪声源和变电站。

7. 检测站的位置

有单独检测站的修理厂,检测站应尽量靠近汽车总装车间,可以与汽车总装车间对门或平行,以利于修理车和检测车进出修理车间和检测站。

三、厂区道路与美化

1. 厂区道路

根据工厂的工艺要求,结合地形和生产区位置,在已确定各建筑物、构筑物位置的基础上,布置道路走向和选择布置形式。

厂区一般是环绕各建(构)筑物布置。横直贯通的道路网构成环形。但通往非主要车间和生活福利设施的道路,可设计为尽头式。在山坡地布置时,道路随着地形的变化,以等高线走向布置,这样可以缓和道路的坡度和满足道路的技术要求。

道路网的布置应密切结合生产工艺流程,使厂内外运输畅通和行人方便。合理地分散人流、车流,保证主要流向距离最短。

道路布置除应符合道路技术要求外,还要考虑卫生、防火、防爆和防震等方面的要求,并能使救护车、消防车并列到达出事地点。

厂区内道路应整齐,占道宽度和转弯半径应按标准(或计算)确定,不应盲目加宽道路和采用高级路面。当生产规模较大而厂区附近又没有合适的试车场地时,可以考虑在厂内设置试车道,试车道应设在车辆行人比较少的位置,一般应为专用试车道。

一般工厂的道路占区域面积的10%~12%,所以在满足运输条件下,应尽量减少敷设面积,实行分期分批建设,使永久性道路和基建临时道路结合起来,以节省投资费用。

厂区道路分为主干道、次干道、辅助道、车间引道和人行道。

主干道是全厂性主要干道,一般有主要出入口道路和厂内试车道。次干道是厂内的车间和仓库等之间的主要交通运输道路。辅助道应保证车辆和行人可通行,但通行量较小的道路及消防车道等,如通往水泵站、变电站、乙炔站、压缩空气站等道路,分布于场后区、边缘区和运输量较小的车间、仓库之间的道路,可只设置辅助性单车道。车间引道是指车间、仓库等出入口与主、次干道或辅助道相连接的道路。一般对线路较长的单车道,应在200~300m范围内,互相能看到对方来车的适当位置,设置一个不小于10m长的会让车道,便于会让,如图5-1所示。

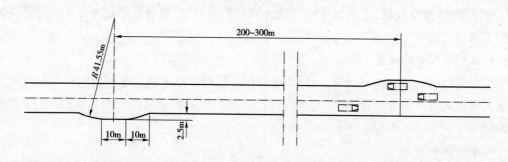

图5-1 会让车道

厂内道路计算车速一般为15km/h;试车车道要考虑在5.6m/s(20km/h)行驶时进行制动或以8.3m/s(30km/h)开始滑行到停止,其滑行距离一般应在200m以上。因此,道路应适当加宽,直线距离要满足试车需要。

在设计人行道时,如果顺道行走会显著增加走的距离,最好根据厂区的具体情况铺设专门的人行道。沿车道布置的人行道,有条件的最好与车道之间加绿化带。人行道宽度一般在1.2~1.5m之间,道路横坡不大于2%,纵坡不大于8%。

通达厂房、仓库和可燃原料堆场,都应设置消防车道,宽度不小于3.5m,路面坚实,并应有排出坡道。

车辆在装卸上需要进行掉转和停放,所以在堆场、仓库等应设置一定面积的场地。在总平面设计时,要考虑待修和修竣汽车的停车场。

在厂内道路的平面设计中,要选择合适的道路宽度。道路宽度可参照表5-1。

汽车修理厂道路宽度　　　　　　　　　　　　表 5-1

道路名称		道路宽度(m)
城市型	主 干 道(双车道)	6.5~7.0
	次 干 道(单车道)	3.5~4.5
公路型	主 干 道(双车道)	6.0
	次 干 道(单车道)	3.5
车间引道		≥3.0
人行道路		1.0~1.5
路肩宽度	单车道	1.5
	双车道	1.0

注：设计行车速度为 8.3m/s(30km/h)；厂区道路为城市型，暗沟排水；应考虑有汽车进入或靠近车间大门，应有车间引道，其宽度与车间大门相适应，但不得小于 3m；路肩宽度受地形限制的困难地段，可减 0.50~0.75m；当运输繁忙，经常通行大型车辆，车厢宽度大于 2.5m，车速为 4m/s(15km/h)，行人及混合交通量较大的企业，宜采用表列上限。

2. 厂内弯道的转弯直径 D_{min}

厂内道路的转弯直径必须大于汽车的最小转弯直径，以保证汽车可靠转向和汽车进出建筑物。表 5-2 为各车型的最小转弯直径。在厂内弯道设计时，根据自己的生产实际合理地确定弯道的曲率半径。

国内常见车型的最小转弯直径 D_{min}　　　　　　表 5-2

车型	级别	D_{min}(m)	车型	级别	D_{min}(m)
轿车	微型	7~9	货车	微型	8~12
	普通型	8.5~11		轻型	10~19
	中级	9~12		中型	12~20
	高级	11~14		重型	13~21
客车	微型	10~13	矿用自卸汽车	装载质量(t) <45	15~19
				>45	18~24

注：不受建筑物长度限制的较长路段，其平曲线中心半径不小于 15m；车间引道的最小曲率半径，一般不小于 6m；汽车带一辆挂车时，厂内道路的最小曲率半径不小于 12m；1.5~2.5t 的平板挂车，厂内道路的最小曲率半径不小于 15m；40~60t 的平板挂车，厂内道路的最小曲率半径不小于 18m；专用于电瓶车的行驶车道，厂内道路的最小曲率半径不小于 4m。

3. 厂内道路的视距

厂内道路转弯处和纵向断面变坡处[图 5-2b)]的最小视距如下：

会车视距　　　　　30m
停车视距　　　　　15m
交叉口停车视距　　20m

当受条件限制，无法采用会车视距时，可采用停车视距，但必须设置分向行驶的标志或反光镜等设施。当受条件限制时，交叉口的视距可采用 15m。

弯道上的视距计算(图 5-2)：

当 $K > s$ 时[图 5-2a)]：

$$h = R(1 - \cos\frac{\beta}{2}) \tag{5-1}$$

$$\beta = \frac{s}{R} \cdot \frac{180°}{\pi} = 5.7 \times \frac{s}{R} \tag{5-2}$$

当 $K < s$ 时[图 5-2b)]：

$$h = R(1 - \cos\frac{\alpha}{2}) - 0.5(s - K)\sin\frac{\alpha}{2} \tag{5-3}$$

式中：K——曲线长度(m)；

s——汽车视距(m)；

R——弯道中心半径(m)；

α——偏角(°)；

β——视距线的夹角(°)；

h——会车视距的清除高度(m)，图中 h_1 为距面视距的清除高度。

在交叉口可绘视距三角形进行验证(图 5-3)。驾驶人视线范围不得有妨碍视线的树木、建筑物和栅栏等。

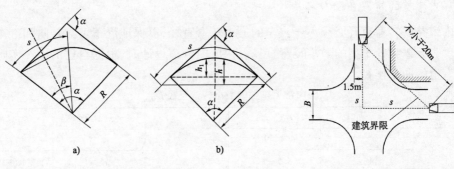

图 5-2 平面视距图　　　　　图 5-3 交叉口视距图

最大纵坡见表 5-3。

最大纵坡　　　　　　　　　　　　表 5-3

道路分类	主干道		次干道、辅助道、车间引道
	平原微丘区	山岭重丘区	
最大纵坡(%)	6	8	8

4．道路与建筑物的最小距离

厂内道路边缘与相邻建筑物的最小距离，见表 5-4。

道路边缘至建筑物的最小距离　　　　　　　表 5-4

建(构)筑物名称		距离(m)
建筑物外墙	建筑物面向道路一侧无出入口	1.5
	建筑物面向道路一侧有出入口，但无汽车跑道	3.0
	建筑物面向道路一侧有出入口，但有汽车跑道	—
	连接引道的道路为单车道时	9.0
	连接引道的道路为双车道时	7.0

续上表

建(构)筑物名称		距离(m)
围墙	围墙有汽车出入口时,出入口附近的距离	6.0
	围墙无出入口,而路边有照明电线杆时	2.0
	围墙无出入口,而路边无照明电线杆时	1.5
树木	乔木树干中心	1.5
	灌木树干中心	0.5
照明电线杆		0.5~1.0

5. 厂区的绿化

工厂绿化是美化工厂、保护环境及卫生保健的重要措施之一。厂区的绿化不但能减弱生产中所散发出来的有害气体和噪声对人们健康的影响,而且能净化空气,减少烟火,夏季遮阳防热,冬季防风保暖。

厂区的美化是根据工厂的性质、交通运输的要求设计的。通常是采用公路旁和其他需要处种植树木、花草和铺设草坪等方法绿化厂区。在对厂区进行绿化规划的同时,还可以考虑设置喷水池、塑像、画廊、板报、围墙、路灯等设施。使其既能起到宣传鼓动作用,又能美化环境。

厂区道路绿化是工厂绿化重点之一,一般可在人行道或道路两旁种植林荫道树。种植时要注意不能影响绿化树周围建筑物和地下管线;道路弯道处不能影响运行汽车驾驶人的视线;不遮挡车间的采光。

绿化树木中心与建(构)筑物平面距离(m)见表5-5。

绿化树木中心与建(构)筑物平面距离(m)　　　　表5-5

建(构)筑物名称	最小间距	
	至乔木中心	至灌木中心
建筑物外墙:有窗	5.0	≥2.0
无窗	2.5	≥1.5
道路侧面外缘陡坡及挡土围墙脚人行道边	1.5 ≥0.75	1.0 ≥0.5
围墙:有瞭望要求	6.0	6.0
高2m以上	4.0	2.5
高2m以下	2.0	1.0
天桥栈桥的柱及电线杆中心	≥2.5	不限
体育用场地	3.0	3.0
排水明沟边缘	1.5	1.0

绿化树木与地下管线的最小间距(m)见表5-6。

绿化树木与地下管线的最小间距(m)　　　　表5-6

管线名称	最小间距		管线名称	最小间距	
	至乔木中心	至灌木中心		至乔木中心	至灌木中心
给水管道	1.5	不限	天然瓦斯管道	1.5	1.5
污水管道	1.5	不限	热力管道	2.5	2.0
雨水管道	1.5	不限	电力电缆	2.5	1.5
乙炔、氧气管道	≥2.0	≥2.0	弱电电缆沟	2.5	1.5

续上表

管线名称	最小间距		管线名称	最小间距	
	至乔木中心	至灌木中心		至乔木中心	至灌木中心
煤气管道	≥2.5	≥2.0	路灯电杆	2.5	2.0
排水盲沟	1.5	1.0	压缩空气管道	2.0	15
消防笼头	1.5	1.5			

四、汽车修理厂总平面布置

汽车修理厂总平面布置,参见图5-4~图5-7。

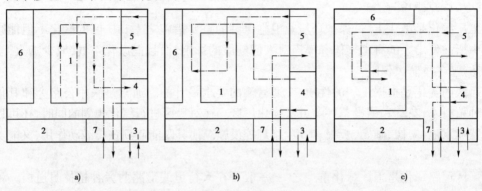

图5-4 汽车修理厂总体平面工艺路线示意图
a)门形工艺路线布置图;b)垂直工艺路线布置图;c)尽头工艺路线布置图
1-主要生产车间;2-办公室、生活、对外经营用房;3-加油站;4-修竣车停车场;5-待修车停车场;6-工具库、材料库、废料库;7-进出厂验收处

图5-5 为年产大修600辆解放CA1091汽车的修理厂总平面布置图,它是按常年主导风向西北,夏季主导风向西南布置的一个典型设计。

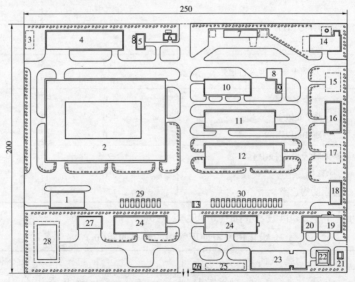

图5-5 年大修600辆解放CA1091汽车大修厂平面布置图(尺寸单位:m)
1-汽车调试间;2-主厂房;3-木材棚;4-木工、缝工间;5-空气压缩机站;6-乙炔发生器站;7-油料、化学品库;8-汽车外部清洗间;9-厕所;10-蓄电池、电镀、热处理间;11-配件库;12-机加工、焊工、设备维修间;13-汽车进出厂验收间;14-铸工间;15-旧料棚;16-锻工间;17-金属材料棚;18-变电站;19-锅炉房;20-浴室;21-煤渣堆;22-煤堆;23-食堂;24-办公生活用房;25-自行车棚;26-门卫、传达室;27-自用汽车库;28-球场;29-修竣车停车场;30-待修车停车场

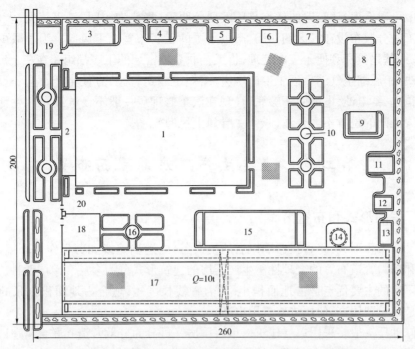

图 5-6 年大修 12000 辆某中型载货汽车修理厂布置图(尺寸单位:m)

1-主要生产厂房;2-办公生活用房;3-门卫;4-材料库;5-氧气瓶和电石库;6-变电站;7-空气压缩机站;8-锅炉房;9-煤场;10-绿化场;11-废品场;12-乙炔发生器站;13-喷砂间;14-消防用水池;15-修竣零部件和车架存放库;16-绿化带;17-待修车停车场;18-来厂职工私人用停车场;19-本厂职工私人用车车场;20-过道

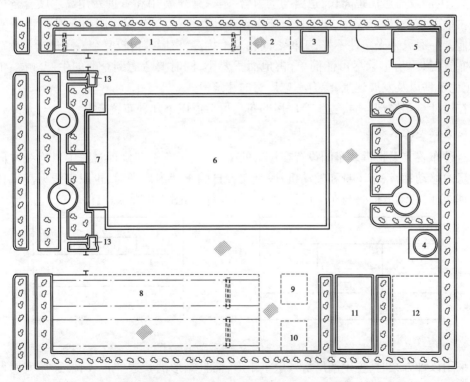

图 5-7 年大修 2000 辆某中型载货汽车修理厂布置图

1-修竣件存放场地;2-木材堆场;3-空气压缩机站;4-消防用水池;5-锅炉房;6-主要生产厂房;7-办公生活用房;8-待修件存放场地;9-废品堆放场;10-材料棚;11-煤气发生炉房;12-喷砂间;13-门卫

从图中可以看出,该布置的优点是厂区划分明确,将热加工间、噪声较大、多尘、产生有害气体的工间分散布设在厂区的四周,产生火源的工间布置在下风向。为了减少厂区的土地面积,节约基建投资和便于三废处理,将工艺联系较密切的工序都组织在一个厂房内联合营造。乙炔站、压缩空气站靠近主生产厂房,缩短了输送管路,方便生产。这一设计的缺点是油料库稍远,蓄电池、电镀间不够靠边(现在汽车修理厂一般不设电镀间),生活福利设施少,木工、漆工间的位置不太合适(长年主导风上风向)。

第二节　主要生产厂房的平面布置

一、厂房的形式和布置方案

厂房平面布置形式,将直接影响以后的生产条件、运输路线和劳动作业环境,也将影响建筑结构和动力管道布置的合理性。生产厂房的建筑形式分为多层和单层两种。

多层厂房的主要优点是占地面积小,动力管线长度短,适合占地面积紧张的大城市采用。缺点是建筑费用高,使用维修费用也高。

汽车修理厂一般多采用单层建筑。单层厂房又可分为分散营造和联合营造两种形式。

分散营造是指厂房按车间或建筑物性质分散独立设置的建筑形式;联合营造是指把若干车间、工组或其他有关房屋联合设置在一个大厂房内的建筑形式。分散营造的优点是建筑结构简单。自然采光和通风条件好,防火性能好,工种之间互相干扰小;它的缺点是占地面积大,生产线与运输距离长,道路与动力管线长,建筑费用和管理费用高。联合营造的优点是占地面积小,生产线短,便于进行流水作业,同时减少了建筑费用和管理费用;缺点是防火性能差。通风采光条件不好,工种之间相互干扰多,房屋结构较复杂。在进行主生产厂房平面布置时,厂房形状尽可能简单,占地面积要小,同时要考虑到企业的生产规模、工艺特点、土地条件以及发展远景,综合考虑厂房的建筑形式。

在设计汽车修理厂时,主生产厂房的布局可考虑以下几种布置方案:

1. 直线型流水线

这种布置方案将拆装车间设置在厂房的中央,汽车车架在修理过程中以直线方向在生产厂房内移动;而汽车车身和发动机、底盘在各自的车间内修理时,也以直线型流水作业进行修理,它的移动方向是与车架的移动方向相平行,如图5-8所示。

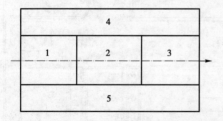
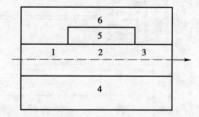

图5-8　直线型流水线布置示意图

采用该种方案时,主生产厂房一般呈矩形,而且矩形的长边伸得较长,这样就使得厂房墙长度增大,增加了厂房的造价。直线型流水线布局的优点是各车间的流水方向相同,便于安排生产,且运输不交叉,适于中、小型汽车修理厂及承修车型比较复杂的修理厂选用。缺点是布局不紧凑,运输距离长,房屋造价高。

2. 直角形流水线

直角形流水线是指车架在修理与装配过程中要回转一个90°直角弯。车身与总成修理的移动路线则垂直或平行于车架的流动方向,如图5-9所示。

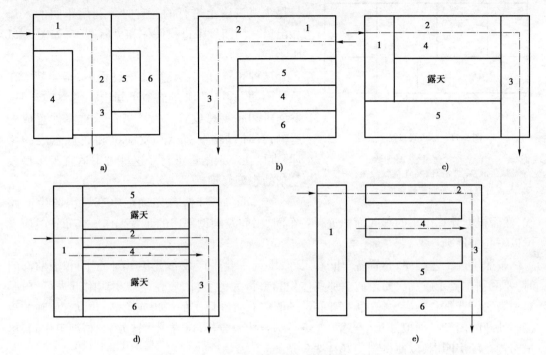

图5-9 直角型流水线布置示意图
1-拆卸、清洗、零件检验分类;2-车架修理;3-汽车装配;4-车身修理;5-总成修理和装配;6-零件修理

一般正方形厂房多采用此方案。其主要优点是主生产线短,布局紧凑,房屋造价低,适合任务较大的厂进行流水生产。缺点是个别车间距离主生产线远,需用桥式吊车运输,生产紧张时工种间容易相互干扰。

3. 门形流水线

门形流水线是指汽车的车架在修理移动时回转两个90°的直角弯,主线成一"门"形,如图5-10所示。

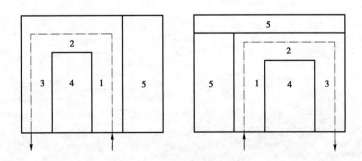

图5-10 门形流水线布置示意图
1-拆卸、清洗、零件检验分类;2-车架修理与喷漆;3-汽车总装;4-车身修理;5-发动机和底盘总成修理

在布置车间时,可将发动机、底盘修理、零件修复车间布置在主线的四周,使厂房呈正方

形。该方案的优点是主线比较短,布局紧凑,便于安排大规模流水生产。缺点是个别车间距主线距离稍远,有时运输产生交叉,且增加了运输量。

4.尽头式布置

尽头式布置是指汽车的拆卸和装配是固定在一尽头式工段上进行的。有时可利用车间的入口和出口大门门廊来进行解体和最后调整,如图5-11所示。

这种布置方式在整个修理过程中,车架基本在原处不动,所以必须在整个车间内往返运输车身、发动机和底盘总成等。为了避免笨重零件总成的运输,有时驾驶室、车厢、发动机和底盘总成的修理,直接在车架附近进行。这种方案适宜于车型较复杂的小型修理厂。

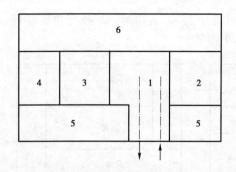

图5-11 尽头式布置示意图
1-汽车拆卸、车架修理、汽车装配;2--车身修理;3-总成拆散、零件清洗、零件检验分类;4-总成装配;5-零件修理;6-车厢修理和喷漆

在车间布置时,首先确定生产厂房的生产路线,然后根据计算出来的车间面积进行各车间、工间及辅助部门的布置工作。在布置时应考虑以下几个原则:

按照生产工艺顺序,布置各车间和工间;围绕主要生产线布置各车间、工间和辅助部门时,要区别主要矛盾和次要矛盾。那些体积和重量大的零件,应在生产主线附近进行修理。对污染比较严重和噪声比较大的车间或工间,应布置在厂房的一边或角落,并设有单独的直接向外开的门。必须拟订几个方案,并进行综合比较分析,以寻求最佳方案;精细工作间,尽量布置在厂房四周,以便得到良好自然采光。

二、厂房的方位

厂房的方位应根据自然采光及常年主导风向确定。在我国南方炎热地区,采用北向窗户采光,以避免夏季阳光直接照射引起的过分炎热。北方寒冷地区可采用南向窗户采光,可充分地采光和提高车间温度。

在配置带庭院的复杂形状厂房时(如门形和山形厂房),建筑物各翼间的纵向,应与常年主导风向呈0°~45°角(如图5-12所示,箭头表示主导风向),并使庭院开口部分面向主导风向。如背向主导风向,须在庭院的封闭端留有通风的门。

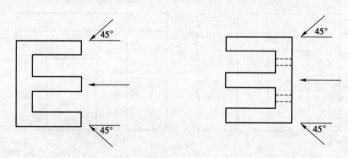

图5-12 半封闭庭院式建筑物对风向的方位图(箭头指主导风向)

半闭锁庭院式建筑物各翼的间距,不得小于相对建筑物高度之和的一半,一般须在15m以上。庭院内不产生有害气体时,其间距可减至12m。

第三节　动力站房设计

汽车修理厂用电主要为生产和照明之用。电源一般由厂外高压输电网供电，厂内设一座变电站，负责供给全厂用电；若用电量大的车间很分散，并且距离很远，可以考虑分散布置几处小型变电站。但最后还要根据实际配备的工艺设备及其数量，对额定电容量进行修正。年大修 300～1000 辆汽车的修理厂生产用额定电容量，可以参考表 5-7。

解放 CA1091 汽车修理厂生产用额定电容量（kW）　　　表 5-7

生产车间	年产大修车辆数（辆）			车额定电容量
	300	600	1000	
发动机、底盘总成修理车间	290	350	430	0.425～0.967
车身、车架修理车间	140	170	340	0.340～0.467
修旧配制车间	460	650	750	0.750～1.533
辅助部门	100	150	220	0.220～0.333
合计	990	1320	1740	1.740～3.300

一、生产用额定电容量

生产用额定电容量，根据企业的生产工艺设备电容量的统计确定。企业的生产工艺不同、生产任务不同、所配备的设备不同，每辆大修车所耗的电量差异也较大。一般修理厂可按每辆大修车耗电 1.74～3.30kW 来估算全厂的生产用电容量。生产规模较大的修理企业，可选小值，反之选大值。

二、照明用额定电容量

照明用额定电容量，一般根据单位容量计算法确定。单位容量，即是指每单位面积的灯泡安装功率，按下式计算：

$$W = \frac{P}{S} \quad (\text{W/m}^2) \tag{5-4}$$

式中：P——全部灯泡的安装功率（W）；

S——被照明面积（m^2）。

单位容量取决于照明器材的形式、要求的最小照度 E、计算高度 b、房间面积、天花板反射系数 p_c、墙壁反射系数 p_a、地面反射系数 p_d、感光补偿系数 K 等因素；此外，它还和灯具的布置、所选用灯泡的效率（灯泡功率越大，效率越高）有关。式（5-4）只适用于均匀的照明计算。

照明用电单位容量见表 5-8。

照明用电单位容量　　　表 5-8

车间	工间名称	单位容量（W/m²）	使用电压（V）	采用灯型
主修	汽车解体、外洗、零件清洗、胎工间	6	220	白炽灯
	零件检验、发动机修理装配及调试、发动机附件、电工、底盘总成修理、汽车总装调试	8	220(36)	白炽灯（地沟用荧光灯）
	更衣室、通道、厕所	3	220	荧光灯

续上表

车 间	工间名称	单位容量(W/m²)	使用电压(V)	采用灯型
车身修理	车架、钣金、铜工、漆工	8	220	漆工用防爆灯
车身修理	除漆防锈间	6	220	白炽灯
车身修理	缝工间	10	220	白炽灯
修配	机钳加工、焊工间、工具间	8	220	白炽灯
辅助	配件库、化学品库、油料油漆库、锅炉房	4	220	防爆灯
辅助	变电站	8	220	白炽灯
辅助	计量化学分析室	10	220	白炽灯
辅助	空气压缩站、乙炔发生器站	5	220	防爆灯
辅助	设备维修与革新	8	220	白炽灯
办公服务部门	办公室、单身宿舍、招待所、托儿所、幼儿园、收发室、进出厂检验室、食堂、医务室	3	220	荧光灯
办公服务部门	汽车库、浴室	5	220	白炽灯
办公服务部门	自行车棚	1	220	白炽灯
办公服务部门	球场	30	220	白炽灯
办公服务部门	户外路灯		220	每40m装一个60W高压水银灯

照明用额定电容量按下式计算：

$$Q_{照} = F \times W \quad (W) \tag{5-5}$$

式中：F——照明的地面面积(m^2)；
　　　W——单位电容量(W/m^2)。

解放 CA1091 汽车修理厂照明用额定电容量，参见表5-9。照明用电一般占生产用电的 6%~7%。

解放 CA1091 汽车修理厂照明用额定电容量(kW)　　　表5-9

生产车间和部门	年大修车辆数(辆)			平均每100辆车额定电容量
	300	600	1000	
发动机、底盘总成修理车间	13	27	37	3.7-4.3
车身、车架修理车间	11	16	20	2.0-3.7
旧件修配车间	12	17	21	2.1-4.0
辅助部门	4	7	10	1.0-1.3
办公生活服务部门	20	26	32	3.2-6.7
合计	60	93	120	12-20

三、电负荷计算

电力负荷是选择供电系统中导线、变压器和开关设备等的主要依据。电力负荷计算的方法有:需要系数法、二项式法、利用系数法和单位产品耗量法等。在汽车修理厂设计中,一般采用需要系数法。

按需要系数法确定负荷,以选择变压设备,可按下式计算:

$$s_{30} = \sqrt{(\sum P_{30})^2 + (\sum Q_{30})^2} \quad (\text{k·VA}) \tag{5-6}$$

式中:s_{30}——全厂最大负荷班内半小时平均负荷中,最大视在负荷值(kV·A);

$\sum P_{30}$——全厂最大负荷班内半小时平均负荷中,最大视在功率值之和(kW);

$\sum Q_{30}$——全厂最大负荷班内半小时平均负荷中,最大无功功率值之和(kW)。

有功功率值的计算:

$$\sum P_{30} = K_m \cdot K_x \cdot \sum P_e = K \sum P_e \tag{5-7}$$

式中:K_m——负荷周期系数,一般取0.8~0.9;

K_x——需要系数,即电力计算最大负荷与用电设备总容量的比值(此系数的大小是根据用电设备的效率、负荷率、设备台数和工作情况等因素拟定的,见表5-10;在考虑全厂集中配电时,汽车修理厂需要系数一般取0.25~0.35);

K——综合系数,$K = K_m \cdot K_x$,全厂集中供电时,汽车修理厂一般取0.20~0.32;

$\sum P_e$——全厂生产与照明用额定电容量之和(kW),见式(5-8)。

$$\sum P_e = \sum P_s + \sum P_z \quad (\text{kW}) \tag{5-8}$$

式中:$\sum P_s$——生产用电总和(kW);

$\sum P_z$——照明用电总和(kW)。

无功功率值的计算:

$$\sum Q_{30} = \sum P_{30} \cdot \tan\varphi \tag{5-9}$$

式中:$\tan\varphi$——功率因素的正切值,见表5-10。

根据计算所得的最大视在负荷值和考虑该厂近期发展的可能性等因素,适当选用变压器。

设备需要系数和功率因数　　　　　表5-10

用电设备名称	设备台数	需要系数	功率因数	$\tan\varphi$
单独传动机床	<5	0.7	0.75	0.88
	5~10	0.5~0.6	0.75	0.88
	11~20	0.4~0.5	0.70	1.02
	21~30	0.3~0.4	0.70	1.02
	>30	0.25	0.65	1.17
连续运转设备(空压机、水泵、通风机)	<10	0.80	0.80	0.75
	>10	0.70	0.80	0.75
反复短时运转设备(起重机电葫芦)	<5	0.25	0.50	1.73
	>5	0.20	0.50	1.73
交流电焊机	—	0.35	0.40	2.29
直流电焊机	—	0.40	0.70	1.02
电阻炉、照明		0.80	1.00	0
干燥室	—	0.60	0.95	0.32

四、全厂年电耗量计算

1. 年度生产用电量计算

$$Q_{生} = 3.6(P_{a1} + P_{a2}) \times K \times \gamma \times N_{生} \quad (kW \cdot h) \quad (5-10)$$

式中：P_{a1}——白班生产用额定电容量之和(kW)；

　　　P_{a2}——夜班生产用额定电容量之和(kW)；

　　　K——生产用电负荷综合系数，即 $K = K_m \times K_x$，取 0.20~0.32；

　　　γ——设备平均利用系数；

　　　$N_{生}$——生产用电设备年时基数(h)，即 306×8 = 2448h。

2. 年度照明用电量计算

$$Q_{照} = 3.6 P_{照} \times N_{照} \quad (kW \cdot h) \quad (5-11)$$

式中：$P_{照}$——全厂照明用额定电容量之和(kW)；

　　　$N_{照}$——全年照明时间平均值；室内照明年时数，单班 650~852h，双班 2300~4800h，三班 4600~4800h，室外照明年时数，取 3300h。

全年年度用电量为：

$$Q = Q_{生} + Q_{照} \quad (kW \cdot h) \quad (5-12)$$

大修中型载货汽车按每辆年度用电量计，一般在 5760~9720kW·h。生产规模大的修理厂取小值，反之取大值。

五、变电站及压缩空气站的建筑要求

1. 变压器间的设计

变压器间的耐火等级为二级，其门窗材料应满足防火要求，大门建议采用钢丝网门，并在大门上开小门(宽×高为 0.8m×1.8m)。变压器基础轨梁建议采用两种轨道通用的形式，底座要考虑变压器漏油问题。从变压器间到高低压配电间和电气间均设电缆沟。进风窗应加装孔为 10mm×10mm 的防小动物的金属网。当变压器间上面有房间时，顶板应为整块的钢筋混凝土板，若上面房间的窗户在变压器大门的上方，还应在出风百叶窗的上部，沿变压器内外墙挑出 0.7m 防火挡板。门应向外开，耐火极限不小于 0.75h，开启角度不应小于 150°，门上可设金属百叶窗，以补充进风口的进气不足。地面坡度为 2%，有油坑时，地面向坑孔中心倾斜，无油坑时，地面向门方向倾斜。

变电站平面布置见图 5-13。

2. 压缩空气站的设计

在汽车修理企业中，压缩空气用以驱动各种风动机械和风动工具。如喷漆、喷砂、轮胎充气、气动千斤顶、气动铆钉机、气动起重机、零件吹净等。常采用压力为 0.196~0.780MPa (2~8kg·f/cm²) 的压缩空气。小型汽车修理厂一般使用可移动式的空气压缩机，这种压缩机投资小，但是噪声大。大型汽修厂用气量比较大，而且用气点比较多，一般应该设置专门的压缩空气站。在进行压缩空气站工艺设计时，首先要掌握和了解必要的资料，如压缩空气消耗量，需要压缩空气的位置等，然后进行机组选型、储气罐的选用等。

3. 设计的基本资料

(1) 压缩空气消耗量：包括各作业班中的用气设备名称、规格及数量，使用压力要求，最大消耗量,理论平均消耗量等。

(2) 工程项目总图:了解各用气在总图上分布情况,确定压缩空气站在总图上的位置,以便考虑压缩空气站的设备布置和管道敷设。

(3) 气象条件和地质资料:包括建站地区的气温、大气压力、常年主导风向,空气中含尘量、土壤性质、地下水位等因素。

(4) 水质资料:所使用水源的水质硬度、悬浮物含量、氢离子浓度和夏季最高水温等,考虑水质能否满足水冷空压机的使用条件和决定冷却水进排水温差的条件。

(5) 扩建余地:工程项目近期和远期发展情况,以便在压缩空气站设计时对扩建余地考虑。

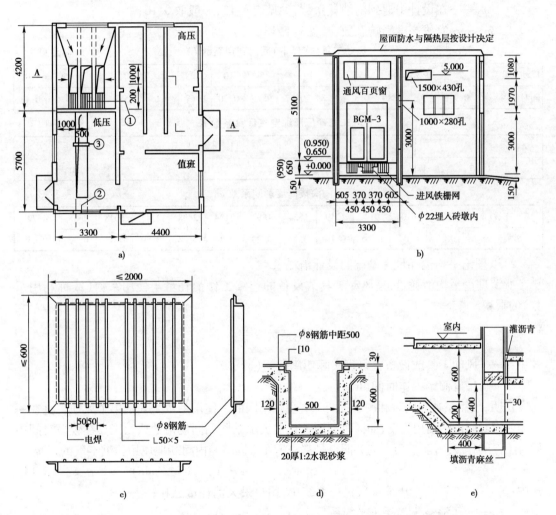

图5-13 变电站平面布置图(尺寸单位:mm)
a) 变电站平面图;b) A-A剖视图;c) 活动铁栅板图;d) 电缆沟穿墙图;e) 配电盘地沟图

4. 压缩空气消耗量计算

多数用户在工作中对压缩空气的使用不是连续的,其负荷的波动也比较大。压缩空气的消耗量的确定并不是一个简单的公式就可以解决的,需要进行统计分析,力求设计符合生产实际。

所谓压缩空气设计消耗量,是指在同一个压缩空气的供应系统中,在总和各用户的消耗量的基础上,计入所需要的计算系数后,所得到的计算结果。因此,用户负荷资料的准确程度和计算系数的选取,是确定压缩空气设计耗量的关键问题。

1) 以最大消耗量计算

$$Q_{max} = \sum q_{max} \cdot K(1 + \varphi_1 + \varphi_2 + \varphi_3 + \varphi_4) \qquad (5\text{-}13)$$

式中：$\sum q_{max}$——在同一个压缩空气供应系统中,用户最大消耗量总和(m^3/min)；

K——同时利用系数,参见表5-11,汽车维修企业一般取0.3~0.7；

φ_1——管道系统漏损系数,参见表5-12,一般取0.15~0.20；

φ_2——风动工具或设备磨损增耗系数,参见表5-12,一般取0.15~0.20；

φ_3——在设计中遇到的消耗系数,参见表5-12,一般取0.10；

φ_4——海拔高度影响系数,参见表5-13。

风动工具(或设备)同时利用系数 K 表5-11

风动工具数量	2	3	4	5	6	7	8	10	12	15	20	30	50	70
同时利用系数	0.9	0.9	0.8	0.8	0.8	0.77	0.75	0.70	0.67	0.6	0.58	0.5	0.5	0.43

汽车修理厂压缩空气计算系数 K_1 表5-12

φ_1	φ_2	φ_3	K_1
0.15	0.15	0.10	1.30

不同海拔高度影响系数 φ_4 表5-13

海拔高拔(m)	305	610	914	1219	1524	1892	2134	2438	2743	3048	3658	4572
影响系数	0.03	0.07	0.10	0.14	0.17	0.20	0.23	0.26	0.29	0.32	0.37	0.43

2) 以理论平均消耗量为基础的设计消耗量

所谓理论平均消耗量,是风动工具或设备的连续工作消耗量与使用系数(或称利用系数)的乘积。

$$使用系数 = \frac{t}{T}$$

式中：t——风动工具或设备在每班实际使用时间(h)；

T——每班额定工作时间(h)。

说明：使用系数与同时利用系数两个概念是不同的。使用系数是表示单个风动工具在一个作业班时间内的使用程度；而同时利用系数是表示某些相同规格的风动工具在较短时间内同时工作的程度。但是,两者的共同点是都表示在不同时间内间断地使用压缩空气的情况。

$$Q_{max} = \sum q \cdot K_1(1 + \varphi_1 + \varphi_2 + \varphi_3 + \varphi_4) \qquad (m^3/min) \qquad (5\text{-}14)$$

式中：$\sum q$——在同一个压缩空气供应系统中,用户最大消耗量总和；

K_1——压缩空气消耗不平衡系数。

各种风动工具的压缩空气消耗量,见表5-14~表5-18。

冲击式风动扳手耗气量   表5-14

标准螺栓直径(mm)	空载转速(r/min)	使用压力(MPa)	耗气量(m^3/min)
10	8500	0.588	0.25
12	9000	0.588	0.27
14	7000	0.588	0.30
16	5500	0.588	0.45

续上表

标准螺栓直径(mm)	空载转速(r/min)	使用压力(MPa)	耗气量(m³/min)
18	5000	0.588	0.50
32	4000	0.588	0.85
38	3000	0.588	1.10

风动铆钉枪耗气量 表5-15

铆钉直径(mm)	冲击次数(次/min)	使用压力(MPa)	耗气量(m³/min)
φ3(铝制)	2200~3500	0.490	0.20~0.22
φ5(铝制)	1500~2000	0.490	0.23~0.25
φ7(铝制)	1500	0.490	0.40
φ5(钢制)		0.490	0.40
φ19(钢制)		0.490	0.80
φ22(钢制)		0.490	0.90
φ28(钢制)		0.490	0.95

风动砂轮机技术数据 表5-16

砂轮类别	砂轮外径×厚~厚×中心孔径(mm)	空载转速(r/min)	耗气量(m³/min)	使用气压(MPa)	全机质量(kg)
树脂黏结砂轮	40	18000	0.40	0.588	0.51
	60	15000	0.47	0.588	2.0
	65×13	14600	0.70	0.588	1.4
	90×19	10500	0.80	0.588	2.1
	125×19	7600	1.10	0.588	2.8
	150×25	6300	1.20	0.588	3.5
	150×25	6300	1.20	0.588	5.1
	150×25	6300	1.20	0.588	5.2
陶瓷黏结砂轮（低速）	100×19	6300	1.10	0.588	3.9
	150×25	4200	1.20	0.588	5.0
	205×25	3100	1.40	0.588	6.45
高速圆盘砂轮	100×4~6×15	13600	0.70	0.588	1.7
	150×6~8×22	8900	0.80	0.588	2.7
	180×6~8×22	7600	1.10	0.588	3.0
	230×6~8×22	5900	1.50	0.588	5.0

喷漆空气耗量(0.29MPa时) 表5-17

喷嘴直径(mm)	0.4	1.0	2.0	3.0	4.0	5.0
耗气量(m³/h)	0.264	1.654	6.615	14.886	26.464	41.351

其他风动设备耗气量（m³/min）　　　　表5-18

设备（工具）名称	使用气压（MPa）	耗气量	设备（工具）名称	使用气压（MPa）	耗气量
汽车轮胎充气	0.49	0.40	滑脂加注器	0.49	0.20
轮辋拆装机	0.49	0.50	气动千斤顶	0.49	0.20
扩胎机	0.49	0.50			
内胎试验	0.49	0.30			
气压试验台	0.49	0.50			

5. 空气压缩安装容量计算和机组选型

压缩空气站的设备安装容量，是安装在同一供气系统中所有空气压缩机额定生产能力的总和，其中包括工作和备用的机组容量。为了确定设备安装容量，须考虑设备生产效率和备用系数。所谓备用系数，系指在一个压缩空气站内所安装的相同压力参数的机组，当其中一台或最大的一台机组因检修停止运行时，其余投入运行机组的设备容量与设计消耗量的百分比数值。在一般机械厂，压缩空气备用系数不低于75%。

设备安装容量的计算公式为：

$$Q_A = K_2 \sum \frac{Q_i}{\eta_i} + \frac{Q_D}{\eta_D} \quad (m^3/min) \tag{5-15}$$

式中：K_2——备用系数，一般取≥75%；

Q_i——每台机组的容量（m³/min）；

Q_D——最大的一台机组的容量（m³/min）；

η_i——每台机组的生产效率；

η_D——最大一台机组的生产效率。

空气压缩机组的选型应考虑以下几点：

1) 空气压缩机的台数

空气压缩机的台数及其生产能力须与设计消耗量相适应，同时要考虑机组效率高、占地面积小、运行可靠、维修方便。

2) 备用机组

考虑必要的备用机组，即采用适当的备用系数，但是在空压机维修停车期间，对用户影响不大的情况下，也可以安装一台机组。

3) 操作、维修和备件简便

为了使操作、维修和备件简便起见，应选用同一型号的空气压缩机。但是在各班的压缩空气负荷不均衡的情况下，为了适应负荷波动起见，可选用容量大小不同的机组，这样就可避免用气负荷大幅度波动时压缩机经常起动和停车。同一压力参数的空压机，最好不超过两种型号。

4) 相同压力参数的空压机数

相同压力参数的空压机，一个站房内一般不少于两台，最多不宜超过四台。

5) 充分利用原有的或者调拨来的设备

在改建和扩建的工程项目中，应充分利用原有的或者调拨来的设备。

空压机的技术参数，详见表5-19。

空气压缩机的技术参数　　　　　　　表 5-19

型　号	形　式	冷却方式	排气量(m³/min)	压力(MPa)	电机功率(kW)	外形尺寸(长×宽×高)(mm)	质量(kg)
V-0.3/10	V形,移动式	风冷	0.3	0.980	3	1200×600×1000	240
V-0.5/8	V形,移动式	风冷	0.5	0.784	55.5	1641×670×1144	350
1V-3/8	V形,固定式	风冷	3.0	0.784	22	1600×1170×1230	1002
V-3/8-1	V形,二级双缸固定式	水冷	3.0	0.784	22	1470×1180×1270	950
V-6/8-1	V形,二级四缸固定式	风冷	6.0	0.784	40	1700×1140×1320	1380
W-6/8G	W形,固定式	风冷	6.0	0.784	55	3438×1200×1320	1800
2W-6/7B	W形,固定式	风冷	6.0	0.686	40	1980×1100×1350	1635
2WG-6/7	W形,固定式	风冷	6.0	0.686	40	2000×920×1350	1400
3L-10/8	L形,固定式	水冷	10	0.784	75	1890×875×1813	1600
4L-20/8	L形,二级双缸固定式	水冷	20	0.784	130	2200×1150×2130	2650
4V-20/8	V形,固定式	水冷	20	0.784	130	2820×1900×2000	1500
L3.5-20/8	L形,固定式	水冷	20	0.784	130	1795×870×1825	1660
2L3.5-20/8	L形,固定式	水冷	20	0.784	130	1530×1140×1610	2240
4LA-20/8	L形,固定式	水冷	20	0.784	130	1800×870×1380	8701750
5L-40/8	L形,固定式	水冷	40	0.784	250	2300×1600×2410	4500
L5.5-40/8	L形,固定式	水冷	40	0.784	250	2580×1600×2880	3700
L8-60/8	L形,固定式	水冷	60	0.784	350	2500×1830×2390	6000
7L-100/8	L形,固定式	水冷	100	0.784	550	2950×1350×2890	12000

6. 储气罐的选用

用以储存压缩空气,稳定压缩空气和管路中的压力,并再一次冷却压缩空气,分离压缩空气中的油水。储气罐安装在机器间外露天场地上,其基础应高出地坪。当有多台储气罐时,应以列布置,相邻两储气罐之间的净空距离通常不小于1m。储气罐和机器间外墙之间的距离,一般保持在1.5m以上。储气罐的位置应避开机器间的门、窗,以免影响机器间的自然采光和通风。

1) 储气罐容积

当空气压缩机的排量 $Q \leq 15 \text{m}^3/\text{min}$ 时,储气罐容积可按下式计算:

$$V = 0.5\sqrt{10Q} \quad (\text{m}^3) \tag{5-16}$$

当空气压缩机的排量 $Q \geq 15 \text{m}^3/\text{min}$ 时,储气罐容积可按下式计算:

$$V = 0.5\sqrt{5Q} \sim 0.5\sqrt{10Q} \quad (\text{m}^3) \tag{5-17}$$

2) 储气罐试验

储气罐在安装前应进行水压试验,试验压力为工作压力的1.25倍,但不得小于其工作压力加上0.294MPa。储气罐安全阀的极限压力应调整为比工作压力大10%。

3) 储气罐应用参数

空气压缩机间设计与储气罐数量及容积有关,参见表5-20、表5-21。

空气压缩机间设计参数资料　　　表 5-20

参考资料		总容积(m³/min)	30	20	18	12
空气压缩机	型号		3L-10/8	3L-10/8	V-6/8-1	V-6/8-1
	每台排气量(m³/min)		10	10	6	6
	数量(个)		3	2	3	2
空气滤清器	数量(个)		3	2	3	2
油水分离器	数量(个)		3	2	3	2
储气筒	数量(个)		3	2	3	2
	每个容积(m³)		5.6	5.6	3.7	3.7
机器间建筑尺寸(m)	长度		16	12	12	9
	跨度		9	9	6	6
	高度		5	5	5	5
每台空气压缩机冷却水耗量(m³/h)			2.4	2.4	1.8	1.8
安装电机功率(kW)			225	150	120	80

标准储气筒基本参数　　　表 5-21

公称容积(m³)	0.7	1.2	1.6	2.1	2.5	3.7	4.6	5.6	7.0	8.5	10.0	12.7
外径(m)	0.7	0.8	0.9	1.0	1.1	1.2	1.3	1.4	1.5	0.6	1.7	1.8
总高度(m)	2.17	2.42	2.86	3.11	3.46	3.89	4.10	4.34	4.58	4.93	5.28	5.62
进气(或排气)管径(mm)	89	108	108	133	133	159	194	219	219	245	273	273
安全阀接头(mm)	40	40	40	40	40	75	75	75	75	75	75	75
压力表接头(mm)	15	15	15	15	15	15	15	15	15	15	15	15
支板(个)	3	3	3	4	4	4	4	4	4	4	4	4
质量(kg)	255	340	445	570	870	1010	1120	1360	1730	2000	2300	2760

7. 压缩空气站的分类与组成

1) 压缩空气供应方案

根据生产规模和各用户的分布情况,压缩空气供应方案,有下列几种:

(1) 集中供应:即建立一所压缩空气站供给所有用户。这种方案对于生产规模不大和用户集中的中、小型企业,应用比较广泛。汽车修理企业大部分采用这种供气方法。

(2) 分片供应:根据用户的分布情况,分区建站分片供应。这种方案适合于大型机械厂、钢铁厂和化工厂。

(3) 就地供气:适用于压缩空气耗量较小、用户少而分散的汽车维修厂。这种方案是选用小型空气压缩机放置在用气点附近。一般常用小型移动式的空气压缩机。除上述三种方案外,有时可以同时采取其中的两种方案。

2) 压缩空气站的分类

根据空气压缩机结构分为以下几种:

(1) 活塞式空气压缩机站:压力范围大,用于机械制造厂、汽车维修企业等。按气缸位置又可分为立式、卧式、角式、V形及W形,厂房为单层。

(2)透平式空气压缩站:多用于生产规模较大的工厂,厂房为两层。

(3)回转式空气压缩机站。

3)空气压缩机站的组成及有关专业设计要求

(1)组成:空压机站由空压机间、水泵房(对水冷式空压机)、变配电间、储藏室、值班室等组成。

(2)站房布置:空压站一般是一幢独立的建筑物,也可以设在主要生产厂房内,但不宜设在散发有害气体和大量灰尘的生产建筑物内。尽量靠近负荷中心,尤其是靠近那些大用户,如喷漆车间和汽车拆装车间。空压站应设在空气比较清洁,自然通风和采光条件良好的地方。站房的方位应在散发大量有害气体车间(如煤气站、乙炔站)和散发大量灰尘场所(如煤堆、灰堆、砂堆等)的全年主导风向的上风方向,并应保持一定的距离(表5-22)。因站房内散热量大,要尽可能使机器间的正面迎向夏季的主导风向,门窗的开设位置应有利穿堂风的形成。与大型的变配电站靠近或合建。建在循环冷却水设施的上风方向。站房布置一般多采用集中布置形式,也就是辅助车间和生活间等与机器间组建在一起。这样可降低土建和动力管线造价,且使用方便。空压机运行时振动大,易产生倾覆现象。采用往复运动机构的空压机时,都应做单独基础。应与有防震要求的试验室、精密机床和设备等保持适当距离。储气罐应安装在站外的北面或东北方向,炎热多雨地区应做防雨棚。

空压站与建筑物的最小间距 表5-22

建 筑 物 名 称	最小间距(m)
露天煤场或散发灰尘的场所	50
乙炔站和煤气站	20
喷水冷却池	40
塔式冷却塔	20
居住建筑物或公共建筑物	50
厂内公路边沿	5
厂外公路边沿	15
本企业其他建筑物	按消防间距

4)空压机间工艺设备布置与建筑结构的要求

(1)在空压机间工艺设备布置时要考虑设备维修时所必需的维修空间。

(2)各压缩机之间的间距大于0.5m。

(3)空压机间的主要通道宽度一般取1.5~2.0m。

(4)压缩机与墙、柱之间的距离应大于1m,而且考虑空压机底座与墙、柱基础的间距,以防止振动影响建筑基础,压缩机地基应采取防振加固措施。

(5)空气过滤器应装在背阴的墙上,空气吸入口的高度距地面3.5m以上。吸气管和排气管穿过墙壁时,该处须装防震套管。

(6)机器间门窗应向外开启。当机器间的长度较长或者面积较大时,出入口不宜少于两个。

空压机站工艺设备平面布置,见图5-14。

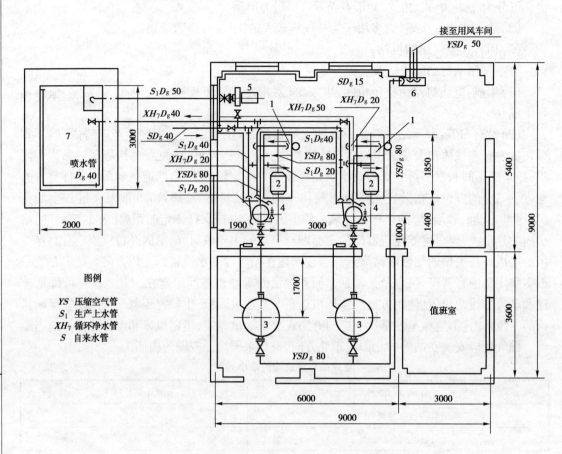

图 5-14　2 台 6m³/min 压缩空气站平面布置图(尺寸单位：mm)
1-空气压缩机；2-电动机；3-储气罐；4-水套式油水分离器；5-离心水泵；6-压缩空气分配器；7-冷却水循环水池

第四节　库房设计

汽车修理企业库房，包括配件库、油料化学品库、工具库和旧料库等。各种仓库的用途参见表5-23。

几种仓库的用途　　　　表5-23

仓库名称	用　　途
配件库	储存汽车配件、橡胶塑料件、维修用小五金、汽车电器产品等
油料化学品库	储存电石、氧气瓶、二氧化碳瓶、酸碱类、润滑油(脂)、清洗油、油漆等
工具库	储存常用刀具、刃具、量具和工具等
旧料库	存放汽车不可用的旧件和机床设备旧件

一、仓库设计

1. 建筑形式

根据储存材料性质来选择仓库建筑形式。

2. 危险品仓库

危险品仓库按其性质分别采用不同的结构和防护措施,以确保安全。

3. 多层仓库

多层仓库适于保存工具及需保温的材料,楼板荷重以不超过 $2t/m^2$ 为宜。

4. 仓库高度

仓库高度应按放置材料高度及所采用机械化设备而定,一般单层厂房高度为 3.0~6.5m。

5. 选料用的面积

库内的库门附近应留出作为收发与选料用的面积。

6. 防爆及外露式照明

易燃及有爆炸危险的材料库的人工照明,应采用防爆及外露式照明。

7. 通道宽度

库内纵向通道宽度为 2.5~3.0m,每隔 20~30m 设置一条横道。

8. 库门尺寸

一般仓库宽度与长度比例和库门尺寸参考表 5-24、表 5-25。

仓 库 长 宽 比 例　　　　　　　　　　表 5-24

仓库总面积(m^2)	宽/长
500 以下	1/2~1/3
501~1000	1/3~1/5
1001~2000	1/5~1/6

库 门 尺 寸　　　　　　　　　　表 5-25

要　求	宽(m)	高(m)
无特殊要求	1.2~1.5	2.0~2.5
通行小车或电动车	2.0~2.5	2.0~2.5
通行载货汽车	3.0~3.5	≥3.0

9. 液体罐库存方法的选择

地上:罐底埋入地下深度小于罐高的一半,或不低于附近地面的最低标高者。

半地下:罐底埋入地下深度大于罐高的一半,且罐内的液体面不高于附近地面最低标高 0.2m 者。

地下:罐内液体面低于附近地面最低标高 0.2m 者。

10. 防火及卫生要求

全厂总平面布置要考虑仓库与服务中心靠近,性质相同的仓库应尽量合并或建成多层,以节约用地,应满足防火及卫生要求,以保证生产安全。

二、库面积计算

1. 按荷重计算仓库面积

$$S = Q \cdot \frac{K \cdot n}{12q} \qquad (5-18)$$

式中：S——仓库总面积（m^2）；
Q——年消耗量（t/年）；
K——物料年入库量占工厂年消耗量的百分比（%）；
n——物料储备期（月）；
q——仓库总面积上的平均荷重（t/m^2）。

仓库总面积上的平均荷重参见表5-26。

仓库总面积上的平均荷重　　　　　表5-26

仓库名称	$q(t/m^2)$	n（月）
器材库	0.20～0.30	1.0～1.5
工具库	0.24～0.30	2.0～3.0
设备库	0.34～0.40	3.0～4.0
轮胎库	0.30	1.5～2.0
发动机库	0.30	1.0～2.0
油料化学品库	0.15～0.50	1.0～1.5
氧气瓶、二氧化碳气瓶、电石库	0.40～0.75	1.0～1.5

2. 按生产车间总面积的百分比估计仓库面积

仓库面积一般按生产面积的10%～15%计算。

仓库面积分配比例为：

汽车配件库	40%～45%
工具库	15%～20%
总成储备库	0～10%
油料库	3%～5%
氧气瓶、二氧化碳气瓶、电石库	2%
轮胎库	8%
劳保用品库	8%

第五节　车间抽排设计

发动机排除的有害气体，通过抽排系统排放至室外，以保持室内空气洁净，为汽车检测站、汽修厂、地下停车场等创造无污染工作环境。

一、车间抽排系统的组成

尾气抽排系统是通过风机与管道相互作用，产生强大负压把管道中的气体吸出。车间抽排系统的组成如图5-15所示，系统布置如图5-16所示。

二、车间尾气抽排系统的安装

1. 安装要求

（1）固定支架一定要牢固。
（2）滑轨要求水平。

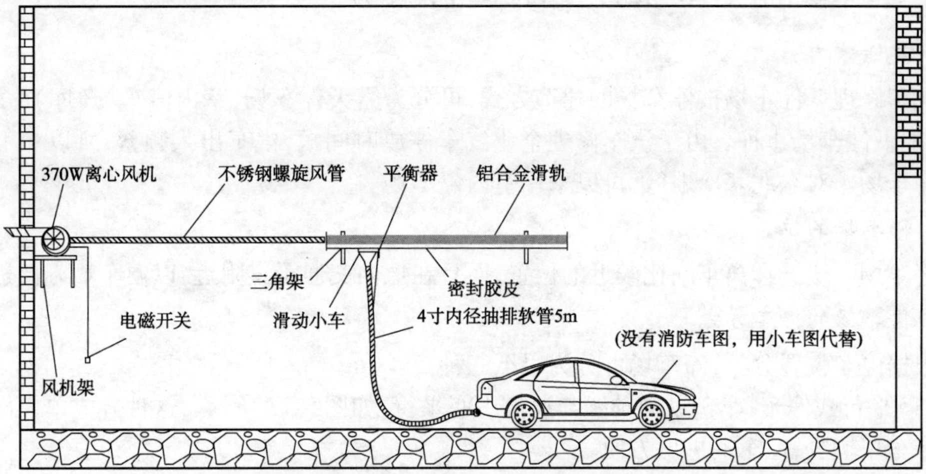

图 5-15　车间抽排系统的组成

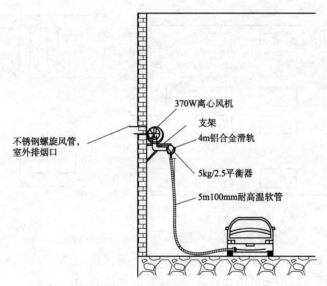

图 5-16　车间尾气抽排系统布置

（3）导风管走向外观要美观，连接处要密封。
（4）设备安装完毕后，进行清洁，并将支架涂上油漆。

2. 安装尺寸

（1）墙与滑轨中心距离 300mm。
（2）滑轨中心与举升机中心距离要求在 2000～2500mm。
（3）滑轨顶与地面距离为 3500mm。

第六节　停车场设计

汽车停车场主要用于待修车辆和修竣车辆的停放。在停车场设计时主要应该考虑停车场的位置、停车方式、停车间距和通道宽度等因素。

一、汽车修理厂停车场的分类、位置和停车方式

1. 建造方式

汽车修理厂停车场按停车场的建造方式,可分为露天停车场、室内停车场(库)、多层停车场、地下停车场 4 种。由于汽车修理企业汽车停放时间短,汽车出入频繁,所以一般采用露天停车场。对东北寒冷地区,可以采用室内停车场。

2. 停车场的位置

停车场一般选择离车间比较近的位置,而且在厂内交通干道附近,以便车辆方便进出。

3. 停车场的停车方式

根据停车位置分类,停车场可分为以下三种。

(1)平行式停车:车辆纵向轴轴线与通道中心平行,如图 5-17 所示。这种方式单位停车场内的停车车辆少,但车辆进出方便。

(2)垂直式停车:车辆纵轴轴线与通道中心垂直,如图 5-18 所示。这种方式单位长度上停放的车辆比较多,用地比较紧凑,但是需要比较宽的通道。

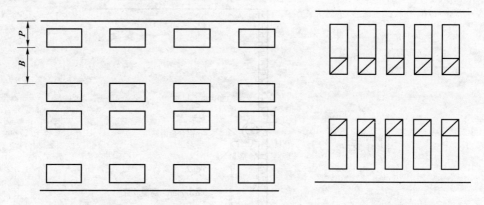

图 5-17　平行式停车　　　　　　　　图 5-18　垂直式停车
P-停车带;B-通道

(3)斜置式停车:车辆纵轴轴线与通道中心成一定角度,通常有 30°、45°、和 60°三种,如图 5-19 所示。这种方式车辆进出比较方便,通道面积比较小。为了进一步利用土地,也可以采用双面斜角插入式停车。

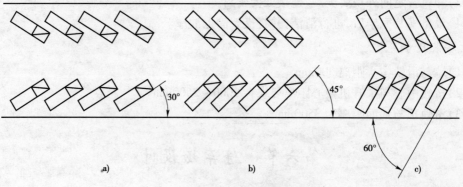

图 5-19　斜置式停车方式
a)30°停放;b)45°停放;c)60°停放

二、停车场的工艺计算

1. 车辆的分类

为了统一设计几何参数,将汽车按长度和宽度分为四类,见表 5-27。

车 辆 的 分 类　　　　　　　　　　表 5-27

类　别	长　度	宽　度
Ⅰ	6m 以下	2m 以上
Ⅱ	6.1～8.0m	2.1～2.5m
Ⅲ	8.1～11m	2.6～2.8m
Ⅳ	11m 以上	2.8m 以上

2. 待修车与修竣车停车场车位数

待修车与修竣车需停放场地的车数,一般按年大修车辆数的 3%～5%。一般按待修车车数比修竣停车车数多一倍进行考虑,故其面积也大一倍。

3. 停车间距

汽车停放时,车辆之间及车辆与周围建筑物之间的最小间距可参考表 5-28。

车库内车辆与构件间的距离　　　　　　　　　　表 5-28

序　号	间　距　名　称	车 辆 类 别		
		Ⅰ、Ⅱ	Ⅲ	Ⅳ
		最小间距(m)		
1	汽车侧面之间、平行于墙的汽车侧面与墙壁之间	0.5	0.6	0.8
2	汽车侧面与房柱或壁柱之间	0.3	0.4	0.5
3	汽车前端与墙壁或大门之间: (1)垂直停放; (2)斜置停放	0.7 0.5	0.7 0.5	0.7 0.5
4	汽车后端与墙壁之间: (1)直角停车; (2)斜角停车	0.5 0.4	0.5 0.4	05 0.4
5	纵向排列的前后两汽车之间	0.4	0.5	0.6

4. 停车带的宽度

停车带的宽度是指停放车辆在平行于通道方向所占的区域宽度。停车带的宽度 $P(\mathrm{m})$ 与车辆外轮廓尺寸及停放方法有关,如图 5-20 所示,可按下式计算:

$$P = T + a\sin\theta + b\cos\theta \tag{5-19}$$

式中:T——墙或边线至汽车的安全距离(m),一般取 0.5m;

　　　a——汽车长度(m);

　　　b——汽车宽度(m);

θ——汽车纵轴线与通道中心线之夹角(°)。

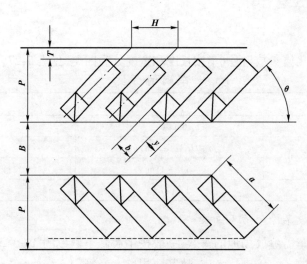

图 5-20 停车带宽度示意图

当汽车垂直停放时,$\theta = 90°$,则有:
$$P = T + a \tag{5-20}$$

当汽车平行停放时,$\theta = 0°$,则有:
$$P = T + b \tag{5-21}$$

当汽车平行停放时,为了保证车门安全开启,T 一般取 1.0m。

图 5-20 中的 H 值为汽车纵轴间距在通道中心线上的投影,除了平行式停车方式外,H 值可按下式计算:
$$H = y + \frac{b}{\sin\theta} \tag{5-22}$$

为了保证停放车的安全,y 值还包括安全区带 Z_w 和保护区带 S_w。其中 S_w 一般取 0.2~0.3m。车辆在进出车位时,要求运动车辆不得进入相邻车辆的保护区。

一般后退式进入车位、前进式离开车位所需停车带的宽度可以参照表 5-29。

单列停车带宽度　　　　表 5-29

车辆		车长 a	车宽 b	垂直式停车		平行式停车	
车型				车间距（左右）	停车带	车间距（前后）	停车带
轿车	Ⅰ	5.0	1.8	1.0	5.5	2.0	2.8
	Ⅱ	6.0	2.0	1.3	6.5	3.0	3.3
大客车及货车	Ⅲ	8.7	2.5	1.0	9.2	4.0	3.5
	Ⅳ	10.9	2.6	1.0	11.4	4.0	3.6

5. 停车带长度的确定

停车带长度与停车数量、汽车外轮廓尺寸、汽车之间的距离以及汽车的停放角度等因素有关。按图 5-20 所示,各停车带长度 L_p 可按下式计算:
$$L_p = (A - 1)H + a\cos\theta + b\sin\theta + 2Z_w \tag{5-23}$$

式中：A——单排停放汽车数目(辆)。

当采用平行式停车时，停车带长度可按下式计算：
$$L_p = (a+y)A + Z_w \tag{5-24}$$
式中：y——按不同车型在 2~4m 内选取。

第七节　检测线设计

汽车各种性能的不解体检测，是对汽车使用的现代化管理手段之一。通过检测仪器和测试技术，能够准确、快速地检查、诊断汽车的技术状况，诊断汽车故障和存在的隐患，使汽车得到及时的维修，保证在用运输车辆技术状况良好，提高运输生产效率和行车安全。汽车检测站的建立，为实现上述目的提供了良好条件。

一、检测站分类及检测分级

1．汽车检测站的分类

汽车检测站按其规模和业务范围，一般可以分为大型检测站、中型检测站和小型检测站三类。

1）大型检测站

大型检测站也称车辆综合性能检测站，负责对汽车动力性、经济性、安全性、排放及噪声等技术状况进行全面的检测诊断。按交通部 1991 年第 29 号令的规定，把其又分为 A、B、C 三级。

(1) A 级站：能承担在用车辆的制动、侧滑、灯光、转向、前轮定位、车速、车轮动平衡、底盘输出功率、燃料消耗、发动机功率和点火系状况，及异响、磨损、变形、裂纹、噪声、废气排放等状况的检测任务。

(2) B 级站：能承担在用车辆技术状况的检测和车辆维修质量的检测。即能检测车辆的制动、侧滑、灯光、转向、车轮动平衡、燃料消耗、发动机功率和点火系状况，及异响、变形、噪声、废气排放等状况。

(3) C 级站：能承担在用车辆技术状况的检测。即能检测车辆的制动、侧滑、灯光、转向、车轮动平衡、燃料消耗、发动机功率及异响、噪声、废气排放等状况。

A 级站和 B 级站出具的检测结果证明，可以作为维修单位维修质量的凭证。

2）中型检测站

中型检测站也称汽车安全性能检测站。主要是围绕和汽车行驶安全有关的项目进行检测，即检测项目为制动、侧滑、灯光、转向、前轮定位、车速、噪声、废气排放等内容。

3）小型检测站

小型检测站一般属汽车运输企业内部检测站，主要是为本企业的运输车辆服务。按着"定期检测、视情修理"的制度，确定最佳维修时机。同时，用于监控本企业的维修质量，使车辆安全、节能，降低运输费用。

大型检测站，设备设施齐全，一般至少设两条检测线，一条为安全检测线，一条为性能检测线。有的中心站还备有流动检测车。大型检测站安全防护设施齐全，停车场面积不得小于检测车间面积。中型检测站，通常只设一条检测线，配备的设备主要是汽车安全性能检测仪器，有的也配备废气分析和噪声检测的仪器。小型检测站，根据需要配备一些固定或便携式的仪器,可定点检验,也可流动检验,机动灵活,投资较少。

2. 汽车检测的分级

汽车检测的分级,目前还没有明确的规定,通常把检测分为四级。

一级检测:指个别项目和性能的检测,多用于临时性的故障诊断和汽车维修后的单项返工检测,即在一个检测工位上完成的非规律性检测,如车身整形后的车轮定位检测。

二级检测:指安全监理性检测,多用于汽车安全性能、监理部门规定的安全检测,即需要在以上检测工位完成的规律性检测。

三级检测:指技术性能鉴定性检测,多用于汽车维护后和大修竣工车辆进行的质量鉴定。除了安全性检查外,还要进行其他性能检测,重点放在性能线各工位的检测上。

四级检测:指对汽车进行调研性(或委托性)检测,多用于行检、评比、车辆改造、报废、科研等抽检车辆。一般是在大型检测站进行全部工况检测。

各级检测的周期,按检测的内容而定。一级检测是按需进行的,没有固定的检测时间,所以周期也不确定。二级检测是配合季检、年检进行的,所以检测周期为3个月、12个月。

三级检测与维护周期、大修周期相关,其检测周期可和目前执行的维修制度结合起来。四级检测和抽检车的时间有关,可按行检、评比的时间确定。

二、汽车检测站的工艺计算

1. 生产纲领

汽车检测站的生产纲领是指检测站每年(或每日)检测车辆的次数。根据检测站类型的不同,各类汽车检测站的生产纲领也不一样。通常是根据服务范围内的在册车数、大修次数、维护次数、检测周期、返检率等来确定。生产纲领 Z 可用下式进行计算:

$$Z = (A_m - A_p)n_1 + A_p n_2 + A_o n_3 + A_m \alpha_j \tag{5-25}$$

式中:Z——检测站的生产纲领(辆次);

A_m——在册车辆数(辆);

A_p——年送大修车辆数(辆);

A_o——需送检的维护车辆数(辆);

n_1——车辆季、年检次数(次);

n_2——送大修车辆每辆需检次数(次);

n_3——维护车辆每辆需年检次数(次);

α_j——车检不合格修后返检率(%)。

2. 汽车检测站的工艺过程

汽车检测站的工艺过程如图5-21所示。其具体的检测内容,可根据季检、年检、各级维护、故障诊断的需要进行。为了保证各个检测工位有节奏地顺利进行,需要严格地控制每个检测工位的作业延续时间。检测有质量问题的车辆,一般应该将车辆开到相应的维修工位上进行维修。在不影响后面车辆检测的情况下,像大灯调整、混合气调整、点火时间调整等作业,可以在检测工位上进行。

3. 工作制度及年工作量

汽车检测站的工作制度和其他运输企业一样,也是指每年的工作日数,每日的工作班数,每班的工作时数。

每年的工作日数 d 用下式计算:
$$d = d_0 - (d_i + d_x + d_s) \quad (5-26)$$

式中:d_0——每年的日数,取 365 日;
d_i——国家规定的节假日时间,取 16 天;
d_x——国家规定的每周休息时间,双休日全年计 104 天;
d_s——设备年修日数,年检修两次,每次 7~10 天。

年工作时间分名义工作时间和实际工作时间,用 T_m 和 T_n 表示:
$$T_n = T_m \alpha \beta \quad (5-27)$$

式中:α——工人出勤率;
β——公式利用率。

汽车检测站的年度工作量,可按下式计算:
$$Q = Z \sum t \quad (5-28)$$

式中:Z——汽车检测站的生产纲领(车次);
t——检测每辆车的工时定额(h/辆次)。

在计算中,由于安全线和性能线工时定额不一样,可分开计算。如果各工位节拍不一样,可分别计算,然后累计。

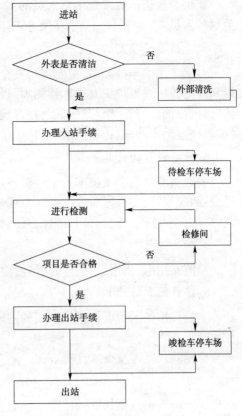

图 5-21　汽车检测工艺过程

4. 人员数的确定

汽车检测站的人员可分为生产工人(检测员)、辅助工人、非生产人员(管理、技术、质量负责人等)。

1) 生产人员

生产人员需经有关部门培训、考核,取得合格证、上岗证后,方能上岗。人数可根据年度工作量和年度工作时间来计算:
$$R_m = \frac{Q}{T_m} \quad (5-29)$$

$$R_n = \frac{Q}{T_n} \quad (5-30)$$

式中:R_m——生产人员出勤人数;
R_n——生产人员在册人数。

2) 辅助人员

辅助人员是根据检测站设备的数量、设备维修时间、车辆外部清洗和调整工作量、动力设置情况等实际情况确定的。

一般也可按生产人员数的 7%~10% 粗略计算。

3) 非生产人员

非生产人员一般按全站总人员的18%计算,其中,管理人员8%,工程技术人员6%,其他服务人员4%。各部门负责人要求具有大专以上学历或中级以上技术职称。

5. 工位数的确定

对于大型汽车检测站,主要进行安全环保检测和汽车性能检测,一般设置两条线。安全线和性能线所设工位主要根据检测项目设置。安全线一般设置噪声、侧滑、制动力、速度表、前照灯、汽油机尾气、柴油机烟度、外部检测、安全机构检测等工位;性能线则重点对发动机性能、底盘输出功率、传动性能、车轮定位、转向和制动性能等进行检测。

6. 设备数量的计算

一般检测站每个工位配备一台设备。对规模比较大的检测站,便携的小型设备,如正时灯、检测仪表等,可根据需要配备两台或多台。在设备选型上,应该选择可靠性好、检测精度高、自动化程度强、经久耐用、维修方便、价格合理的产品。

7. 动力计算

检测站用电、用水、用气计算,请参照汽车修理企业设计的有关内容进行。

8. 建筑面积的计算

主检厂房的面积可根据检测线的占地面积计算,也可以根据生产人员数、设备台数、工位数确定。

检测线长度可按下式计算:

$$L = D + l_1(D - 1) + 2Z \tag{5-31}$$

式中:L——被测汽车长度(m);

l_1——前后两车之间的安全距离(m);

D——工位数;

Z——长度方向安全保护距离(m)。

检测线的长度应符合建筑上柱网尺寸的要求,即长度小于18m的,取3的倍数;大于18m的,取6的倍数。

检测线的面积(单线)可按下式计算:

$$F = LB \tag{5-32}$$

或

$$F = KfD \tag{5-33}$$

式中:f——被检车投影面积(m^2);

K——工位单位面积系数,取4~5。

在没有资料的情况下,可以根据工位数(每个工位长10~15m)、暂停车位数(待检停车)估算检测线长度;可根据设备、车辆行驶通道、人行通道来估算检测线的宽度。厂房的长和宽要符合建筑上柱网统一化的规定。

其他建筑面积,如洗车台、停车场、调控维修间、锅炉房、空压机室、配电室、办公楼等可参照汽车修理厂的设计进行。

三、检测站的平面布置

检测站的平面布置包括检测设备的平面布置和检测站的总平面布置。

1. 检测设备的平面布置

检测设备的平面布置是根据检测线工位的划分,按检测性质和内容的不同,采用顺序通道式进行布置。

大型检测站的安全线和性能线,通常采用两条流水线分开平行布置,这样可同时进行检测,效率较高,如图 5-22 所示。

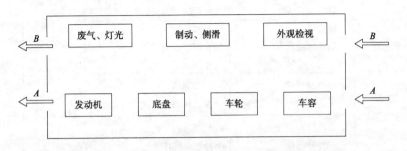

图 5-22 检测站平面布置示意图

从图 5-22 可以看出,$A—A$ 线为性能线,按四个工位进行检测,主要任务是鉴定汽车维修质量,判定汽车维修项目和维修时机。$B—B$ 线为安全线,至少设三个工位(通常为 3~6 个工位),见表 5-30。主要为季检、年检要求的安全、环保等内容。

不同工位检测设备及检测项目　　　　表 5-30

检测线类型	工位号	主要设备	检测项目	检测人员数	检测能力(辆/h)
三工位检测线	1	轮胎气压表 轮胎平衡机	检测轮胎气压 检测车轮平衡	7	6
	2	底盘综合试验台 侧滑试验台 车轮刺入物检测器	制动、车速试验、底盘测试 侧滑试验 检测车轮是否有刺入物		
	3	车轮定位仪地沟及举升机 前照灯检测仪 废气分析仪	检查车轮定位 检测前照灯性能 检测尾气排放		
四工位检测线	1	汽车举升器 车轮平衡机 轮胎刺入物检测器 轮胎气压表	汽车外观、底盘检视 检测车轮平衡 检测车轮是否有刺入物 检测轮胎气压	9	7~8
	2	底盘综合试验台 X—Y 双笔记录仪	底盘测功、制动 车速油耗试验		
	3	车轮定位仪 侧滑试验台	检查车轮定位 侧滑试验		
	4	前照灯检测仪 废气分析仪	检测前照灯性能 检测尾气排放		

续上表

检测线类型	工位号	主要设备	检测项目	检测人员数	检测能力(辆/h)
五工位检测线	1	地沟及举升器 轮胎气压表 车轮平衡机	汽车外观、底盘检视 检测轮胎气压 检测车轮平衡	10	7~8
	2	侧滑试验台 车轮定位仪 转向力仪	侧滑试验 检查车轮定位 检测转向系、转向力		
	3	轴重仪 制动试验台 车速表试验台	检测轴重 检测制动力 车速表试验		
	4	底盘测功仪 发动机综合测试仪	底盘测功 发动机综合测试		
	5	前照灯检测仪 废气分析仪	检测前照灯性能 检测尾气排放		
六工位检测线	1	举升器 轮胎气压表 车轮平衡机	汽车外观、底盘检视 检测轮胎气压 检测车轮平衡	11	7~8
	2	底盘综合试验台 废气分析仪等	底盘测功、车速试验 废气分析、油耗试验		
	3	制动力试验台 轮胎刺入物检测器	检测车轮制动力 检测车轮是否有刺入物		
	4	前轮转角仪 振动试验台	检测前轮转角 车身及底盘振动试验		
	5	车轮定位仪	检测车轮定位		
	6	前照灯检测仪	检测前照灯性能		

检测设备的平面布置见图5-23~图5-25。

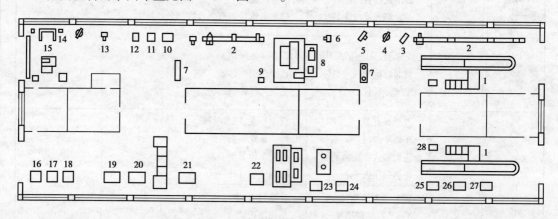

图5-23 大型检测设备的平面布置

1-地沟;2-A、B、S摄像机;3-显示器;4-确认反光镜;5-信号灯;6-内线自动电话;7-显示器;8-A、B、S检测台;9-声级计;10-烟度计;11-废气分析仪;12-X、DS按钮;13-H、X记录仪;14-光电开关;15-前大灯检测仪;16-气缸漏气检测仪;17-发动机综合测试仪;18-发动机异响检测仪;19-燃料流量计;20-传动系异响检测仪;21-底盘测功机;22-侧滑实验台;23-车速表测试仪;24-车轮定位仪;25-声发射仪;26-游隙检验仪;27-车轮平衡仪;28-轮胎充气机

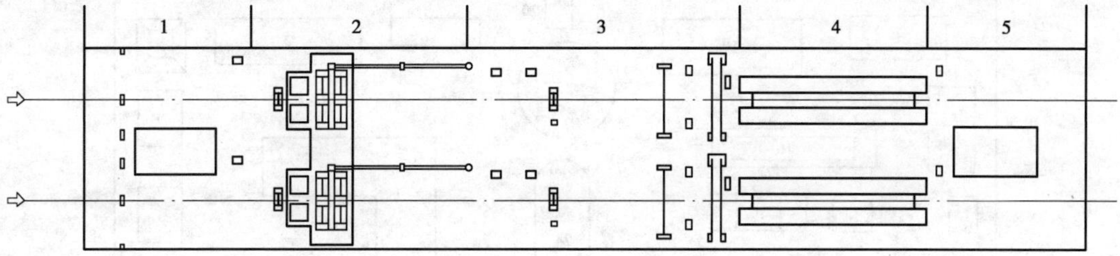

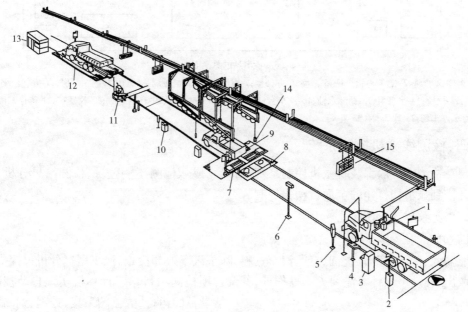

图 5-24 日本五工位全自动安全环保检测站平面布置图
1-汽车资料输入及安全检查装置工位;2-侧滑制动车速表工位;3-灯关尾气工位;4-车底检查工位;5-综合判定及主控制室工位

图 5-25 国产五工位全自动安全环保检测线
1-进线指示灯;2-烟度计;3-汽车资料登入微机;4-安全装置检查不合格项目输入键盘;5-烟度计检验程序指示器;6-电视摄像机;7-制动试验台;8-侧滑试验台;9-车速表试验台;10-废气分析仪;11-前照灯检测仪;12-车底检查工位;13-主控制室;14-车速表检测申报开关;15-检验程序指示器

检测项目常用以下符号表示:

底盘检测	P	噪声测定仪	SL
侧滑检测台	A	前照灯检测仪	H
制动试验台	B	CO 及 HC 检测仪	X
速度表试验台	S	柴油机烟度计	DS

2. 检测站的总平面布置

检测站的总平面布置见图 5-26。

检测站平面布置时主要应该保证:检测站出入口不得妨碍道路交通;检测车间应宽敞明亮、整洁、通风、排水、照明设备良好;工艺布局合理,安全防火设备齐全;检测站停车场面积不得小于检测车间面积;检测车间应位于全厂的中心位置;把有易燃品、噪声大、有污染的建筑物放在全站的主导风向下风向的边缘;建筑物之间的距离应该保证足够的消防间距;保证厂区布置均匀、道路整齐,保证足够的绿化面积。

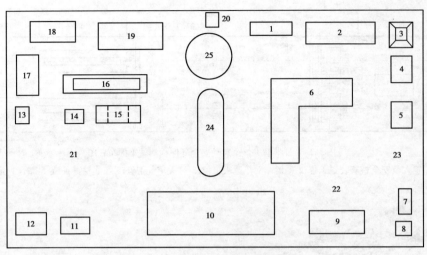

图 5-26 检测站的总平面布置图

1-自行车棚；2-食堂；3-煤堆；4-锅炉房；5-浴室；6-办公楼；7-厕所；8-加油站；9-调整间；10-检测主厂房；11-空气压缩站；12-变电室；13-厕所；14-水泵房；15-循环水池；16-洗车台；17-机修间；18-材料库；19-自用车库；20-收发室；21-待检车停车场；22-竣检车停车场；23-球场；24、25-花坛

四、检测线微机控制系统

现在检测站一般都装备微机控制系统，可以完成从检测车辆登录、检测结果分析、判断是否合格到显示和打印的全面自动化控制。

1. 微机控制系统的功能和要求

1) 功能

能输入、传输、存储、查询、打印汽车资料，除了汽车外部检查、汽车尾气分析仪探头的插入和取出、移动声级计等需要人工操作外，其余各项检测项目均有计算机实现自动控制，包括设备的运行、数据的采集、处理、判断分析、显示、打印、存储、统计等，均能自动控制。检测结果既能在主控制室的微机显示器上显示，又能在工位的微机显示器上显示。主控制室能对全线实现监控和调度。具有指令驾驶人(汽车引车员)操作的检验程序指示器(彩色显示器或电子灯阵)，见图5-27。

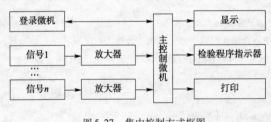

图 5-27 集中控制方式框图

2) 要求

(1) 可靠性高：要求控制系统的平均无故障工作时间能达到数千小时，系统并有自检和自诊断功能。

(2) 适应性强：检测线内的工作环境比较恶劣，主要表现为噪声、振动、废气和尘埃等污染比较严重；电源电压波动比较大、电磁干扰比较严重。所以要求控制系统具有比较强的环境适应能力，在恶劣的环境下仍能正常工作。另外，检测站检测车型比较多，微机控制系统应能满足多种类型车辆检测的需要，并能根据用户的需要装配成不同工位安排、不同检测诊断项目、不同检测诊断工艺、不同规模和不同档次的系统。

(3) 使用方便性好：微机控制系统应能满足人机对话方便，操作简单易学，显示直观明了，能汉字显示，数据易存、易查，组线灵活，维修、管理方便等要求。

(4)控制性能强：在实时响应、系统配套、系统扩充、系统通信和软件支持等方面，微机控制系统应有较强的能力。

(5)手动操作：除了微机控制系统对全线的自动控制外，还应在主控室内的主控键盘上，设置自动/手动开关和一套手动操作键盘，以便必要时对前照灯检测仪辅助操作和当无法实现全自动检测时对全线检测设备实施手动操作。

2. 微机控制系统的控制方式

微机控制系统的控制方式主要有集中式、接力式和分级分布式三种。

1) 集中式

这种控制方式由主控微机单独完成。除了汽车资料输入由登录微机完成并发送到主控微机外，各工位的检测信号经放大后直接送往主控微机。全线的数据采集、处理、判断、显示、打印、存储、统计和检测过程控制等全部工作均由主控微机完成，其控制框图如图5-27所示。这种方式的优点是结构简单，价格低廉；缺点是主控微机负担重，可靠性差，发生故障后易造成全线停止工作。

2) 接力式

这种控制方式由各工位测控微机完成。工位测控微机完成分布在各工位，因而也可称为分布式控制方式，其控制框图见图5-28。各工位检测信号经过放大后送入工位测控微机处理判定，然后在检测程序指示器上显示，并按顺序传送到末级工位测控微机。全线检测数据和检测结果由末级工位测控微机显示并打印。这种方式的优点是结构简单，价格也比较低廉，可靠性比较高；缺点是自动化程度稍差，对较复杂的检测对象适应性差。

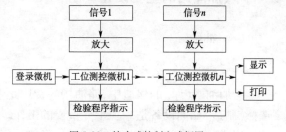

图5-28 接力式控制方式框图

3) 分级分布式

分级分布式应用比较广泛，其控制框图如图5-29所示。其第一级为检测现场控制级，由分布在各工位上的测控微机完成，主要负担检测设备的运行控制、数据采集和通信等。第二级为管理级，由主控微机完成，具有安排检测程序，担负全线调度，综合判定检测结果，存储并集中打印结果报告单和管理数据库等功能。

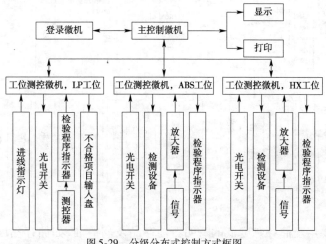

图5-29 分级分布式控制方式框图

第六章 加油站与充电桩设计

第一节 加油站设计

汽车加油站是液体石油产品计量、存储的基地,按其容量大小可分为大、中、小 3 个等级。大于 2000t 的为大型加油站,小于 500t 的为小型加油站,介于二者之间的为中型加油站。

一、加油站的主要设备

(一)油罐(池)

1. 储油设备的分类及选择

在加油站(库)的建造中,储油场的费用是最高的,约占油站(库)总投资的 60%,因此,选择(制造)储油设备是一项十分重要的工作。

油罐(池)常常根据其用途、材料、形状进行分类,如图 6-1 所示。

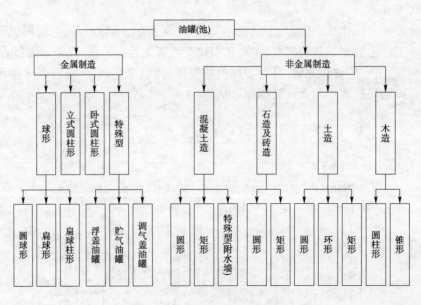

图 6-1 油罐(池)分类示意图

金属油罐主要用于储存黏度低的透明石油产品及润滑油,如储存黏度高的易凝结的石油产品,需安装加热设备。非金属油罐(池)主要用于储存不透明的黏度高的石油产品,为了防止渗透,内部壁面常涂盖一层特殊的防护层。

油罐(池)按设置方法可分为地上、地下和半地下三种。按装油种类分为汽油、柴油、润滑油及重油罐等多种。

2. 储油数量的确定

油罐(池)的类型确定后,要确定其容量和数量,选择时要考虑以下几点:

1)质量

油罐(池)应质量好、价格低、寿命长。

2)费用

尽量选用标准油罐和相同类型油罐,以便降低安装费用和经营费用。

3)便于同时进行收进和发放工作

同种石油产品要选用两个油罐,便于同时进行收进和发放工作。

4)容量

油罐的建造容量应大于设计容量,其差值要尽可能小。

标准卧式金属圆柱油罐的容量及外形尺寸如图6-2及表6-1所示。

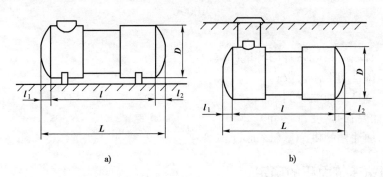

图6-2 标准油罐的外形

a)圆柱形地上油罐;b)圆柱形地下油罐

仓库单位地面允许的负荷　　　　　　　　表6-1

油料名称	每桶油质量(kg)	$q(t/m^2)$	油料名称	每桶油质量(kg)	$q(t/m^2)$
汽 油	170	0.52	气缸油	200	0.33
透明油	200	0.33	压缩机油	200	0.33
车用机油	240	0.40	凡士林	195	0.34
索立多尔	230	0.38	气缸用黑油	205	0.34
乳化油	240	0.40	维思考金	210	0.35
机 油	200	0.33	瓦波尔	205	0.34
锭子油	200	0.33	黑 油	210	0.35

(二)加油柱的选用

加油柱是向汽车加注燃油的装置,由抽油泵、计量器、给油管、加油管嘴等组成,全部零部件安装于一个密闭的柱形外壳中。

1. 加油柱的分类

1)按装置方法分类

按装置方法,加油注可分为固定式和移动式。

固定式加油柱全部装置安装在固定的油泵台上,国内的加油站(库)多采用这种方法。移动式加油柱全部装置安装在能够移动的运输机械(车辆、轮船等)上,具有机动、灵活、适应特种需要的特点。

2)按驱动方法分类

按驱动方法,加油柱可分为手动式和电动式。

手动式加油柱由工作人员用手驱动的,用于没有电源的地方,一般供油量较小,多为 25~30L/min。电动式加油柱多油泵由电动机驱动,供油量一般可达 50~100L/min。

2. 加油柱数目的确定

加油柱主要用于汽油和柴油的加注工作。其数量 n_j 可用下式计算:

$$n_j = \frac{1000 G_{max}}{60 d_y t_j \gamma_y g_j} \qquad (6\text{-}1)$$

式中:G_{max}——石油产品最高月周转量(t);
d_y——每月的工作天数;
t_j——每日的加油时间(h);
γ_y——油品的密度(L/min);
g_j——加油柱的供油量(L/min)。

二、加油站建筑面积的确定

加油站(库)的占地面积,是根据其所属的建(构)筑物的面积、防火间距及今后的发展确定的。目前还没有一个标准的面积定额供设计时采用。

各建(构)筑物的面积,可根据工作人员、机具设备、工位(车位)等面积定额,按工业建筑标准相关规定确定。

$$F_y = \frac{p_t}{q} = \frac{P_t}{\gamma_y D_t \beta_0 M} \qquad (6\text{-}2)$$

式中:q——单位土地面积允许的负荷(t/m²),如表 6-1 所示;
p_t——桶装油料的质量(t);
P_t——桶装油料计算质量(t);
D_t——油桶的最大直径(m);
β_0——容积充实系数,如表 6-2 所示;
M——堆垛层数,易燃品为 1 层,可燃品为 5 层。

考虑到通道面积,仓库的面积按下式计算:

$$F_0 = \frac{F_y}{k} \qquad (6\text{-}3)$$

式中：k——面积利用系数，通道宽度为 1~2m 时，采用 0.45；通道宽度为 1.1~1.3m 时，采用 0.36。

容 积 充 实 系 数　　　　　表 6-2

桶 类	容积(L)	β_0	桶 类	容积(L)	β_0
铁皮桶	20	0.943	木桶	100	0.546
卷制铁桶	100	0.653		150	0.562
	200	0.612		175	0.540
焊接铁桶	100	0.571		200	0.560
	200	0.600			
胶合板小桶	50	0.794	厚纸板小桶	25	0.700

三、加油站的平面布置

(一) 平面布置的要求和平面布置设计

1. 加油站的基本要求和组成

1) 场地的基本要求

(1) 加油站(库)的场址应有足够的面积，考虑未来扩建时，可增加 25%~50%。

(2) 场址最好设在有缓坡的地面上，便于雨水的排泄和油品的自流装卸。

(3) 地基的土质要坚实稳固，土壤容许应力应符合油罐对土壤荷重的要求。

(4) 进行平面布置时要符合有关防火、卫生等标准，加油站(库)边界留有消防车行驶的边道。

(5) 加油站(库)应靠近交通干线，便于石油产品的进出运输。

(6) 尽量利用市政设施(电、水、气等)，以便减少投资。

2) 加油站(库)的组成

规模较大的油库场常划分成六个区，即油品收发区、油品储存区、作业区、辅助区、行政区和清理区。

(1) 油品收发区：石油产品的验收入库和经营发放的区域，常位于场区的前方。主要设置泵台、站房、化验室等，工人休息室也多设于此区。

(2) 油品储存区：存放保管石油产品的区域，一般位于场区的后方。

(3) 作业区：是为油品零星发放的工作区域，主要有装油台、灌桶间、桶装油库、净油桶仓库和污油桶仓库等，常位于储存区的一侧。

(4) 辅助区：是为油库主要设施服务的区域，主要包括货场、洗车台、维修间、锅炉房、变电所、水泵站等，常位于场区的侧前方。

(5) 行政区：是油库行政管理和办公的区域，包括办公室和收发室、服务部、保卫室、自用车库等，常位于储存区的一侧。

(6) 清理区：是清理雨水和收集流洒油品的区域，包括滤沙池、分油池、备用槽、淤泥场等，常位于场区前方的最低处。

需要说明的是，不是每个加油站(库)都有这六个区域，根据油库的规模和任务，场内个别区域可以不设，如转运油库通常不设作业区。

城市道路附近的加油站，规模比较小，主要有加油柱(泵台)、地下储油罐、站房等(有的站附设小修室、洗车台、维护室等)。在进行加油站平面布置时,很难把它们划分成明确的区域。

2. 加油站(库)的平面布置

平面布置的目的是为了保证工艺和经营方面的流程作业能正常进行,防止运输工具及石油产品的逆向移动。

1)平面布置的要求

(1)加油站(库)位按当地常年主导风向进行布置,把产生火源和停放易燃品的建筑物布置在场区的边缘下风向。

(2)各建筑物、构筑物之间的距离,应符合防火间距的要求。

(3)储油区一般应设在完全分隔的场地内,符合各种油品分别保管的要求。

(4)加油站(库)内道路最好采用环形,有利于满足生产和消防要求。

(5)加油站(库)出入口最好设在支路或次要道路上,保证交通安全、畅通。

(6)加油站(库)应有良好的通风,并与周围的建筑物有一定的安全距离,加油站与人行道要用栅栏分开。

(7)考虑加油站(库)将来的发展,应留有改建、扩建的余地。

2)加油站(库)的主要设施

小型加油站(库)的主要设施包括站房、加油柱、罩棚、地下油罐及油泵台等,大的站(库)还附设小修室、洗车台、汽车维护美容室。

加油柱是将油从储油罐抽出来,通过橡胶油管、油枪把油加注到油箱(桶)中。其位置多设在高出加油站地面的分隔台(泵台)上。泵台宽为1~2m,高为0.15~0.20m,长度按实际情况而定。台上放置油泵,泵边离柱边不小于0.6m,分隔台的沟边为加油车辆的停车道。加油柱的高度约为1.8m,平面尺寸为80cm×60cm。

地下储油罐一般设置在站房两侧的空地处或加油平台下方。罐顶离地面0.8~1.2m。油罐设置有两种形式:直埋式和槽埋式。直埋式油罐要求严格防腐,外壁包沥青玻璃丝布等;槽埋式油罐要求槽内防水。两者相比,后者占地面积大、投资高,故采用直埋式油罐较多。油罐不要与地下管网发生冲突,特别是电力电缆和高、中压煤气管道。

罩棚有两种形式:一种是与站房连在一起的,一种是独立设置的。长与宽根据站的具体情况确定。外挑檐不小于2.5m,棚底离地面高度不大于3.6m。各种类型的罩棚布置见图6-3。

行车道的宽度,单向行驶时为4.2m,双向行驶时不小于6.4m。加油站出入口处车行道的宽度以9~10m为宜,其转弯半径可根据主要车型而定,一般规定小于14m。出入道路的最大坡度不得大于6%,坡长应小于20m。油泵台两侧一般均铺设行车道,并有一定的长度,以免车辆排队加油时影响交通。如站内有空余地面,可考虑建一停车场,供加油车辆临时停放。

3)加油站(库)的平面布置

大型加油站(库)常设6个区:收油区、储存区、作业区、辅助区、行政区、清理区。布置时收油区应靠近交通路线;储存区应和其他区分隔开;作业区应布置在出入口附近,以便减少用户停留时间;辅助区应与其他各区远离,避免明火工作时发生危险;清理区应布置在加油站(库)内最低的地方,便于雨水、油污自行流入分油池;行政管理区应位于出入口附近,便于办公和业务联系。城市内的小型加油站常设于城市道路附近,它的布置有两冲形式:路口式和路段式。路口式加油站设在道路交叉路口附近,如图6-4所示。其优点是来往车辆加油方便,视距条件好;缺点是车辆多时会造成堵塞,影响交通,甚至引起交通事故。路段式加油站设在道路拐弯进去的专门用地上,优点是对交通影响较小、加油方便;缺点是距离远些(距路口50m以上),可见性较差,如图6-5所示。

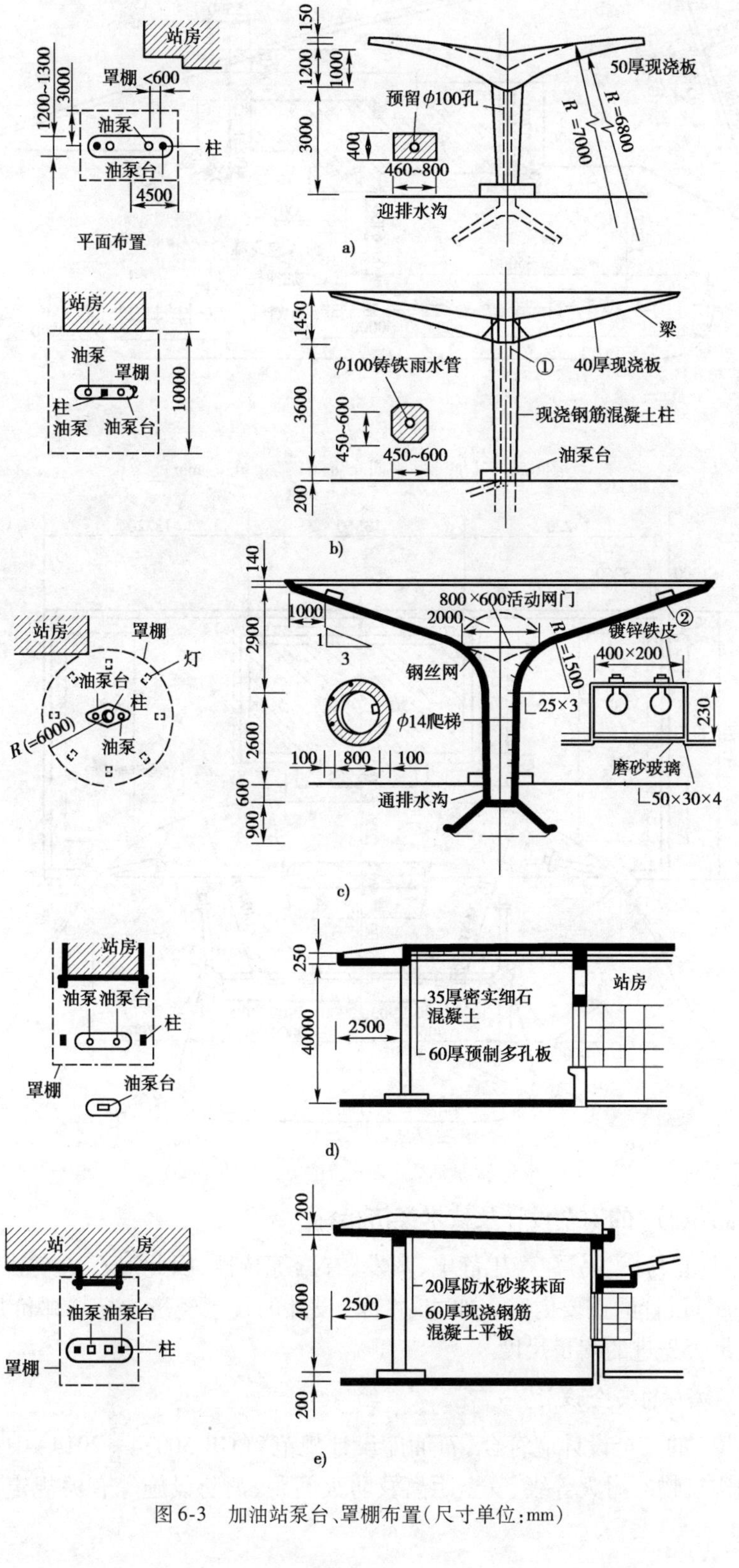

图6-3 加油站泵台、罩棚布置(尺寸单位:mm)

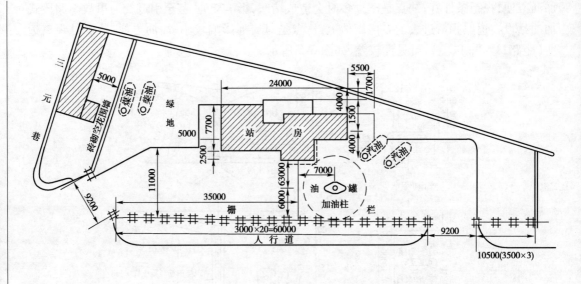

图 6-4 某加油站平面布置图(尺寸单位:mm)

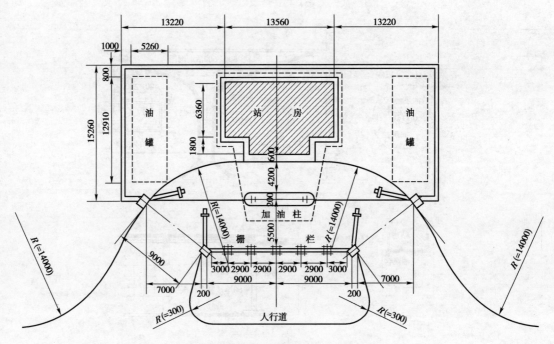

图 6-5 某加油站平面布置图(尺寸单位:mm)

(二)加油站(库)的安全设计及技术经济指标

石油产品具有易燃、易爆、产生静电、蒸发、有毒等特性,因此对石油产品的安全储放已成为加油站(库)设计的重要内容。加油站(库)设计的技术经济指标是评价加油站(库)设计是否合理、是否先进的衡量尺度。

1. 加油站(库)的安全设计

加油站(库)的安全设计应符合《石油库设计规范》(GB 50074—2014)中火灾危险性分类、建筑物和构筑物的耐火等级、安全距离及防火间距、消防设施等有关规定。主要注意以下几点：
1）加油站（库）的防火要求

加油站（库）设施及建筑物、构筑物之间的距离符合防火要求。储油罐之间的防火距离如表6-3所示。表中 D 为相邻油罐中大油罐的直径。油品类别划分见表6-4。油罐与其他设施、设备间的防火间距列于表6-5。

油罐之间的防火距离　　　　表6-3

油品类别		固定顶油罐			浮顶油罐内浮顶油罐	卧式油罐
		地下式	半地下式	地上式		
甲、乙类		1000m³ 以上的油罐：0.6D 且不宜大于20m	0.5D 且不宜大于20m	0.5D 且不宜大于15m	0.5D 且不宜大于20m	0.8m
		1000m³ 及以下的油罐：当消防采用固定冷却方式时，为 0.6D；采用移动冷却方式时，为 0.75D				
丙类	A	0.4D 且不宜大于15m	不限	不限	—	
	B	大于1000m³，为5m 小于1000m³，为2m				

石油产品的火灾危险性分类　　　　表6-4

类　别		油品闪光点（℃）	代表石油产品	备　注
甲		28以下	原油、汽油	易燃石油产品
乙		28～60	喷气燃料、煤油、-35轻柴油	易燃石油产品
丙	A	60～120	重柴油、重油	可燃石油产品
	B	120以上	润滑油、100号重油	可燃石油产品

储油罐与其他设备间的放火间距　　　　表6-5

油品 \ 设备	油泵（房）	铁路装卸设备	汽车装卸设备
汽油	>10	>15	>10
柴油	>7	>10	>7

2）石油产品安全储放

对石油产品进行安全储放的方法有多种，通常是在油罐上设置防火器，有条件时可采用惰性气体法、水压介质法、饱和原理法等方法对石油产品进行储藏。使其不能燃烧、爆炸。

3）电器设备安装

在加油站（库）安装电器设备时，要严格执行国家规定的防爆、防雷、防静电等规范，其级别如表6-6所示。

爆炸和火灾危险场所级别　　　　表6-6

序　号	建筑物、构筑物	石油产品	危险场所级别
1	油泵房、阀室	易燃油品 可燃油品	Q-2 H-1
2	油泵棚、露天油泵站	易燃油品 可燃油品	Q-3 H-1

续上表

序 号	建筑物、构筑物	石油产品	危险场所级别
3	储油间	易燃油品 可燃油品	Q-1 H-1
4	桶装油品库房	易燃油品 可燃油品	Q-2 H-1
5	桶装油品蔽棚、场地	易燃油品 可燃油品	Q-3 H-1
6	油储区	易燃油品 可燃油品	Q-2或Q-1 H-1
7	铁路装卸油品设施	易燃油品 可燃油品	Q-21 H-1
8	人工洞石油库区的主巷道、支巷道、油罐操作间、油罐室等	易燃油品 可燃油品	Q-2 H-1
9	化验室、修洗桶间、润滑油再生间	易燃油品 可燃油品	 H-1

4）加油站（库）的消防设施

加油站（库）的消防设施应根据油罐形式、油品火灾危险性、油站（库）等级及与邻近单位的消防协作条件等因素，综合考虑消防给水、泡沫灭火的设施。

5）油罐人孔盖

为了防止油蒸气的扩散，避免油品损失和火灾，损害人体健康，油罐人孔盖须加耐油橡胶、石棉垫片密封。工作人员工作间与泵房要分隔开，油罐的呼吸散放管要高出地面4m以上。

2. 加油站（库）设计的技术经济指标

加油站（库）设计的技术经济指标分为总体指标和单位指标。总体指标说明油（库）站的总体设计情况；单位指标便于不同规模的同类型油站（库）之间进行比较。

1）总体指标

(1)石油产品的年周转量(t)。

(2)加油站（库）的设计容量(m^3)。

(3)加油站（库）的占地面积(m^2)。

(4)加油站（库）的建筑面积(m^2)。

(5)加油站（库）的工作人员数（人）。

(6)加油站（库）的动力消耗（电、水、气）。

(7)加油站（库）的投资总额。

2）单位指标

(1)单位周转量的占地面积(m^2/t)。

(2)单位容量的占地面积(m^2/m^3)。

(3) 单位容量的动力消耗(kW/m³)。
(4) 每个工作人员所占设计容量(m³/人)。
(5) 每个工作人员的占地面积(m²/人)。
(6) 单位容量的投资额(元/m³)。
(7) 单位面积的投资额(元/m²)。

第二节　电动汽车充电站设计

电动汽车充电站作为电动汽车运行的能量补给站,是发展电动汽车商业化所必备的重要配套基础设施,充电站的建设将直接影响电动汽车产业的发展。本节在简要说明汽车充电站结构的基础上,着重对充电站配电系统的设计进行探究。

一、充电桩及充电站

(一) 充电桩等分类

1. 按电流种类分类

1) 直流电动汽车充电桩

直流电动汽车充电桩,俗称"快充"。快速充电又称应急充电,是以较大电流短时间在电动汽车停车的20min～2h内,为其提供短时充电服务。一般充电电流为150～400A。

直流电动汽车充电桩固定安装在电动汽车外,与交流电网联接,可以为非车载电动汽车电池提供直流电源。直流充电桩的输入电压为三相四线AC380V±15%,频率为50Hz,输出为可调直流电,直接为电动汽车的电池充电。由于直流充电桩采用三相四线制供电,可以提供足够的功率,输出的电压和电流调整范围大,可以实现快充的要求。

快速充电模式的优点为:充电时间短;充电电池寿命长(可充电2000次以上);没有记忆性,可以大容量充电及放电,在几分钟内就可充70%～80%的电。

快速充电模式的缺点为:相应的工作和安装成本较高;由于采用快速充电,充电电流大,这就对充电技术方法以及充电的安全性提出了更高的要求。

2) 交流电动汽车充电桩

交流电动汽车充电桩,俗称"慢充"或者"常规充电"。常规充电电流较低,约为15A。常规蓄电池的充电方法都采用小电流的恒压或恒流充电,一般充电时间为5～8h,甚至10～20h。

交流电动汽车充电桩固定安装在电动汽车外,与交流电网联接,可以为非车载电动汽车电池提供直流电源。交流充电桩只提供电力输出,没有充电功能,允许连接车载充电机为电动汽车充电的输入电压为三相四线AC380V±15%,频率为50Hz,输出为可调直流电,直接为电动汽车的电池充电。由于直流充电桩采用三相四线制供电,可以提供足够的功率,输出的电压和电流调整范围大,可以实现快充的要求。

常规充电模式的优点为:因为所用功率和电流的额定值并不关键,因此充电器和安装成本比较低;可充分利用用电低谷时段进行充电,降低充电成本;可延长电池的使用寿命。

常规充电模式的主要缺点为:充电时间过长,当车辆有紧急运行需求时难以满足。

2. 按安装方式分类

充电桩功能类似于加油站里面的加油机,可以固定在地面或墙壁,安装于公共建筑(公共楼宇、商场、公共停车场等)和居民小区停车场或充电站内,可以根据不同的电压等级为各种型号的电动汽车充电。

1) 落地式

落地式充电桩直接安装在地面上,如图6-6所示。

图6-6 落地式充电桩

2) 壁挂式

壁挂式充电桩安装在墙壁上,如图6-7所示。

图6-7 壁挂式充电桩

(二)交流充电桩电器系统及功能

1. 交流充电桩电器系统

交流充电桩电器系统设计如图6-8所示。主回路由输入保护断路器、交流智能电能表、交流控制接触器和充电接口连接器组成;二次回路由控制继电器、急停按钮、运行状态指示灯、充电桩智能控制器和人机交互设备(显示、输入与刷卡)组成。主回路输入断路器具备过载、短路和漏电保护功能;交流接触器控制电源的通断;连接器提供与电动汽车连接的充电接口,具备锁紧装置和防误操作功能。二次回路提供"启停"控制与"急停"操作;信号灯提供"待机""充电"与"充满"状态指示;交流智能电能表进行交流充电计量;人机交互设备则提供刷卡、充电方式设置与启停控制操作。

2. 对充电桩的基本要求

直流充电桩应满足《电动汽车传导充电用连接装置 第3部分:直流充电接口》(GB/T 20234.3—2015)和《电动汽车非车载充电机通信协议》(Q/GDW 1235—2014)对充电接口的要求。对充电桩具体要求如下:

（1）充电桩应具有为电动汽车安全自动地充满电的能力，充电桩能依据电动汽车 BMS 提供的数据，动态调整充电参数、执行相应动作，完成充电过程。

（2）充电桩具有实现外部手动控制的输入设备，可对充电桩参数进行设定。

（3）充电桩应设置交流计量表、直流计量表，精度不低于 0.5 级，充电倍率不低于 0.5C。

（4）充电桩应具备通过 CAN 网络与 BMS 通信的功能，用于判断电池类型，获得动力电池系统参数、充电前和充电过程中动力电池的状态参数；预留充电桩通过 CAN 或工业以太网与充电站监控系统通信接口。

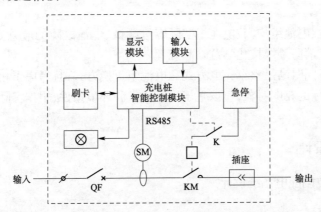

图 6-8　直流电动汽车充电桩结构原理图

（5）充电桩应能够判断充电连接器、充电电缆是否正确连接。

当充电连接器与电动汽车蓄电池系统正确连接后，充电桩才允许启动充电过程；当充电桩检测到与电动汽车蓄电池系统的连接不正常时，立即停止充电，并发出报警信息。

（6）直流充电桩上应配置界面友好、操作方便的人机操作界面，实现人机交互和现场控制功能：在直流充电桩上可实现现场的启动、急停、充电参数设置功能；可自动或手动选择充电控制方式（BMS 控制或充电桩控制）。

（7）具备运行状态、故障状态显示；背光照明、运行状态监测等功能。

（8）电动汽车充电模式可选择自动充满、定时间、定电量、定金额等充电方式。充电过程中，能显示如下主要信息：电池类型、充电电压、充电电流、已充时间、剩余时间、已充电量等。在手动设定过程中会显示人工输入信息，在出现故障时有相应的提示信息。

（9）充电桩应具有充电保护功能：通信异常保护、绝缘阻抗检查保护、紧急停机保护、充电电流异常保护、充电量异常保护、电压异常保护、漏电保护、充电枪过温保护、电池温度异常保护。

（三）充电站的组成

1. 配电室

配电室为充电站提供所需的电源，不仅给充电机提供电能，而且要满足照明、控制设备的用电需求，内部建有变配电所有设备、配电监控系统、相关的控制和补偿设备。

2. 中央监控室

中央监控室用于监控整个充电站的运行情况，并完成管理情况的报表打印等。内部建有充电机监控系统主机、烟雾传感器监视系统主机、配电监控系统通信接口、视频监视终端等。

3. 充电区

在充电区完成电能的补给,内部建设充电平台、充电机以及充电站监控系统网络接口,同时应配备整车充电机。

4. 更换电池区

更换电池区是车辆更换电池的场所,需要配备电池更换设备,同时应建设用于存放备用电池的电池存储间。

5. 电池维护间

电池重新配组、电池组均衡、电池组实际容量测试、电池故障的应急处理等工作都在电池维护间进行。其消防等级按化学危险品处理。

充电站结构可同时满足整车充电方式和电池组更换方式,且考虑了相关维护操作需求。但是,对于一个实际的充电对象,应该基于运行要求和环境条件,根据实际的功能进行组合,以降低建设成本。

二、充电站设计

(一) 汽车充电站配电系统设计

1. 电源的选择

配电系统为充电站的运行提供电源,它不仅提供充电所需电能,也是整个充电站正常运行的基础。电动汽车充电站的电力负荷级别确定为 2 级,采用双路供电,但不配置后备电源。配电电压:380V/220V。动力(充电机)采用三相四线制、380V 供电,照明采用单相 220V 供电。

2. 配电变压器的选择

1) 变压器类型的选择

变压器可分为干式变压器和油浸式变压器。充电机(站)变压器类型可根据工程实际情况选定。建议充电机(站)变压器采用 SC(环氧树脂浇注包封式)干式变压器。环氧树脂干式变压器具有良好的电气和机械性能、较高的耐热等级,并且具有很高的安全、环保和节能性,能适应多种恶劣环境。

2) 变压器台数的选择

变压器台数的选择应满足负荷对供电可靠性的要求。若采用集中式充电,然后在小区设立电池经营店,则有必要选用 2 台变压器保证充电站的可靠性。若充电机(站)像加油站一样较为普遍,则只需 1 台变压器即可。若在小区建充电机(站),可考虑利用小区配电变压器而不另设变压器,以减少投资。

3) 变压器接线的选择

根据《供配电系统设计规范》(GB 50052—2009)第 7.0.7 条,在 TN 及 TT 接地形式的低压电网中,推荐采用 Dyrm 接线组别的配电变压器。条文解释中说明 Dynll 接线有利于抑制高次谐波。充电站采用 TT 接地形式,因此变压器采用 Dynll 接线形式。

3. 配电室位置选择

配电室的位置选择原则:考虑电源的进线方向,偏向电源侧;进、出线方便;不应妨碍充电站的发展,要考虑扩建的可能性;设备运输方便;尽量避开有腐蚀性气体和污秽的地段;室外配电装置与其他建筑物、构筑物之间的防火间距符合规定。

4. 配电容量计算

配电系统的容量应包括动力用电、监控和办公等用电。只装一台变压器时,变压器的容量 SN 应能满足全部用电设备的计算负荷 SC,并留有一定的容量。车辆数量、电池容量以及运营方式决定了充电站的容量。

1) 蓄电池数量

充电站设计有两种运营模式:整车充电模式和更换电池模式。前者需要为每车配备一组电池,后者需要根据运营方式确定后备电池的数量。

2) 充电机数量

车辆类型、行驶里程和运营模式决定了充电机的配置。充电机的选择包括确定充电机的输出功率和需配备的台数。

3) 配电容量

单进线单变压器时,整个充电站需要的配电容量即全部用电设备的用电量 $SC = S_1 + S_2$,其中 S_1 为动力用电量,S_2 为照明及办公用电量。

5. 配电运行方式要求及设备

1) 配电运行方式要求

10kV 进线 2 路,单线进线容量不小于充电站所需容量;正常工作时,高低压侧母线分段断路器均断开,两路电源通过 2 台独立变压器输出,各承担 50% 的工作;当任一母线失去电源时,通过合闸分段断路器从另一供电线路取得电源;配电室设有照明消防电源;每路低压母线应配置相应的谐波抑制与无功补偿装置;配电系统继电保护及自动装置应满足电力行业标准和规定的要求。

2) 主要设备

计量装置、谐波抑制及无功补偿装置各 2 套;主变 10kV/0.4kV 干式变压器 2 台;10kV 高压开关柜和 0.4kV 低压开关柜(含断路器和隔离开关);继电保护装置、自动装置。

6. 配电主接线设计

对充电站配电主接线的基本要求:

安全:应符合国家标准有关技术规范的要求,能充分保证人身和设备的安全。

可靠:应符合电力负荷,特别是其中一、二级负荷对供电可靠性的要求。

灵活:能适应各种不同的运行方式,便于切换操作和检修,且适应负荷的发展。

经济:在满足上述要求的前提下,尽量使主接线简单,投资少,运行费用低,并节约电能和有色金属消耗量。

对于电动汽车充电站,配电室有 2 路 10kV 电源进线,通过变压器等设备供给充电机,并满足照明、控制设备的用电。在高压侧装设高压计量柜,低压侧采用中性点直接接地的三相四线制系统,还应提供独立的接地回路;10kV 母线、0.4kV 母线均采用单母线分段的主接线形式,通过分段断路器实现暗备用;在变压器低压侧装设谐波抑制与无功补偿装置;配电室必须配备相关消防设施。配电主接线运行灵活性较好,供电可靠性较高,适用于一、二级负荷。当任一主变压器或任一电源线停电检修或发生故障时,通过备用自投装置自动闭合母线分段开关,即可迅速恢复对整个充电站的供电。

7. 配电方案的选择

在实际工程中,应该对充电站服务对象进行具体分析、设计,选择不同的配电方案。

1) 示范区车辆

结合示范区的电网建设,考虑在变电站附近建设充电站。

2) 集团车队

对于集团车队,如交运集团、公交公司等,可在停车场建立用户配电室,按照内部车辆类型提供各类电源。

3) 社会车辆

根据车辆的不同特点,或建设可靠性高的社会运营的大功率充电站,或充分利用现有的配电资源,就近提供充电站。

4) 微型车辆

利用现有的低层电网资源,在自行车停车场、社区服务中心、公共场所、配电间(站)等附近为用户提供交流220V的普通插座(插头)。

8. 电能质量

(1) 充电站充电设备用电端子处的电压偏差为标称电压的15%,而站内其他用电设备如照明设备等,电压偏差为标称电压的5%。

(2) 为减小供电电压偏差,充电站的设计宜采取相关措施进行改善,如选择合理变压器变压比和电压分接头、降低系统阻抗、补偿无功功率、调整三相负荷平衡等措施。

(3) 充电站所产生的电压波动和闪变在电网公共连结点的限值应符合现行国家标准《电能质量 电压波动和闪变》(GB/T 12326)的规定。

充电站波动负荷引起电网电压波动和闪变时,宜采取相关措施进行改善,如使用动态无功补偿装置或动态电压调节装置,对于具有大功率充电机的充电站,可由短路容量较大的电网供电等。

(4) 充电站接入电网所注入的谐波电流和引起公共连接点电压正弦畸变率,应符合现行国家标准《电能质量 公用电网谐波》(GB/T 14549)的规定。

当需要降低或控制接入公用电网的谐波和公共连接点电压正弦畸变率时,宜采取相关措施进行改善,如装设分流滤波器等措施。

(5) 充电站供配电系统中,公共接入点的三相电压不平衡允许限值应符合现行国家标准《电能质量 三相电压允许不平衡度》(GB/T 15543)的规定。

充电站低压配电系统三相不平衡度不满足要求的情况下,宜采取相关措施进行改善,如在充电站低压单相充电机接入三相系统时,对三相负荷进行调整使之平衡。

9. 计量系统

(1) 充电站的计量点设置分为两类,第一类为电力营销管理系统计量,用于电网与充电站间的贸易结算;第二类为充电计量,用于充电站与电动汽车使用者间的贸易结算。

(2) 电力营销管理系统计量点应设置在电源进线侧,电能表宜选用电子式三相交流电能表,准确度等级为有功0.5S级和无功2.0级。电压互感器等级为0.2级,电流互感器等级为0.2S级。

(3) 充电站充电服务计量点电能表宜安装在充电机或交流充电桩输出端与电动汽车充电接口之间,电能表宜选用直流电能表或单相交流电能表,准确度等级为1级。

10. 监控及通信系统

1) 系统构成

对于大中型充电站,监控系统由站控层、间隔层及网络设备构成。小型充电站可根据实际需要进行简化。

站控层提供充电站内各运行系统的人机界面,实现相关信息的收集和实时显现、设备的远方控制以及数据的存储、查询和统计等,并可与相关系统通信。

间隔层采集设备运行状态及运行数据,上传至站控层,并接收和执行站控层的控制命令。

2) 充电站的硬件构成

站控层设备:包括服务器、工作站、打印机等。

间隔层设备:包括充电设备测控单元、供配电设备测控单元、安防终端等。

网络设备:包括网络交换设备、通信网关、光电转换设备、网络连接、电缆和光缆等。

3) 系统配置原则

站控层配置应能满足整个系统的功能要求及性能指标要求,主机容量应与监控系统所控制采集的设计容量相适应,并留有扩充裕度。

主机系统宜采用单机配置,大型充电站可采用双机冗余配置,热备用运行。

应设置时钟同步系统,其同步脉冲输出接口及数字接口应满足系统配置要求。

4) 充电监控系统

充电监控系统宜具备数据采集、控制调节、数据处理与存储、事件记录、报警处理、设备运行管理、用户管理和权限管理、报表管理与打印功能、可扩展性、对时等功能。

5) 数据采集功能

采集非车载充电机工作状态、故障信号、功率、电压、电流、电量等。

采集交流充电桩的工作状态、故障信号、电压、电流、电量等。

6) 控制调节功能

向充电设备下发控制命令,遥控起停、校时、紧急停机、远方设定充电参数等。

7) 数据处理与存储

具备充电设备的越限报警、故障统计等数据处理功能。

具备充电过程数据统计等数据处理功能。

具备对充电设施的遥测、遥信、遥控、报警事件等实时数据和历史数据的集中存储和查询功能。

具备操作记录、系统故障记录、充电运行参数异常记录、电池组参数异常记录等功能。

8) 报警处理

提供图形、文字、语言等一种或几种报警方式以及相应的报警处理功能。

11. 设备运行管理

具备对设备运行的各类参数、运行状况等进行记录、统计和查询的功能。

1) 用户管理和权限管理

系统根据需要,规定操作员对各种业务活动的使用范围、操作权限等。

2) 报表管理与打印功能

用户可根据需要定义各类日报、月报及年报,具体有定时、召唤打印等功能。

3) 可扩展性

系统应具备较强的兼容性，以完成不同类型充电设备的接入。

系统应具有扩展性，以满足充电站规模不断扩容的要求。

12. 供电监控系统

(1) 采集充电站供电系统的开关状态、保护信号、电压、电流、有功功率、无功功率、功率因数、电能计量信息等。

(2) 控制供电系统负荷开关或断路器的分合。

(3) 大中型充电站具备供电系统的越限报警、事件记录、故障统计等数据处理功能。

13. 通信系统

(1) 间隔层网络通信结构应采用以太网或 CAN 网结构连接。部分设备也可采用 RS485 等串行接口方式连接。

(2) 站控层和间隔层之间及站控层各主机之间网络通信结构应采取以太网连接。

(3) 监控系统应预留以太网或无线公网接口，以实现与各类上级监控管理系统交换数据。

(二) 非车载充电机输出选择

1. 充电机输出电压的选择

(1) 应根据电动汽车蓄电池组的特性机数量确定充电机的最高充电电压。

(2) 充电机输出的直流电压范围应该优先从以下三个等级中选择：150～350V，300～500V，450～700V。

(3) 充电机输出电压的计算：

$$U_r = nK_u U_{cm} \tag{6-4}$$

式中：U_r——充电机输出电压；

n——电动汽车蓄电池组的串联电池单体数量；

K_u——充电机输出电压裕度系数，一般取 1.0～1.1；

U_{cm}——单体电池最高电压(V)。

(4) 应从电压选择范围中选择一组最高电压略大于 U_r 的等级确定为充电机的输出电压范围。

2. 输出额定电流的选择

(1) 根据电动汽车蓄电池组的容量和对充电速度的要求，以及供电能力和设备性价比，在确保安全、可靠充电的情况下，确定最大充电电流。

(2) 充电机输出的直流额定电流应采取以下值：10A、20A、50A、100A、160A、200A、315A、400A。

(3) 充电机输出额定电流的计算：

$$I_r = K_c I_m \tag{6-5}$$

式中：K_c——充电机输出电流裕度系数，一般取 1.0～1.25；

I_m——电动汽车蓄电池组最大允许持续充电电流，(A)。

(4) 应从电流选择值中一略大于 I_r 的数值确定为充电机直流输出额定电流。

第七章 汽车维修企业经营管理

第一节 概 述

目前我国汽车维修企业的特点是发展迅速、竞争激烈,在技术及管理水平上又参差不齐。要想在日益激烈的竞争中立于不败之地,除必要硬件条件外,应加强本企业的管理,练好内功,做好以下工作:

(1)落实岗位责任制:汽车维修企业的各个部门均要有明确的岗位责任制,做到任务清楚、明确,记录可查、可追溯。

(2)规范化的生产管理:包括服务规范、接待规范、管理规范。

(3)规范化的汽车维修企业:要有与车辆维修相关的技术标准及工艺要求,主要工艺过程要有参数记录。

(4)质检控制要严格:配备完善的汽车维修检测设备及专用检测仪。各个工序要遵循自检、互检、总检的三检制度,有一项无签字确认均不能交车。车辆维修质量与员工收入挂钩。

(5)加强培训,提高员工技术水平。

一、经营管理的含义

经营管理是指在企业内,为使生产、营业、劳动力、财务等各种业务,能按经营目的顺利地执行、有效地调整而进行的系列管理、运营之活动,对企业整个生产经营活动进行决策、计划、组织、控制、协调,并对企业成员进行激励,以实现其任务和目标一系列工作的总称。

经营管理的主要内容:合理确定企业的经营形式和管理体制,设置管理机构,配备管理人员;搞好市场调查,掌握经济信息,进行经营预测和经营决策,确定经营方针、经营目标和生产结构;编制经营计划,签订经济合同;建立、健全经济责任制和各种管理制度;搞好劳动力资源的利用和管理,做好思想政治工作;加强土地与其他自然资源的开发、利用和管理;搞好机器设备管理、物资管理、生产管理、技术管理和质量管理;合理组织产品销售,搞好销售管理;加强财务管理和成本管理,处理好收益和利润的分配;全面分析评价企业生产经营的经济效益,开展企业经营诊断等。

1. 经营的含义

现代企业经营与企业的物质生产活动和生产的社会化相关联,并在商品生产日益发展、科学技术迅速进步、市场范围不断扩大的条件下形成。现代工业企业的物质生产活动,不仅要把产品生产出来,而且要把产品作为商品以一定的方式在适当的时机送到用户手中,满足用户需要。也就是说,企业的全部经济活动,既涉及企业内部产品的科研试制、生产制造,又涉及企业外部产品的市场预测、物资采购、生产协作、产品销售和售后服务等。具体地说,工业企业的经营,是指企业以市场为出发点和归宿,进行市场调查和预测,选定产品发展方向,制定长期发展规划,进行产品开发,组织安排生产,开展销售和售后服务,达到预定的经营目标这样一个循环过程。这个过程是不断发展、螺旋式上升的。它从掌握市场信息开始,对需要量和持续性等做出预测,对生产经营做出决策,通过产品的研究、设计、试制、生产、销售、售后服务等来满足社会需求;同时经过市场、用户的反馈,调查研究新的需要,进一步改进产品的设计、制造,生产出更好的适销对路的产品投放市场。通俗地说,经营就是不仅要把产品生产出来,而且要把产品销售出去,在满足社会需要的同时,使凝聚在产品中的价值得到体现,取得良好的社会效益和经济效益。对汽车维修企业来说,不仅要根据汽车的损坏程度来进行维修,还要按汽车的维修等级,确保汽车的维修质量,以建立与客户的长久的业务往来,为用户提供服务,为社会做出贡献。

2. 管理的含义

管理是劳动社会化的产物。人类关于管理的思想由来已久。但管理成为一门科学却是在 19 世纪末 20 世纪初才开始的。关于管理的含义,由于各自强调的方面不同,其说法也很多。

美国著名管理学者哈罗德·孔茨(Kooth)给管理下了一个较为全面的定义,即:管理就是设计并保持一种良好环境,使人在群体里高效率地完成既定目标的过程。这一定义可进一步展开为:

管理适用于任何一个组织机构。

管理适用于各级组织的管理人员。

所有管理人员都有一个共同的目标:创造盈余。

管理关系到生产率,意指效益(Effeetiveness)和效率。

美国管理学家、心理学家和决策理论学派的主要代表西蒙提出:管理就是决策。并认为决策程序就是全部的管理过程。全部决策过程是从确定企业的目标开始,随后寻找为达到该目标可供选择的各种方案比较并评价这些方案,进行选择并做出决定,然后执行选定的方案,进行检查和控制,以保证最后实现预定的目标。而一种较为全面又易于理解的定义为:

管理是一定组织中的管理者通过实施计划、组织、领导和控制来协调他人的活动,带领人们既有效果又有效率地实现组织目标的过程。这个定义包括以下三层含义。

1)管理的职能

管理的职能就是管理者在管理过程中所从事的活动或发挥的作用。从职能的角度出发,可以将管理活动视为由计划、组织、领导和控制这四大职能所构成的一个过程。

2)协调作用

管理通过上述职能协调组织中的人、财、物等资源,所谓协调就是指使之同步、和谐,发挥最高效率。

3)组织目标

管理活动的根本目的在于有效地达到组织目标。

对管理的四种基本职能进行简要的描述,如图 7-1 所示。

管理的目的是有效地实现组织的目标。管理存在于组织之中,是为实现组织目标而服务的。管理的载体是组织。管理产生于组织的集体活动,离开了组织的集体活动讨论管理是没有意义的。

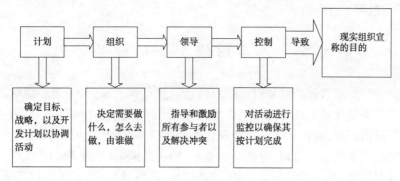

图 7-1 管理职能

二、经营与管理的关系

1. 经营是剑,管理是柄

经营是一种具有方向性、长期性、战略性和决策性的领导艺术。经营具有六种活动职能:技术活动、商业活动、财务活动、安全活动、会计活动和管理活动。经营的实质是解决好企业外部环境、企业经营目标和企业内部条件三者间的关系。而管理只是经营的六种职能活动之一,它具有计划、组织、指挥、协调和控制五大职能。管理是用科学的方法去研究和解决日常的、具体的战术性和执行性的问题,它的任务是正确处理好企业内外、人与人、人与物、物与物之间的关系,保证企业目标的实现。尽管"经营"与"管理"两者是有区别的,但经营与管理在一个企业之中是密切联系、相互交织渗透、不可分割的整体。没有明确的经营目标和正确的决策,企业的各项管理活动就会失去方向。同样,没有科学有效的管理,再好的决策也不能付诸实施,不能收到好的经济效益。

管理始终贯穿于整个经营的过程,没有管理,就谈不上经营。因此,讲管理离不开经营,抓好经营必然涉及科学管理。管理的结果最终在经营上体现出来,经营结果代表管理水平。管理思想有一个相对稳定的体系,但企业的经营方法却要随着市场供应和需求因时因地而变化,但它又是靠管理思想来束缚。反过来,管理思想又要跟着经营、环境、时代、市场而调整。经营是人与事的互动,管理则是企业内人与人的互动。

2. 经营大于管理

"管理本质上是服务,是对经营的服务,因此,管理相对于经营来说是不太重要的,不要把管理看得太过重要。如果把管理看得太重要了,反而是对经营的一个伤害。"

"经营是选择对的事情做,管理是把事情做正确。所以经营是指涉及市场、顾客、行业、环境、投资的问题,而管理是指涉及制度、人才、激励的问题。简单地说,经营关乎企业生存和盈亏,管理关乎效率和成本。这就是两者的区别。我坚持经营大于管理,因为经营决定生死。如果做的事情本身是错的,那么不管管理做得如何好,其实都是没有意义的。我们很多企业其实管理做得并不差,差的是在经营上没有太多的变化和创新,反而在管理上不断地寻求变化。这样就导致了我们很多企业管理水平远大于经营水平,而当管理水平高于经营水平的时候,只会出现企业亏损的结局,这是我最怕见到的情况。"

目前一般习惯于把企业经营与管理并提为"企业经营管理",并强调管理的重点在经营,经营的重点在决策。综上所述,所谓经营管理,就是为了达到预定的经营目标,搞好市场调查和预测、选订产品发展方向、制订经营计划、开展销售与技术服务,即对生产经营活动全过程进行计划、组织、指挥、协调和控制。

第二节 汽车维修企业的经营管理

汽车维修企业的经营管理就是对汽车维修市场进行调查研究,了解一定区域内汽车的拥有量与增长趋势引起的对汽车维修工作的需要,了解与满足这种需要相适应的维修市场,并对维修市场做出预测,制定企业的发展规划和经营目标,努力寻求车源,开拓维修市场;在企业内部积极组织各类人员培训,提高职工素质,精心组织生产,改革修理工艺,配备先进的专用设备和检测仪器,提高维修质量,缩短维修周期,降低维修成本,改善修后服务,树立企业形象,实现预定的经营目标。

一、经营管理在汽车维修企业中的地位和作用

在商品经济时代,企业的经营管理的主要任务就是要解决好本企业生产技术、经济活动如何与企业外部环境取得平衡的问题。能否根据企业外部环境的变化,及时更新经营理念调整经营策略,决定一个企业的生死存亡。

20世纪90年代以后,整个国内的汽车维修企业外部环境发生了很大变化,一是汽车数量的快速增长,维修业的迅速壮大,特别是一些外商、合资、个体的汽车维修企业的高速发展,行业内的竞争日益加剧;二是汽车特别是轿车的种类由原来的几十种发展到几百种,再加上汽车新技术不断被采用,同一种轿车,经过一两年的时间,技术上可能有很大差异。原有的一些较大的汽车维修企业面对一种或几种车型进行类似于流水化作业的维修方式,已经无法适应新的市场形势。很多国营、集体的汽车维修企业不能及时更新经营观念,调整经营方针和策略,企业与外部环境的平衡关系被破坏,导致生产迅速恶化而被迫关、停、并、转。另外一些国有企业,抓住一切机遇及时调整经营发展策略,加强企业经营管理而适应了新的形式,得到较大的发展。

大量事例证明:一个企业生存能力的决定因素,不是它的固定资产和流动资金规模,也不是它的职工人数的多少,至关重要的因素是:企业对不断变化的外部环境适应能力即根据市场的需要,高效合理地利用一切可以利用的资源,最大限度地满足市场需要,获得效益的能力。现代化经营管理水平越高,这种能力就越强。从这种意义讲,现代化的经营管理是企业的生命。

二、汽车维修企业的现代化经营管理

现代市场经济的建立与不断完善,给传统的经营思想与经营理念带来了根本性的冲击。例如,汽车维修市场已由卖方市场转化为买方市场,过去不按市场需求盲目生产经营的旧观念、老办法,已不能适应现代的经营管理环境。现代经营理念应在传统诚信经营的基础上,以顾客满意为中心,以人为本,实现超值服务。

企业的现代化经营管理是指运用现代化自然科学和社会科学的科研成果,使企业的经营管理适应现代科学技术的发展水平,符合现代生产的要求。具体内容主要有:确立现代化的经营思想;制定科学的发展战略;掌握正确的经营决策方法;导入IC战略;树立良好的企业形象等。

1. 经营思想

现代化的经营思想就是树立用户观念、市场观念、效益观念、竞争观念、质量观念、信息观念等;注意调动和发挥企业员工的积极性,把经营管理工作建立在先进的科学技术和社会化大生产的基础之上。

1)用户至上的思想

热忱为用户服务,这既是商品经济所决定的,又是社会主义生产目的的体现。不论企业的维修任务是否饱满,车源是否充足,都要牢固树立为用户服务的思想。为用户服务的思想,就是端正服务态度,坚持为用户着想、做好服务工作、让用户满足的原则。做好为用户服务,就是要做好汽车维修前、汽车维修过程中和汽车维修后的全过程的服务工作,以优良的服务态度使用户对维修质量从不了解到了解,从了解维修质量到愿意来修车,并对维修质量和修后的性能进行保证等。

为用户服务主要是指技术服务,一般包括以下几个方面:

(1)编印企业维修的质量标准,向客户介绍本企业的技术水平及专业化的程度、维修周期、收费标准等。

(2)向用户提供可信的配件,并向用户详细介绍配件的性能、特点、运行里程,为用户选用经济适用的配件做好参谋。

(3)建立车辆维修档案,走访用户,征求意见,改进汽车维修工艺,提高汽车维修质量,满足客户的要求。

(4)对客户实行"三保":保证汽车维修质量;保证向客户提供优质的服务;向客户提供质量跟踪的保证。

为客户提供满意的服务,能很好地树立企业的形象,提高企业的信誉。做好为客户服务的同时,也赢得了客户,赢得了市场。

2)市场观念与竞争意识

企业存在的基础就是效益,而效益又来自市场。汽车维修市场是联系厂家和客户的纽带。价值规律通过市场对企业的生产起调节作用,企业的经营活动一定会受到市场的制约。汽车维修企业要进行汽车维修,必须从市场上购买所需要的各种汽车配件及原材料,汽车修好后又必须交还客户,才能获得再生产的资金,用来购买汽车维修的配件及原材料,使汽车再维修顺利进行。所以要想搞活经济,首先就要抓住客户,要抓住客户,就意味着要参与激烈的市场竞争。汽车维修市场竞争主要表现在三个方面:一是维修质量,二是维修价格,三是维修周期与服务质量。通过市场竞争可以促使汽车维修企业提高维修质量、增加维修项目、降低维修成本、改善服务态度。竞争的实质是科学技术水平的竞争、经营管理水平的竞争、人才的竞争。具体地讲就是质优、价廉、周期短、服务周到。要成为市场竞争的佼佼者,汽车维修企业必须用科学的方法进行市场调查,并根据市场过去和现在的信息资料,对市场的需求(包括显在市场和潜在市场)做出科学的预测。汽车维修市场预测主要内容包括社会车辆的总拥有量、各车型的拥有量、车辆的使用年限或行驶里程,进而得出社会总维修量的预测、配件需求量的预测、技术发展的预测。

(1)社会车辆总维修量预测:根据当地车辆的数量、型号、使用情况,预测出年大修、保修车数量,并可与有车单位签订承修合同。汽车维修企业应根据维修市场预测及用户需要,进行企业内部调整,以适应市场的需求。

(2)配件需求量预测:要考虑到配件供应程度、市场采购保证程度、代用配件适用范围及其来源、修旧能力及范围等,还要考虑到协作关系的变化以及配件价格的变动。

(3)技术发展预测:主要是维修新技术和新材料的使用,新的维修工艺对维修质量的影响。如技术更新的周期、技术发展的周期,企业本期计划期内技术发展的趋势,企业有关的新技术、新工艺对市场的影响等。

3)充分利用现有资源拓展服务项目

按照《汽车维修业开业条件》(GB/T 16739.1—2014)的规定,汽车维修企业分为汽车整车维修企业(按规模大小又分为一类与二类)和汽车综合小修及汽车专项维修业户(三类)三种类别,汽车维修企业应结合企业自身条件(修理维护等级,生产规模,工艺水平,厂房设备及人力资源等)在确保维修质量的前提下,努力创造条件,扩大企业的经营范围,拓展服务项目,增强对市场的应变能力。

4)单一车型的特约维修与多种车型的维修服务

目前汽车维修的一个特点是专业化程度的增强,这对提高维修技工的熟练程度和维修质量显然是有利的。企业如能根据自身的条件,挖掘技术、设备、生产的潜力,固定维修技工,配备齐全的工夹具,在一个车间内加强维修的专业化,形成单一车型的维修车间,进而争取到该车型的特约维修权,是增强市场竞争力的重要手段。但随着市场上汽车种类迅速增加,单一车型所占的市场份额越来越小,只有具备多种车型维修能力的企业,才能适应这种变化,使企业在激烈的市场竞争中立于不败之地。

5)修车后的服务

为客户提供修车后的服务,是现代汽车维修市场中一个重要的竞争手段,要充分认识它的重要作用:

(1)修车后的服务是企业生存、发展的重要手段,它与修车质量、收费标准、修车周期共同构成企业的竞争能力。它是占领市场举措的延伸。

(2)修车后的服务是了解客户要求、了解维修质量的重要途径,为改进维修工艺、提高维修质量积累第一手资料。

(3)修车后的服务,拓展了维修企业的服务内容,是企业增加收入一个新的途径。

(4)修车后的服务是当今企业经营管理中越来越被重视的一项工作,是赢得信誉、树立企业形象的一个十分重要的手段。

2. 发展战略

企业发展战略是对企业重大问题的决策,它决定着企业的发展前途和命运。一个企业要想生存和发展,其战略设想应该是有依据、有创造性,能扬长避短,而不是凭空臆想的。这就需要经营者首先对企业内外条件及其变化趋势进行充分的、有科学依据的分析和判断,然后,对自身的发展方向、目标做出战略上的决策。

预备分析是企业制定发展战略的重要依据。它包括企业能力分析、企业环境分析和企业业绩分析。

1)分析企业能力

"知己知彼,方能百战百胜"。正确评价本企业与理想的企业间的差距是制定发展战略的出发点。分析企业能力就是对企业进行自我解剖,对企业的优势和劣势进行自我评价。其内容包括企业经营资源分析、经营职能分析、竞争能力分析。通过这些分析和评价,为企业制定发展战略提供以下线索:

(1)与理想的企业形象之差距。

(2)与竞争企业能力水平之差距。
(3)可能影响经营活动的问题。
(4)提高适应环境变化的能力。
(5)企业最大的竞争优势。

2)分析企业环境

主要是对企业外部环境的分析。企业外部环境包括由政治、经济、技术、社会、文化和自然等因素组成的宏观环境和由需用者、供应者、竞争者、政策法规和技术条件等部分组成的微观环境。进行环境分析,首先要明确影响企业经营的环境因素,并预测和掌握这些因素变化的趋势。

3)分析企业业绩

主要有两个目的,一是预测业绩,即推测在未来企业环境的变化中,如果企业仍然维持目前的经营结构,将来的业绩将是怎样的趋势;二是根据业绩的预测结果,指出仍然维持目前的经营结构将有多大的危险。通过业绩分析,可找出企业的潜在危机、了解制定战略的必要性、明确企业以发展目标为目的的发展战略。预备分析与企业发展战略的关系如图7-2所示。

图7-2 企业战略的依据

4)市场调查

企业选择经营方向不能闭门造车,必须分析企业所处的环境。市场环境一方面给企业提供了机会,一方面却又经常给企业的生产和服务造成限制或障碍。

市场调查是以获取确认顾客的需求所必要的知识为目的的有组织地搜集、整理和分析对市场经营有用的事实和数据的过程。对企业市场经营的外部环境的了解和分析是企业做出经营决策的前提和基础。

(1)企业市场经营的环境可分为宏观环境和微观环境,在市场经营中对环境的研究,根据所需资料的深度和广度,有时把重点放在微观环境的分析上,有时则重点研究宏观环境,但必须全面考虑。

①宏观环境。其影响程度波及全国的各行业。对各企业有共同影响的因素,主要包括:a.经济、技术环境,如经济动向、产业结构的变化、技术动向;b.政治、社会环境,如文化、价值观、政府的政策、法规、法律;c.行业环境。

②微观环境。主要包括:a.地区环境,指在本地区范围内的经济、政治、社会、文化、行业环境因素;b.市场结构,如市场基础、市场特性;c.需要动向,如市场规模、市场占有率、消费

水平;d. 消费者动向。

企业在分析外部环境的时候,全面研究上述各项因素是不可能的。因此,进行环境的研究要根据企业自身的条件、发展战略,有针对性地选择环境因素。

(2)市场调查方法,可大致分为既存资料利用法和实际调查法两大类。

①既存资料利用法。既存资料分为内部资料和外部资料。常用的外部资料有:

a. 政府部门的资料,如人口统计、商业统计、家庭生活调查、国民生活水平调查、消费者动向预测调查、全国实际消费情况调查等。

b. 地方部门、地区团体的调查资料,包括城市规划、街道开发计划、工厂企业建设计划、商店资料、消费购买动向等。

c. 民间机构或一般企事业单位的调查资料,包括报社、研究部门、银行、专业调查机构对有关市场和消费者的调查资料。

②实际调查法。实际调查法分为提问法、观察法和实验法,如图7-3所示。

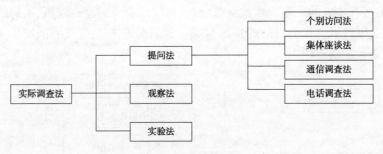

图7-3　实际调查法

a. 个别访问法。调查人员亲自访问抽样调查对象,按事先拟定的提问表向调查对象直接提出问题。其特点是回答率高,可以当时纠正调查对象对提问的误解。调查员也可根据需要扩大问题的范围。但这种调查方法需要费用和时间,调查结果与调查员的工作水平有很大关系。

b. 集体座谈法。由调查员通过组织调查对象召开座谈会的方法搜集资料。这种方法比个别访问法节省时间和费用,但可靠性差。

c. 通信调查法。这种方法是把提问表邮寄给调查对象,让他们把回答内容填入表格后寄回来。这种方法费用低、范围广。但收回率较低、收回时间长。

d. 电话调查法。通过电话向调查对象提问。这种方式调查费用低、范围广,拒绝回答比率较低。但它不太容易了解调查对象的身份、年龄和生活水平,不宜进行分职业、分阶层的调查;回答问题时不允许经过长时间思考,因此只适用于简单提问。

e. 观察法。观察法是调查员对所要进行调查的项目,通过直接观察搜集资料。它适合于人或车流动量的调查,服务业的顾客流量的调查等。它能够得到较准确的结果。但费用高,时间长,组织起来也困难,而且调查范围窄,结果也可能只反映表面现象。

f. 实验法。实验法是在特定的场合实行,如试销新产品、试行广告或促销的办法调查其效果。但实验法要求实验条件严格,否则得不到可靠的结果。实验法的优点是通过调查特定的市场模型,可以测定出具体效果。缺点是需要费用、时间和人工。

(3)市场调查的基本步骤,如图7-4所示。

①为了确定调查课题,首先应该分析问题;其次,通过既存资料的收集和分析,明确缺什么资料,应该重点调查哪些事项。经过对问题的分析和对既存资料的分析,就可以提出调查

的课题。明确为什么目的,需要什么资料,为获取所必要的资料应该选择什么样的调查题目等。

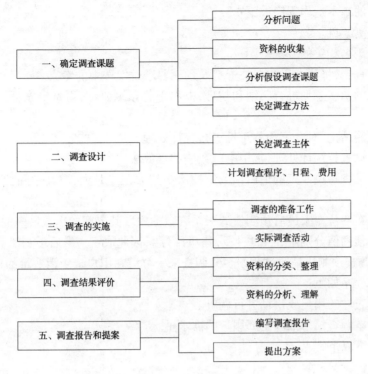

图7-4 市场调查的基本步骤

②调查设计:首先确定抽样方法,决定如何选择调查对象的问题,其次,根据调查课题选择调查方法和主体。调查主体就是由谁来进行调查。常采用的有企业自行调查、委托外部专门组织调查、二者并用三种方法。但在发达国家中,越来越多地利用外部专门调查组织。

设计一个调查计划表,包括调查顺序、日程规划、必要的费用及其负责调查人员名单等。

③调查的实施:调查之前需要准备的调查工具有:照相机、秒表、计数表、记录用具、小型录音机等。

进入调查之后,要注意调查时间、地点等问题。

④调查结构的评价:对调查收集来的资料,先按定性资料和定量资料分类。定性资料,能数据化的尽量用定量的数据表现出来。在整理资料时,尽量采用图表的形式,以便于分析。

⑤调查报告和提案:最后将调查资料的分析和评价结果整理成调查报告。内容包括调查目的、调查项目、调查方法、分析结果和建议。

5)市场预测

(1)"专家预测法"又称德尔菲预测法,是运用调查表以匿名通信方式轮番征询有关专家意见得出预测结果的一种经验判断预测方法。

专家预测法的特点是:

①匿名性:即采用背靠背的方式征询有关专家的意见,专家间彼此不通气,被调查的专家只与预测主持人联系,相互不受心理因素影响。

②反馈性:即向有关专家多次轮番征询意见,每次征询,预测主持人都把各专家的不同

意见及其依据反馈给每位专家,以帮助各位专家独立地修改预测结果。

③统计性:即重视对专家意见及预测结果作定量的统计处理。

专家预测的基本运作程序如下:

a. 确定预测题目。

b. 挑选若干名相关的专家。

c. 制定调查表,将调查表和有关资料及预测要求寄发选中的专家。

④对专家的初步意见进行归纳和整理,提出下轮预测要求,再寄专家征求意见,如此反复3~5次。

⑤做出预测结论,对专家预测意见进行统计处理。

对专家意见进行统计处理,常用中位数法和众数法。

中位数法是将每位专家的最后预测值按从小到大顺序排列,取其中间位置的数据作为最后预测值。

众数法是在各位专家最后预测值的一系列数据中取其出现的次数最多的数值。例如,5位专家的最后预测值分别是3、4、4、4、5,其众数为4,因此取4为最后预测值。

(2)用户调查预测法是通过对顾客的调查来了解潜在用户未来消费量的预测方法。

具体运作程序如下:

①对有代表性的用户或市场进行调查。

②根据样本调查结果推算全部用户的需求量。

此方法具有以下特点:

①调查单位少。

②节省人力、物力。

③资料汇总快。

④预测有客观依据。

⑤既考虑到了用户的历史需要,又了解用户的现实和未来的需要。

(3)转导预测法是根据已有的有关宏观市场预测值,或政府机关发布的有关计划指标作为企业销售预测的基础,利用各种先前经济现象或经济指标之间的比例关系(如行业销售占全社会销售总量的比率,本企业市场占有率等)推算出本企业的销售预测值。

转导法简明易操作,节约费用和时间。但有一定的前提条件,即国民经济和市场情况比较稳定和协调。也就是说,必须在各种比例关系基本不变的条件下预测,才有比较好的效果。

3. 经营决策

1)决策的类型

决策,是指选择、决定行动目标和行动方案的活动。决策的概念包括两层含义:第一,决策是一种自觉的有目标的活动。决策总是为了解决某个问题,为达到一定目标而采取的决断行为。第二,决策是一个过程。不能把决策仅仅理解为"瞬间"做出的决定,而应理解成一个过程。决策总是决策者先经过调查预测、确定行动目标,然后围绕目标制订若干方案,再经比较分析,最后做出最优方案的抉择。决策从不同角度可划分为不同的类型,常见的分类是:按决策范围分类,有宏观决策和微观决策;按决策的地位分类,有战略决策和战术决策;按决策问题出现的频率分类,有常规型决策和非常规型决策;按对决策问题的了解程度分类,有确定型决策和不确定型决策;按决策过程的作用分类,有突破型决策和追踪型决策;

按决策过程的特征分类,有经验决策和科学决策。

2)决策的过程

(1)确定目标:目标既是决策的出发点,又是决策的最终结果。目标的确定在决策中占首要地位。确定目标要从需要和可能出发,兼顾主观愿望和客观要求,有时还有必要区别必须达到的目标和期望达到的目标。同时还要建立评价标准作为以后方案选择时的衡量尺度。确定目标的过程如图7-5所示。

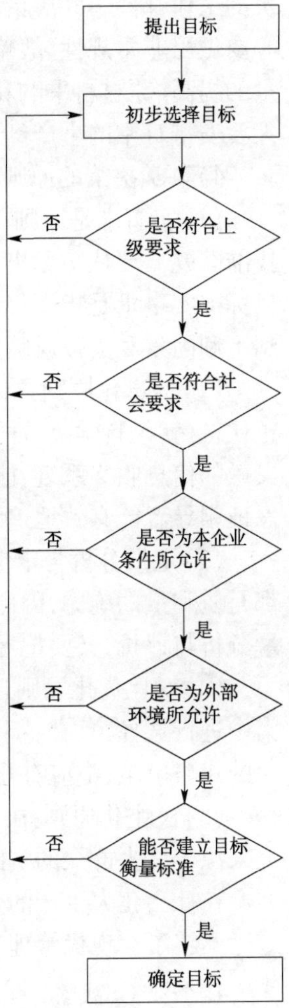

(2)发现、探索和拟定可行方案:可行方案是指能够解决某一生产技术问题,保证决策目标实现,具体实施的方案。

决策方案是在所拟定的可行方案中选定的,如果可行方案的质量不高或数量不够,选择余地很少,决策就很难合理。寻找可行性方案的过程是一个复杂的过程并伴有一定的不确定性。拟定可行方案这项工作的本身还具有某种经济性,即只有当进一步探索可行方案所带来的利益超过其所需付费用时才应当继续探索下去。

发现、探索和拟定方案的工作是多方同时进行和反复进行的,先探索执行,在执行中发现新的方案,再探索再执行,是一个不断地发展、完善、追求更满意、更合理的方案。

可行方案的探索和拟定应使整体详尽性和相互排斥性相结合。整体详尽性是指探索过程应包括全部可行方案,既不能遗漏可行方案,又不能包含不可行方案,而事实上由于经济因素、时间及环境的影响,不可能探索到所有方案,因而整体详尽性是一个相对原则;相互排斥性是指在不同方案中只能选择一个方案,因而方案之间要具有相对的独立性。

(3)选择方案:选择方案是根据当前情况和对未来发展趋势的预测,对方案进行比较、评价,并最终选定行动方案的过程。评价和选择方案首先要制定一套具有经济合理性和技术可行性相结合的评价指标体系,作为评价选择方案的标准;其次要建立不同的决策模型,运用定性分析和定量计算相结合的方法进行科学的分析评价,最终选定合理的行动方案。执行决策和跟踪检查:行动方案一经选定,就要制订具体措施,将目标分解,层层落实到基层和个人,明确责任,规定完成期限;监督、检查、发现问题并及时纠正偏差,同时把信息反馈到决策指挥系统,以保证目标的实现。

图7-5 确定目标的过程

3)决策在经营管理中的地位

决策在企业管理中居重要地位,是现代经营管理的基础。

(1)首先,决策是企业经营管理效能的决定因素。决策正确与否关系到企业经营管理活动的成效,乃至企业的命运。现代管理理论认为,管理的重点在经营,经营的中心在决策。

(2)决策是履行各项管理职能的基础。从管理职能看,计划、组织、指挥、协调、控制等职能的执行和发挥,均与决策息息相关。经营计划的编制、执行和检查,组织机构的设置,经营活动的指挥调度,各方面关系的协调,偏差的纠正和控制,都需要企业领导者下决心作决策。

(3)决策贯穿于企业经营管理活动的始终。从管理层次看,企业经营管理的各级各层次的工作都离不开决策。高层经营管理层,对企业长期计划、生产方向、市场开拓、干部培训等要做出非常规性、战略性的决策。中层经营管理层,要对中短期经营计划安排、工效与质量的提高、原材料采购和营销等做出常规和非常规的战术、战略决策。基层经营管理层,每天要安排日常的生产经营活动,落实各岗位责任制等,要做出大量的常规的战术性决策。

4)科学决策的原则

(1)实事求是原则:决策者要以客观事实为依据,对复杂事务进行充分调查研究,才能找准问题。要从实际出发,分析现有人、财、物等主观条件,才有可能制定出切合实际的决策目标。实事求是指不仅考虑需要,更要考虑可能,不仅要看到有利因素和成功机会,也要看到不利因素和失败风险,才能恰当地优选方案。

(2)信息化原则:决策的科学性与所掌握的各种情报、资料的准确性、全面性、及时性成正比,这就是科学决策的信息化原则。因此,领导者必须建立和健全信息系统,其不仅要有灵敏的信息收集系统,能及时为领导者决策提供依据,而且还要有高效的信息反馈系统,以保证领导者能有效地追踪决策。

(3)定量分析与定性分析相结合的原则:定量分析是科学决策的重要特征。任何事物都是质和量的统一,因此对任何事物的决策,既要把握事物的量,借助各种数学模型,进行定量分析与评价,又要把握事物的质,进行定性评估,使两者有机结合,才能使决策科学化。

(4)对比优化原则:对比优选是科学决策必须遵循的原则,决策总是在若干有价值的方案中进行选择,只有一个方案,无从选择,也就没有优化。因此,对任何一项决策,尤其是重大的战略决策,都应有几个可供选择的方案,以便从中选优。

(5)民主化原则:决策民主化是决策科学化的前提和保证。领导者的正确决策,从根本上来源于广大群众的实践,是智囊团可行性研究集体指挥的结晶。

在社会化大生产的今天,管理者,尤其是较高层次的管理者仅仅依靠经验决策的办法是远远不够的。现代管理者必须学会现代决策技术,注重科学决策。

4. 企业 CI 战略

1)"CI 战略"的概念

"CI 战略"是 20 世纪 50 年代起源于美国的一种全新的企业管理思想。CI 盈余全称为 Corporate Identification System,意为企业视觉识别系统及企业形象系统。CI 由企业理念识别系统、企业行为识别系统和企业视觉识别系统三部分组成。企业理念识别系统主要是企业对企业生产经营活动产生的各种关系的认识和态度的综合,是企业的经营思想和经营标准。企业行为识别系统是企业非视觉化形象的展示和塑造,包括内部改革、职员教育、公关活动、赞助活动、展销活动等。企业视觉识别系统是 CI 战略的中心,这套识别系统能被公众和消费者感知。

CI 是对企业各方面综合理念的具体体现,它表现为一套统一和标准化的图案、标志、文字、符号、色彩等视觉识别信息。其基本要素主要包括:企业标志、企业商标、产品识别、企业的标准用色及特有标准造型等。CI 的侧重点在于突出企业的整体形象,从各个方面给予公众和消费者以深刻的视觉刺激,使公众认识和了解企业。

2)CI 的功能

为了提高企业知名度,扩大市场占有率,CI 战略正日益受到企业家们的重视。CI 作为企业管理的利器,归纳起来主要有三种功能:

（1）识别功能：这是 CI 的基本功能。CI 凭借系统的设计改变企业形象，注入新鲜感，勾勒清晰的企业形貌。过去企业形象往往与企业战略联系在一起，缺乏得体的表现形式。但自从视觉识别（CI）发展起来并被用于企业识别之后，人们才有了强有力的手段，生动、具体、直观地塑造了企业各具特色的外在形象，如大众汽车集团的维修站。在其厂房风格上进行了精心的策划、设计，形成了具有鲜明特色的外在形象。

（2）促销功能：是指在各种营销活动中贯彻、体现有意识设计的产品品牌和企业形象特征，从而使营销活动更为有效。在这里，CI 一般将产品形象设计、企业形象设计与销售环境设计有机地统一起来，从而对顾客产生极大的诱惑力，起到促销的作用。

从 CI 作为一种企业形象设计的策略来说，它是现代市场营销可供利用的锐利武器。它把现代设计观念和企业管理理论结合起来整体性运作，使社会公众产生深刻的形象认同感，从而提高企业及产品的知名度，最终达到扩大市场占有率的目的。

（3）凝聚功能：CI 是在一定的企业理念、企业精神的基础上发展起来的，是企业理念和精神的"外化"。反过来，又帮助企业形成独特的企业文化和企业精神，从而起到凝聚企业员工共同价值观的作用。

第八章 汽车维修企业的生产技术管理

第一节 汽车维修企业的生产管理

汽车维修企业的生产管理是指对汽车维修企业生产活动的计划、组织和控制所进行的管理,包括生产的基础管理、生产过程的核心流程管理、生产资料管理。具体来说,汽车维修企业的生产管理由计划、调度、统计管理,生产资料管理,劳动与安全管理三大部分组成。

汽车维修生产管理的基本要求是保持生产过程连续性、协调性和均衡性。在生产管理中应遵循"以用户满意为导向,以维修质量为向导,以公益为导向"。

一、生产管理模式

汽车维修企业生产管理模式分为传统管理模式和团体管理模式两种。

1. 传统管理模式

传统管理模式的汽车维修部门设置、部门内部的岗位设置、人员岗位分工比较细致,各有其职责范围。

2. 团体管理模式

团体管理模式维修人员分成几个班组,由一名业务接待领一个班组,组成一个维修团队。每个维修团队就像一个组织严密的小型维修企业,整个维修企业的生产组织由这样若干维修团队组成。

二、生产计划、调度与统计

1. 生产计划

车辆维修生产计划就是由生产管理部门编制的关于承担车辆维修作业的人员、物料和时间等的安排,是企业组织生产的依据,也是进一步编制车辆维修工艺卡等技术文件的依据。

1) 维修生产计划的作用

生产计划能从时间上保证客户的维修车辆按期出厂,为客户节约时间,为企业增加信誉。科学合理的维修生产计划还可以提高人员、设备、场地、资金等的利用率,减少浪费,做到过程连续,生产均衡,质量保证。

2) 维修生产计划的分类

车辆维修生产计划按计划所辖的范围,可以分为厂或车间的维修生产计划、单车或单台总成的维修生产计划等;按计划时期可以分为年度、季度、月度、周或日的维修生产计划;一一般生产计划还可以分为长期、中期、短期或阶段性等几种,也有以大日程、中日程、小日程来区分生产计划的。各种生产计划之间的关系见表8-1。

各种生产计划之间的关系 表8-1

类别		车型和维修项目	计划时期	备注
长期	大日程	长期生产计划表	2~3年	用滚动计划方式
		年度生产计划表	年度	
中期	中日程	车度/半年生产计划表	季度或半年	
		月份生产计划表	月	
短期	小日程	周/旬生产计划表	周或10日	
		日生产计划表	1或3日	

3)编制维修生产计划

制订计划的第一步就是要搞清楚自己的目标,没有目标就没有方向,无论是个人还是企业都是如此。汽车维修企业的目标是满足客户需求,利润只是满足客户需求的副产品而已。计划就是朝向自己的目标而确定的行动路线和步骤。

(1)编制生产计划的依据。

生产计划的依据应该是企业根据客户资料统计的维修量和预计的维修增量、季节性的维修需求、阶段性的活动安排、突发性的事件处理等对不同维修工种的工作量的需求,以及对企业的场地、人力、设备、设施和各工种的实际生产能力的需求。

(2)编制生产计划的原则。

①严格遵守维修工艺流程,保证维修质量,不得擅自变更和省略规定的工艺程序。

②压缩车辆维修在厂车日(或在厂车时),尽量妥善安排平行交叉作业。

③充分利用人力、场地、设备设施等资源条件,提高维修生产效率和效益。

④做好生产调度,以应对各种因素(如待料、停电、故障和意外损坏等)对生产计划的影响。

(3)编制维修生产计划。

编制维修生产计划,要根据车辆运输企业提供的车辆维修计划和市场预测,要考虑汽车维修企业的生产能力等因素,经综合平衡后确定。维修生产计划要按照一定的表格形式,有生产指标和作业形式等内容。

4)生产计划的编制与实施

汽车维修企业的生产计划是汽车维修企业中各项生产活动的行动计划,它通常根据市场经营管理部门按月或按周下达的《汽车维修合同》进行编制。其主要内容包括:所维修的车型与台数、维修作业等级和生产进度要求等。

汽车维修企业的生产作业计划通常采用滚动编制方式。即不仅要考虑上个统计期(如上年或上月)尚未完成的旧生产计划,还要考虑本统计期(如本年或本月)需要下达的新生产计划。编制生产作业计划的基本要求是,不仅要将生产作业计划尽可能地具体化和细化,以分解落实到每个车间、各个班组和各生产工人,而且要求按照生产任务提前做好必要的生产工艺准备,以保证各生产环节(各工序和各工位)的相互协调,保持均匀有序的生产节奏。

在实施生产作业计划过程中,不仅要加强生产过程中的派工调度,而且还要加强生产统计和生产分析,做好生产进度检查以及时地修正生产作业计划的偏差。

然而,目前大多汽车维修企业由于汽车的预约维修做得很差,几乎处于没有生产作业计划的状态,因而常常临时性地加班加点,从而使汽车维修生产的均衡性较差。

2. 生产调度

生产调度是生产过程的组织者和作业计划的实施者,在各种生产活动中安排、处置事务的意思,目的是为实现预定目标,在组织实施过程中随时掌握动态变化,控制关键和主要环节,协调平衡相关各方关系,保证预期目标的实现。

根据调度的职能范围和调度对象,调度大致可以分为两类:综合调度和专业调度。综合调度具有对企业或部门的整个生产活动进行全方位调控的职能;专业调度则对少量单一或专业技术性极强的要素负有调控的职能,如动力调度、供销调度等。专业调度一般在综合调度领导下展开工作。

生产调度在企业生产运作中具有组织、指挥、控制、协调的职能和作用。

1) 生产调度的基本任务

汽车维修企业生产调度的基本任务:根据生产作业计划安排,接受车辆进场报修,通过对待修车辆的实际检测与诊断或前台接待员出具的派工单,确定该车辆所需要的实际维修项目,调度维修人员实施车辆维修并做好记录和登记。

在向各维修班组下达维修任务时,还应向承担班组交代具体的维修要求和注意事项。

生产调度员在派工调度时,应注意均衡各承修班组的维修工作量,并保证所派承修班组的技术水平与所承修车辆相适应。

2) 生产调度的基本要求

(1) 生产过程的连续性。所谓连续性,是指产品在生产过程各阶段、各工序之间,在时间上的紧密衔接和连续流动。强化汽车维修过程的连续性,可使汽车维修过程始终处于紧张而有序的流动状态下,提高汽车维修的生产效率。为此在车间工序布置上应充分考虑汽车维修工艺流程特点,并配以先进的维修技术和先进的劳动组织。

(2) 生产过程的协调性。所谓协调性,是指在生产过程中,在生产能力(如工种、劳动力数、技术等级、维修设备)上始终保持各工序或各工种之间的比例协调,消除生产薄弱环节,从而使生产有序进行。

(3) 生产过程的均衡性。所谓均衡性(或节奏性),是指在各生产环节的产品投入与产出等方面都能保持有节奏地进行(即在相等时间内各工序所完成的工作量大体相等),从而使各环节的工作负荷保持均衡,避免出现忙闲不均现象。

3) 生产调度员工作程序

(1) 根据作业计划安排,调度车辆进厂报修;根据《报修单》安排对待修车进行实测与诊断并确定实际维修项目。

(2) 填写并向相应的维修班组下达调度令——《派工单》。同时,向承修班组交代具体要求和注意事项,并做好记录。

(3) 发现并记录影响和可能影响作业计划完成的因素,进行必要协调工作,确保作业计划的进度要求。对一些无法解决的问题,系统地提交调度会研究。

4) 生产调度会议

除了日常性的生产调度外,在生产过程中还应按照生产作业计划要求定期地召开现场生产调度会,从而全面系统地控制企业的日常生产活动,保持生产过程的连续性、协调性和均衡性,保证产品质量,保持生产秩序,尽可能避免经常性和突击性加班。生产调度会一般可分为厂部和生产车间两级。厂部的生产调度会应由生产主管厂长主持,生产科科长负责召集,各有关职能科室(如修理厂办公室、生产技术部门、供应部门和营销部门等)以及车间负责人参加。车间的生产调度会则通常由车间主任主持、车间调度人员及班组长参加(必要时可邀请厂部有关职能人员参加)。生产调度会的作用是协调各部门的工作和指挥生产活动,其包括以下内容:

(1) 按照生产作业计划的进度要求,逐项检查计划执行情况,其中特别是检查上次生产调度会决议的执行情况。着重掌握偏离计划的程度和原因,解决在计划执行过程中的困难和问题。

(2) 下达新的生产作业计划,并检查、督促和帮助各相关部门做好各项生产技术准备工作,包括调整劳动力和劳动组织,调整物资供应和调整生产技术及维修设备等。

5) 汽车维修企业的生产调度方式

传统的汽车零件生产方式通常都采用由前工序向后工序运送的方式,由于前工序并不了解后工序的需要量和需要时间,因此常常造成后工序在制品的积压或短缺,结果降低了生产线的生产效率。"丰田生产方式"则采用了相反的流程,它采用工作传票来衔接前后工序,并由后工序向前工序领取所必需的零件数,而前工序只生产将要被后工序领走的那部分零件数。

目前国内汽车维修企业所采用的生产调度方式通常有以下两种形式:

(1)《派工单》传票制度,即生产调度人员通过《派工单》的方式,将维修项目及维修要求下达给车间及承修班组(或者将《派工单》悬挂于待修车辆上随车移动),由承修班组根据《派工单》所列的作业内容与作业要求进行维修。专职检验人员也凭此《派工单》进行检验。由于《派工单》表明了具体的作业项目和进度、质量要求等,因此不仅能起生产指令的作用,以便于汽车维修过程中各工序的交接,而且由于《派工单》随车下达,方便了汽车维修企业的生产现场管理。

(2)《派工单》公示制度,即维修审检在接到《派工单》时,将《派工单》所列作业内容与作业要求集中公示于维修车间内的公示牌《车间在修车进度表》上(表8-2),以公布当前所有在厂维修车辆的汽车编号、维修类别、派工单号、主要作业项目与附件作业项目、要求完工日期、主修人以及当前所存在的问题等。无论是《派工单》传票制度还是《派工单》公示制度,在具体执行生产调度时,为了保证维修车间内正常的生产秩序和生产节奏,应遵守以下原则:

① 各工位应在保证其数量和进度的前提下,做好各工位的质量自检。

② 各工序之间应该做好质量互检,即前工序必须保证在规定时间向后工序移交规定数量的合格产品。

③ 生产调度人员应该深入生产现场,以便随时掌握生产进度,若有脱节或误差应及时修正和调节。

车间在修车进度表   表8-2

序号	车型	车号	维修类别	派工单号	主要作业项目	附加作业项目	要求完工日期	主修人	目前存在的问题

3. 生产统计

在生产管理中,生产进度检查及现场调度是非常重要的工作。在汽车维修生产过程中,生产管理部门应严格按照要求,经常性地巡视在修车辆的维修进度情况,现场调度各维修班组及维修人员,现场调度维修车辆、维修配件材料,协调外加工等,督促和检查生产进度执行情况,以便及时发现问题,并能及时解决。

1)生产进度检查

生产过程管理中的生产检查及现场生产调度是生产现场管理中的重要工作,它要求生产管理部门经常性地巡视在修车辆的维修进度情况,并现场调度各维修班组及维修人员,现场调度维修车辆、维修配件材料供应及外加工等,以督促和检查生产进度执行情况,及时发现问题和解决问题。在检查生产进度以及在执行现场生产调度时,应侧重于以下 3 个方面:

(1)按生产作业计划,抓好竣工车辆的收尾。

(2)抓住生产工艺流程中明显影响生产作业计划的薄弱环节与关键环节(例如生产效率较低环节、质量不稳定环节等)。

(3)抓先进生产劳动组织和计划管理的试点。

2)生产进度统计

生产进度统计的目的,不仅是为了统计劳动成果,而且也是为了掌握生产情况以及所存在的问题。因此对生产进度统计的基本要求是:准确、及时、全面、系统。

当承修班组在车辆修竣并通过自检、互检及专职检验合格后,由主修人填写维修作业所实际消耗的工时数(并签字),然后将《派工单》交回生产统计人员,由生产统计人员负责,以车辆为户头做工时统计。其目的是统计该车辆在维修过程中各工种所消耗的定额工时总数,以便在该车辆维修竣工出厂时结算和核算维修费用;以作业班组或主修人为户头做定额工时统计,其目的是对维修班组或主修人实施劳动分配,以实现多劳多得。

三、生产物资管理

为了保证生产进度和生产节奏,缩短汽车维修过程中的"待工待料"时间,应该抓好生产物资管理(包括材料配件与原材料的采购管理、库房管理、外加工管理等)。所谓待料,是由于配件或材料原因而造成的停工;所谓待工是由于非配件或材料的因素(例如人的因素、工厂停电等)而造成的停工。

汽车维修企业的生产物资管理,可分为对内服务(即汽车维修)和对外服务(即配件销售)两个部分。其中,对内服务在业务上应该归属于生产管理系统,这样可以由生产管理部门根据生产进度统一调度企业的生产物资,以充分体现生产供应为生产服务的原则;对外服务则可在业务上归属于汽车营销部门管理。

在汽车维修企业的生产物资管理中,工具类(如工具、量具、刃具、夹具、模具等)以及维修机具和维修设备类的日常使用维修应该归属于生产管理,但其选型购置、更新改造、折旧报废等的全过程管理仍归属于技术管理。

四、生产安全及劳动管理

1. 生产安全管理

安全为了生产,生产必须安全。所谓安全生产,就是要防止在日常的生产劳动中出现事故,以保护职工的人身安全,保证机器设备及其他财产不受损失,保证企业生产过程的正常进行。

1)安全教育与安全责任制

(1)组织安全生产、开展安全教育。

为了保证安全生产,必须开展安全教育(包括安全思想教育与安全技术教育),以教育职工遵章守纪、组织安全文明生产。安全生产是汽车维修企业中每个职工的职业责任和职业道德,而遵章守纪应作为汽车维修企业中每个职工的职业纪律。

(2)建立安全生产责任制度。

在汽车维修企业的各级生产管理中,必须强调生产安全措施的检查和落实,即要强调在布置生产的同时实施安全教育,在检查生产的同时检查安全措施。

为了抓好生产安全,应在各生产班组内设置业务安全员,以负责本班组的安全生产,进行各生产岗位的安全例检。安全责任应该由该岗位的责任人(如主车驾驶人、主修工或主操作人)负责;企业的生产安全工作(包括安全教育、安全设施、安全检查、安全事故处理等)应由主管生产的各级生产行政负责人负责(即生产责任人同时也为安全责任人)。由此分层负责、逐级管理,在汽车维修企业内部组建安全教育网及安全例行检查网(包括生产现场安全、设备使用安全等),具体的安全生产责任制包括:

①总经理安全职责。

②生产厂长安全职责。

③车间主任安全职责。

④班组长安全职责。

⑤设备管理人员安全职责。

⑥公司专(兼)职安全督导员安全职责。

⑦班组安全员职责。

⑧工人安全职责。

⑨企业行政部门安全职责。

⑩设备员安全职责。

(3)严格遵守安全技术操作规程。

汽车维修企业要制订和实施各工种、各工序、各机具设备的安全技术操作规程。其中对于某些特殊工种(如电气、起重设备、锅炉、受压容器、电焊、汽车运输等)需要经过专门训练、严格考核后方能操作。

(4)机器设备必须加装安全防护装置,有:

①电力电炉、受压容器、驱动设备必须加装过载保护装置。

②机器的外露传动部位(如传动皮带、传动齿轮、传动轴、砂轮等)必须加装防护罩。

③冲压设备的操作区域必须加装连锁保护装置。

④危险地段和事故多发地段必须加装信号警告装置。

⑤应经常检查电气设备的绝缘状况,并加装触电防护装置。

⑥对于其中运输设备要规定其活动区域,锅炉与受压设备隔离带。

(5)要保证机器设备的正确安装,保持间距,车间内设置安全通道,并加强机器设备的使用维修管理。

(6)抓好车间的防火、防爆工作。例如严格规定防火要求,配置适当的消防器材和必要的防爆设施,厂房设计应符合防火标准等。

2) 生产现场管理

汽车维修企业的现场管理,主要是管好维修车辆的厂内停放。

(1) 停车场管理:生产车间只能停放在修车辆(即待修车辆及修竣车辆须移出生产车间),在修车辆的钥匙统一由生产调度人员保管。

对停车场的基本要求如下:

① 停车场地坚实平整,停车场内应有照明。

② 车辆停放地点不准堆放易燃易爆物品和火种。场内不得加注燃油,不准鸣放鞭炮及吸烟。

③ 停车场内应设"停车""限速5km""严禁高音喇叭""严禁烟火"等禁令标志以及安全停放指示标志,并备有消防器材(如灭火器、沙箱沙袋、消防水龙等)。

④ 停车场内车辆应靠边停放、排列整齐并保持不少于 0.6m 的车距,车头向着通道,并留出安全通道而不阻塞,以保证每辆汽车都能顺利驶出。

⑤ 竣工车辆与待修车辆应分别摆放。其中凡能行驶的车辆都应保持在随时可开动状态(挂车与车头保持连接);封存、停驶车辆以及外单位临时停放车辆应另行集中停放;凡装有易燃易爆物品的车辆应单独停放并应有专人看管。

⑥ 停车场内车速不得高于 5km/h。场内不准试车。无驾驶证的人员一律不准动车。

⑦ 汽车维修厂的门口应安装栏杆和设置值班门卫。进出车辆都应接受门卫的清点和检查,门卫应对场内停放车辆负有安全保管的职责。

⑧ 厂内车辆均须由本厂专职驾驶人操作,出厂车辆驾驶人须持有生产调度室出具的放行条才可以开车出厂。

(2) 汽车维修程序:要保证车辆维修技术的安全,必须遵守汽车维修技术的规定。

① 所有维修人员在上班到岗后都应先报到、后就位,并做好开工前的技术准备工作。

② 由厂部或车间下达《派工单》或《返工单》,并由专人将待修车辆送至指定工位。

③ 各维修班组应根据《派工单》或《返工单》所规定的作业项目对车辆进行必要的检测诊断,以判断故障原因,确定维修范围(对于疑难故障可委托技术检验人员会诊);若发生超范围作业或设计更换重要基础件或贵重总成时,主修人应及时报请车间主管,并及时报告生产调度和车主,在获准后增补作业。

④ 维修人员在维修过程中应严格遵守汽车维修操作规程、工艺规范和技术标准。

⑤ 在承修项目竣工后,主修人应做好各自工位的自检(并签字)、各个工序之间的互检(并签字),最后交专职检验人员验收(并签字)。

⑥ 在汽车维修竣工后,主修班组应清洗车辆,做好收尾工作,并交由质量总检验收(并签字)。竣工车辆的钥匙应交回生产调度人员。若需要路试的可由质量总监指派专职试车员负责。

⑦ 在汽车维修竣工后,各维修工位应及时清理和清扫,例如将设备恢复原状、关闭电源等。

(3) 车间纪律:车间维修人员的安全包括身体及精神两方面的安全。员工是为企业创造效益、为社会创造价值的主力军,相反,企业为了员工的身心健康,一定要做好车间的管理工作,制订严格的纪律措施,建立健全监督机制,为员工创造一个安全的生产环境。

① 维修人员的职责是维修汽车,严禁维修人员向客户洽谈业务或索贿受贿。

② 维修人员有责任妥善保管承修工单、零部件及维修车辆上的客户物品,不得遗失。

③维修人员必须遵守作息制度和劳动纪律，上班时间不得擅自离岗位或串岗会客。
④严格遵守安全技术操作规程，严禁野蛮违章操作。
⑤不得随意动用承修车辆或擅自将客户车辆开出厂外，不准在场内试车和无证驾车。
⑥上班时间必须佩戴工作证、穿戴劳保用品；并严禁吸烟。
⑦工作后应及时清除油污杂物，并按指定位置整齐堆放，以保持现场整洁。

2. 生产劳动管理

汽车维修企业的车间劳动管理包括劳动组合、劳动定额、劳动考核、劳动工资、职工培训、劳动保护与劳动保险等。其中，劳动组合由生产管理部门负责。汽车维修作业的劳动组合可分为综合性作业法和专业分工作业法两种。它是指在一定的作业方式（定位作业或流水作业）和工艺条件（就车修理或总成互换修理）下，汽车维修技工的劳动组合方式。生产管理者在确定本企业的劳动组合时，要根据本企业的生产规模、企业特点、维修车型、人员素质等综合考虑。

1）综合作业的劳动组合

综合作业的劳动组合，是指在实行定位作业（车架位置固定不变）、就车修理的汽车修理企业中，除了车辆的车身与车架的维修作业（如钣金和油漆、锻焊、轮胎等）由专业工种完成外，其余机电修理作业（如发动机、底盘、电气的维修作业）均由一个8～10人的综合维修班组包干完成。在此综合性的全能维修班组内，所有的机电维修工都按"分总成定位、专业分工"的原则被分配在车辆的各维修部位上（例如发动机3人，前后桥4人，传动2人，电气1人），并要求在额定时间内平行交叉地完成其各自规定的维修任务。这种劳动组合的优点是占地面积较小，所需设备简单，且机动灵活、生产调度与企业管理简单（仅由班长协调、全班包干完成）。但由于全能班组内的作业范围很广，对维修技工的技术水平要求较高（即需要有全能维修技工）。综合作业方式，不仅不利于迅速提高工人的技术熟练程度，而且笨重总成来回运输，劳动强度较大，汽车维修周期较长，修理成本较高，修理质量也不易保证。常用于生产规模较小，承修车型较为复杂的中小型汽车维修企业中。

2）专业分工的劳动组合

专业分工的劳动组合，是指在实行流水作业（车架沿流水线移动）、总成互换修理（综合拆装、总成互换）的汽车维修企业中，根据汽车维修工艺流程的先后程序和流水作业要求，将车辆所有维修作业沿着流水线划分为若干工位，待修汽车在流水线上依靠本身动力或利用其他驱动力有节奏地连续或间歇移动；各维修技工及各专用设备则分别安排在流水线两侧的指定工位上，每个工位只承担某一特定的维修作业（各维修工位的专业分工细化程度取决于汽车维修企业的生产规模）。这种劳动组合的优点是分工较细，专业化程度高，因此不仅能迅速提高工人单项作业技术水平和操作技能，而且还可以大量应用专用工具和工艺装备，缩短总成和笨重零件的运输距离；也便于组织各工种之间的平衡交叉作业，从而大大提高生产效率，压缩维修车辆的停厂车日，保证维修质量和降低维修成本。但缺点是维修工人技术单一，工艺组织和企业管理较为复杂（要求协调各工序进度，搞好生产现场计划调度及零配件供应，以确保其生产节奏），因而只适用于承修车型单一生产规模较大和有足够备用总成的现代汽车维修企业。

3）车间主管的岗位职责

（1）模范遵守企业各项规章制度，抓好车间内的派工调度，合理安排劳动力，并做到均衡生产；协调各班组及相关业务部门间的关系，积极完成厂部下达的各项生产任务。

(2)抓好车间内的安全生产和文明生产,抓好劳动纪律和安全技术操作规程,抓好车间内的易燃物品管理和用电管理(各工位应配备灭火器材,并加强灭火器材的使用和维护等)。

(3)抓好车间质量管理,严格各工位自检和各工序互检;倘若发生返工返修的质量事故时,要及时鉴定分析和上报处理。

(4)抓好车辆维修的生产进度和工期管理。

(5)认真做好车间生产统计,及时上报各种报表,建立车间生产技术档案。

(6)负责车间的职工培训和技术考核,以提高职工思想素质、业务素质和技术素质。

(7)抓好本车间的工具设备管理和辅助材料管理。

(8)有权对本车间职工提出表扬、批评和权限范围内的奖励和处分。

4)班组长的岗位职责

(1)在车间主管的直接领导下带头遵守厂内各项规章制度,负责传达并组织实施厂部下达的各项生产行政指令。

(2)除了直接参与并直接指导本班组生产外,全面负责本班组其他各项工作(包括本班组生产任务的分配和交割、本班组劳动安全生产进度的监督检查、本班组维修指令的自检和互检等)。

(3)负责管好本班组公用设备和承修车辆。

(4)负责本班组生产环境和文明建设,规范维修工艺,开展安全质量竞赛,搞好各工位清洁卫生等。

(5)有权在本职范围内改进工作,并有权提议对本班组职工进行表扬、奖励和处分。

第二节　汽车维修企业的技术管理

汽车维修企业是一个多功能、复杂性的服务性工业企业。虽然规模较小,但由于实际汽车维修过程中不仅维修车型和维修技术日益复杂,而且各工种、各环节有着各自不同的操作规程、工艺规范和技术标准,各工种、各环节在生产过程中又彼此交叉,无论哪一部分的工作质量出现问题,都可能会直接影响到汽车维修的整体产品质量,汽车维修技术管理日益重要。因此,现代汽车维修企业内部技术管理部门的设置,便显得尤为重要。

汽车维修企业的技术管理是指技术总监有计划、有组织、有目标地带领自己的技术团队进行维修工艺的开发、升级改造,并将改造成果进行推广,提高维修质量和维修效率,提高客户满意度的过程。

汽车维修技术管理的首要任务,就是制定一整套可遵循的技术管理文件,作为企业技术管理的基础和依据。

一、制定技术文件的依据及主要内容

汽车维修企业首先要遵循国家及行业标准,同时可引用国家及行业标准为企业标准的基本骨架,再增加一些高于严于国家或行业标准的基本内容,经细化后构成企业标准,并应报经技术监督局批准或备案。

国家及汽车维修行业主管部门发布的与汽车维修服务相关的各项法律、法规和各种标准是指导汽车维修作业的纲领性文件(见第十五章),技术管理部门有责任认真学习宣传和

贯彻执行这些法规和标准,确保企业的一切经营活动在国家法律规定的范围内进行。

企业可根据要求及国家标准,结合自身的特点,制定相应的适合于企业的维修、保养技术规范,使得技术标准更加细化和严格。

为使得维修企业的质量达到一定的要求,有必要对生产的工艺过程加以规范及监控,制定严格的工艺规范及标准文件,确保过程质量。

主要内容包括:整车或总成维修的操作工艺流程、各阶段的质量控制点、检验方法及数据要求、质量控制记录等。

二、建立健全各项技术管理制度

建立健全汽车维修企业的各项技术管理制度是企业生产技术及其他经营活动正常有序进行的保证,也是不断提高汽车维修服务质量和企业管理水平的基本要求。技术管理部门应根据本企业的具体情况和国家及行业管理部门颁布的法律、法规的要求制定一整套科学合理而又切实可行的本企业技术管理制度。

1. 技术管理制度的种类

通常汽车维修企业的技术管理制度有:

车辆维修制度;机具设备管理制度;材料配件管理制度;全面质量管理制度及质量检验制度;质量检查、分析制度;技术管理人员岗位责任制度;技术教育培训制度;技术经济定额管理制度;技术责任事故处理制度。

2. 技术管理制度的完善

企业的各项技术管理制度是企业技术管理水平的标志,它不应一成不变,千篇一律,而应该随着企业的技术进步和管理水平的提高不断地充实、补充,有时还要适当修改。另外随着我国交通运输业和汽车维修服务的发展,国家相关法律、法规也在不断完善和健全,有些条款会发生变化,有些标准也在不断更新。这一切变化都要及时地反映到企业的各项技术管理制度的条款之中。

三、维修作业的工艺规程管理

工艺规程是维修作业的规范性文件。它包含作业项目、检测项目、作业用主要工装设备、主要检测用仪器及精度要求、相关车型的技术要求、操作要点、过程检测项目及技术要求、项目竣工及检验和技术要求等内容。工艺规程由技术部门根据工厂实际情况和所维修的车型技术资料和相关行业标准编制,由技术人员、检验人员监督执行,全部检测及检验数据都要详细记录存入检验档案和每辆已修车的维修技术档案中。一方面操作工人必须严格地按照工艺规程进行作业,同时技术人员应和操作工人一道不断地开拓思路,努力探索和寻求适合于本企业的新工艺、新技术、新方法,不断提高企业工艺水平。这是保证维修作业质量、提高功效、提高作业安全性、降低劳动强度、节约能源……的必由之路。

1. 整车大修工艺规程

1)制定针对企业主流维修车型的整车大修工艺规程

一、二类汽车整车维修企业必须制定针对企业主流维修车型的整车大修工艺规程。按工艺规程大修竣工的车辆满足《汽车修理质量检查评定方法》(GB/T 15746—2011)和《机动车运行安全技术条件》(GB 7258—2012)的质量要求并按《汽车大修竣工出厂技术条件

1 部分:载客汽车》(GB/T 3798.1—2005)及《汽车大修竣工出厂技术条件 第 2 部分:载货汽车》(GB/T 3798.2—2005)进行检验,符合要求后方可出厂。

2)制定发动机大修工艺规程

一、二类汽车维修企业和从事发动机专项维修的业户必须制定发动机大修工艺规程。按工艺规程大修竣工的发动机应满足《汽车修理质量检查评定方法》(GB/T 15746—2011)的质量要求,并按《商用汽车发动机大修竣工技术条件 第 1 部分:汽油发动机》(GB/T 3799.1—2005)及《商用汽车发动机大修竣工技术条件 第 2 部分:柴油发动机》(GB/T 3799.2—2005)。

一、二级维护作业的工艺流程如图 8-1、图 8-2 所示。

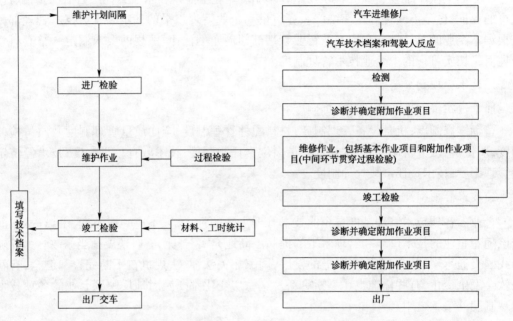

图 8-1 一级维护作业的工艺流程图　　　图 8-2 二级维护作业的工艺流程图

汽车一级维护作业项目及技术要求见表 8-3。

汽车一级维护作业项目及技术要求　　　　表 8-3

序号	项目	作业内容	技术要求
1	点火系	检查,调整	工作正常
2	发动机空气滤清器、空压机空气滤清器、曲轴箱通风系空气滤清器、机油滤清器和燃油滤清器	清洁或更换	各滤芯应清洁无破损,上、下衬垫无残缺,密封良好;滤清器应清洁,安装牢固
3	曲轴箱油面、化油器油面、冷却液液面、制动液面高度	检查	符合规定

续上表

序号	项 目	作业内容	技术要求
4	曲轴箱通风装置、三元催化转换器	外观检查	齐全、无损坏
5	散油器、油底壳、发动机前后支垫、水泵、空压机、进排气支管、化油器、输油泵、喷油泵连接螺栓	检查校紧	各连接部位螺栓、螺母应紧固，锁销、垫圈及支垫应完好有效
6	空压机、发电机、空调机胶带	检查胶带磨损、老化程度，调整胶带松紧度	符合规定
7	转向器	检查转向器液面及密封情况，润滑万向节十字轴、横直拉杆、球头销、转向节等部位	符合规定
8	离合器	检查调整离合器	操纵机构应灵敏可靠；踏板自由行程应符合规定
9	变速器、差速器	检查变速器、差速器液面及密封情况，润滑传动轴万向节十字轴、中间轴承，校紧各部连接螺栓，清洁各通气塞	符合规定
10	制动系	检查紧固各制动管路，检查调整制动踏板自由行程	制动管路接头应不漏气，支架螺栓紧固可靠；制动连动机构应灵敏可靠，储气筒无积水，制动踏板自由行程符合规定
11	车架、车身及各附件	检查、紧固	各部螺栓及拖钩、挂钩应紧固可靠，无裂损，无窜动，齐全有效
12	轮胎	检查轮辋及压条挡圈；检查轮胎气压(包括备胎)并视情况补气；检查轮毂轴承间隙	轮辋及压条挡圈应无裂损、变形；胎气压应符合规定，气门嘴帽齐全；轮毂轴承间隙无明显松旷
13	悬架机构	检查	无损坏，连接可靠
14	蓄电池	检查	电解液液面高度应符合规定，通气孔畅通，电桩夹头清洁、牢固
15	灯光、仪表、信号装置	检查	安全有效，安装牢固
16	全车润滑点	润滑	各润滑嘴安装正确，齐全有效
17	全车	检查	全车不漏油、不漏水、不漏气、不漏电、不漏尘，各种防尘罩齐全有效

注：技术要求栏中的"符合规定"指符合实际使用中的有关规定。

二级维护基本作业项目主要检验内容与技术要求见表 8-4。

二级维护基本作业项目主要检验内容与技术要求　　　　　　　表 8-4

序　号	检 测 项 目
1	发动机功率,汽缸压力
2	汽车排气污染物,三元催化转化装置的作用
3	电控燃油喷射系统
4	柴油车检查供油提前角、供油间隙角和喷油泵供油压力
5	制动性能,检查制动力
6	转向轮定位,主要检查车轮定位角和转向盘自由转动量
7	车轮动平衡
8	前照灯
9	操纵稳定性,有无跑偏、发抖、摆头
10	变速器有无泄漏、异响、松脱、裂纹等现象,换挡是否轻便灵活
11	离合器有无打滑、发抖现象,分离是否彻底,接合是否平稳
12	传动轴有无泄漏、异响、松脱、裂纹等现象
13	后桥主减速器有无泄漏、异响、松动、过热等现象

2. 相关要求

一、二类汽车维修企业和从事汽车车身专项质量必须达到《汽车修理质量检查评定方法》(GB/T 15746—2011)相关要求。

1) 制定针对本企业主流维修车型的工艺规程

一、二类汽车维修企业必须制定针对本企业主流维修车型的一级和二级维护工艺规程。该工艺规程可参考中华人民共和国交通部发布的《汽车维护、检测、诊断技术规范》(GB/T 18344—2001)进行编制,其技术要求根据车型的技术水平、档次级别必须达到或高于该规范的要求,对一些新型有特殊维护要求的车型应按照制造厂规定的维护标准和要求执行。为此必须编制专门的工艺规程和检验规范及出厂技术条件。

2) 编制专项维修作业工艺规程

一、二类汽车维修企业和从事电气系统、自动变速器、车身清洁维护、涂漆、轮胎动平衡及修补、四轮定位检测调整、供油系统维护及油品更换、喷油泵和喷油器维修、曲轴修磨、气缸镗磨、散热器(水箱)维修、空调维修、汽车装潢(篷布、坐垫及内装饰)、汽车玻璃安装等专项维修作业的业户必须编制各种车型的上述维修作业的工艺规程。规程中检验技术条件的要求不得低于原车型的相关规定,并达到《机动车运行安全技术条件》(GB 7258—2012)中有关规定。

3) 快修作业的工艺规程

随着专用轿车的品种数量急剧增加。日常维护及小修市场迅速扩大,为一些小型急修、快修店和一些 3S、4S 汽车维修企业连锁经营的急修或快修门市提供了很大的发展空间,快修、急修要突出一个"快"即尽可能减少用户待修时间。为此,必须建立一套专门的快修机构和制定相应快修工作工艺规程。其要点是增大前台业务人员的权力,用前台业务人员来替代汽车维修企业中所有职能部门的生产经营管理,从而压缩原有的管理层级。即由前台业务人员直接派工调度,由维修工人通过自检合格进行费用结算。这种改革不仅可以突出汽车维修快和急的服务特色,全方位地为用户服务,从而减少用户待修时间,提高用户满意度;而且可以简化轿车快修店的工艺流程,提高用户满意度,提高企业生产效率,增强市场竞争能力。但须说明的是,由于目前大多数汽车维修企业的前台业务人员并不具备故障诊断和质量检验的实际能力,因此要实现上述改革,其关键并不在于增大其权力,而在于如何提高其业务素质。另外,上述的改革仅适用于小型汽车维修企业(例如轿车快修店或急修店)而并不适用于大中型汽车维修企业,仅适用于汽车维护工艺流程而并不适用于汽车修理工艺流程。

四、汽车检测与诊断管理

所谓汽车的检测诊断技术,是指通过一定的检测诊断设备,在车辆不解体(或仅拆卸个别零件)的情况下,确定车辆工作能力和技术状况(指汽车检测),以及查明汽车运行故障及隐患(指汽车诊断)的技术措施,包括汽车故障检测技术和诊断技术。汽车检测诊断技术,是检查、鉴定车辆技术状况和维修质量的重要手段,是促进维修技术发展,实现视情修理的重要保证。

汽车检测诊断技术的地位:
(1)汽车检测诊断技术是实施汽车维修制度的重要保证。
(2)发展汽车检测诊断技术是提高维修效率、监督维修质量的迫切需要。
(3)加强汽车安全技术检测是确保行车安全的重要手段。

中小型汽车维修企业可采用分包的方式,委托专门的汽车检测站定期对维修竣工的车辆进行抽检。结果作为评定维修业户维修质量和年审《技术合格证》的依据之一。实现对维修质量的监控。大型或特大型维修企业一般建有自己的汽车检测站。各种汽车检测站应严格按照国家相关标准和规范的要求建设外,还必须有一套完整科学的管理方法和制度。汽车检测站投产前,必须经行业主管部门组织鉴定和验收颁发《汽车维修质量检测许可证》。运行中接受行业主管部门监控。汽车维修企业应不断增强和提高检测诊断水平。

1. 汽车的检测

(1)安全环保检测:是指在不解体情况下对汽车的安全、环保性能所做的技术检测。其目的是对在用车辆或修竣车辆的安全性能和排放性能等做车况技术鉴定,以建立在用汽车安全环保及维修质量监控体系。确保在用车辆良好的技术状况,保证汽车安全、高效和低污染运行。

(2)综合性能检测:是指在不解体情况下对车辆的综合性能和工作能力所做的技术检测,常用于汽车设计、制造、研究部门对新车的技术状况鉴定,也常用于汽车运输部门对在用车辆的性能检测和技术状况鉴定,以保证汽车运输的完好车率(如车辆技术管理中的车况鉴定,以确定车况技术等级),也为实行"强制维护、视情修理"提供必要的依据(如汽车大修送修前的车况鉴定)。

(3)故障检测:是指在不解体的情况下,以检测为手段、诊断为目的,对汽车目前所存在的故障所做的技术检测,常用于汽车维修企业。

汽车使用过程中的故障检测,其检测时机常与汽车的维修周期相配合(通常安排在各次汽车维修作业的维修前、维修中和维修后)。其中,汽车维修前的故障检测,其目的是诊断在用车辆所存在的技术故障,确定汽车是否需要修理和如何进行修理(视情确定汽车维修的附加修理项目);汽车维修中的故障检测,其目的是确诊汽车故障的部位和原因,以提高汽车维修质量及维修效率;汽车维修后的故障检测,其目的是鉴定汽车的维修质量。由此可知,现代汽车维修企业必须加强汽车故障的检测与诊断,以根据故障现象(即故障的具体表现),查明故障的部位和原因,最后进行有效的故障排除。

2. 汽车的诊断

(1)人工经验诊断法(俗称中医疗法):是凭借于技术诊断人员的丰富实践经验和理论知识,在不解体或局部解体的情况下,根据汽车故障现象,通过眼看、手摸、耳听等手段(类似于中医的"望、闻、问、切"),或者利用极简单仪器,边检查、边试验、边分析,最后定性地判断汽车的故障部位和故障原因。由于人工经验诊断法不需要专用的仪器设备,可以随时随地应用,因而也是现代汽车维修企业不可缺少的诊断方法。但由于这种方法需要技术诊断人员必须具有较高的技术水平和丰富的实践经验,且诊断速度较慢、诊断准确性较差、不能定量分析等,因而多用于中小型汽车维修企业和汽车运输企业的故障诊断中。

(2)仪器设备诊断法(俗称西医疗法):是利用各种专用的检测仪器或诊断设备,在汽车不解体或局部解体的情况下,对汽车、总成或机构进行性能测试,并通过对检测结果的分析判断,定量地确定汽车技术状况以及诊断汽车的故障部位和故障原因。由于仪器设备诊断法不仅诊断速度快、准确性高,且能定量分析,因此目前发展速度较快,使用比例也日益增大,它是汽车检测诊断技术发展的必然趋势,目前已广泛应用于汽车检测站和大型汽车维修企业中。其不足之处是:此法不仅设备投资较大,检测项目不全(目前只能检测和诊断可用传感器检测诊断的项目),而且其检测诊断结果(即使是"汽车专家诊断系统")最后仍需要结合人脑来进行分析判断。因此,仪器设备诊断法只是为人工经验诊断法提供了帮助,并不能完全代替人工经验诊断法。人工经验诊断法仍是汽车检测诊断的重要方法。

(3)自诊断法:对于由微电脑控制的电控汽车大多附带有故障自诊断功能。所谓自诊断法,就是根据故障警示灯的警示信号,通过一定的操作方法,提取电控单元ECU内所存储的故障码,并以此查阅《故障码表》来确定故障部位和原因,并进行故障诊断。由于自诊断系统为电控汽车本身附带,因而对该型汽车的故障诊断更加快捷有效。但由于它只能自诊断具有传感器的电控系统故障而不包括其他机械液压系统,因而也是一种辅助诊断。

五、科技活动与职工专业技术培训工作

技术与技术管理人员的专业技术水平往往代表了一个企业的技术水平,技术与技术人员应具备较坚实的专业理论知识、丰富的实践经验、较强的再学习能力。技术人员除了处理企业一切日常专业技术工作外,还负有职工技术培训的任务。

1. 科技活动发展规划

制订科技活动发展规划,其内容有:

(1)企业科技活动的发展方向、奋斗目标及技术措施。

(2)机具设备更新添置计划。

(3)技术改进及技术改造计划。

(4)科技经费计划。

2. 科技小组与科技活动

汽车维修企业的科技小组应积极参加当地汽车工程学会的科技活动。其任务是:

(1)了解当前汽车维修行业的科技发展动态,交流科技情报和资料,确定科技活动的具

体项目和措施。

（2）研究当前企业生产经营管理活动（特别是质量管理）中所存在的问题和改进措施（合理化建议）。

（3）企业中机具设备技术改造。

3.技术改进与合理化建议

技术改进包括技术革新、技术推广、技术改造和技术改装。其中，技术革新是指改装汽车维修机具与改进维修工艺；技术推广是指应用维修新机具与维修新工艺；技术改造是指改进维修设备的结构达到提高性能目的；技术改装即改变维修设备用途而不改变设备性能结构。合理化建议是指为实现汽车维修技术改进而提出的建议。

技术改进与合理化建议都应围绕着汽车维修企业生产经营管理活动的实际项目开展，如：改善企业生产经营管理、改进生产工艺、改进产品结构、提高产品质量、提高工作效率和提高经济效益、改革工具或机具，实施设备改造，改进检测手段与检测方法、改善生产劳动条件，实现文明生产及安全生产、实现节能、消除公害、实现环境保护等。

4.科技活动的管理

按技术改进与合理化建议的形式，提出科技项目的名称、实施方案、实施依据及预期效果等，由技术管理部门汇总并审议，对于其中效果较好并可以立即实施的可报厂部审批。

被批准实施的科技项目由生产技术管理部门牵头，提出以人为主成立"项目攻关小组"。在项目实施完成后，应由项目负责人写出总结报告，汇同项目技术资料交与生产技术管理部门验收，技术资料统一归档。被批准实施的科技项目所需经费由企业科技经费中开支。

被批准实施的科技项目在完成后，应经一定时间的实际运用试验，确定证明可行并确有成效，企业应对该项目突出贡献者给予单项奖励。奖励的原则是精神奖励与物质奖励相结合，以精神奖励为主。

5.大力开展科技活动

汽车维修企业的科技活动主要有学会活动及科学实验两大类型，企业参加学会活动，可以通过参观、学习、交流的手段提高自己的科技水平及管理水平；可以在学会活动中验证和取得一些实用数据，为我所用；可以通过科技活动及科学实验，调动企业广大员工特别是工程技术人员的参与积极性，结合企业的需求，更好地为企业服务。

1）积极参与学术专业活动

目前，适合于汽车维修企业的全国性专业学会有中国汽车工程学会和中国公路学会。这两个学会在各地区均有分会并下设有汽车维修专业委员会。汽车维修专业委员会主要负责汽车维修的新标准、新材料、新工艺、新设备、新技术等方面的推广、应用及一些数据和效益验证，组织专业学术会议及学术报告会，组织对一些先进企业、优秀企业的参观学习等活动。积极参与这些科技活动，可以大大开拓科技管理工作者及科技人员的眼界，拓展视野，了解市场，提高自己的科技水平和管理水平。这不仅可以提高企业技术实力，同时对稳定技术队伍，吸引人才也有其深远意义。

2）开展技术练兵和技能竞赛活动

为提高员工的操作技能及整体素质，企业应经常开展技术练兵和技能竞赛活动，包括理论培训及实际操作，让员工在活动中学习汽车理论、维修方法，熟悉技术标准和操作规程，提高操作技能,并展示超群的才华与智慧。企业应大力支持,认真组织,积极引导,并应对优胜者给予适当奖励,应创造条件,让这些规范的操作转化为生产力。

3)订阅及组织学习与汽修相关的专业读物

企业可通过订阅的方式提供给员工自学,一则可丰富员工的业余文化生活,二则可让员工在潜移默化之中积累知识,增长才干,更好地为企业服务。

有条件的企业应建立职工阅览室或职工之家,为职工购买一些企业经营管理和技术方面的书籍或多媒体教材,提供或组织员工学习,并可开展学习心得体会展示、读书竞赛等活动来激发员工的热情。

6.职工专业技术培训

1)职工专业技术培训形式

职工专业技术培训的形式多种多样,维修企业可以根据企业特点,采取不同的形式。

(1)按照员工在培训时的工作状态分类。

按照员工在培训时的工作状态分为在职培训、脱产培训、半脱产培训。

(2)按照培训的目的分类。

按照培训的目的分为文化技术培训、学历培训、岗位(职务)培训。

(3)按照培训内容的层次分类。

按照培训内容的层次可分为初级培训、中级培训、高级培训。

(4)按照培训对象不同分类。

按照培训对象不同分为新员工培训、在职员工培训。

2)职工专业技术培训内容

维修企业员工的培训内容应根据企业的具体情况而定,原则上与企业发展方向、规模相匹配,培训的方法可以多种多样。一般可按照国家有关规定和企业的发展要求对现有岗位分期分批进行。从目前的实际情况来看,考虑到企业的经济效益,大多数企业培训的内容仅仅局限于专业技术的培训。从长远来看,具有一定规模的维修企业,培训内容应与员工职业生涯设计结合起来,以培养一个优秀的、具有本企业特色的员工为宗旨。

(1)中、高层管理人员的培训内容。

中、高层管理人员在企业中的主要任务是管理企业,因此,国内外企业的先进管理案例、国家队汽车制造业、汽车维修行业的有关法规政策等内容均是他们培训的主要内容。

(2)技术骨干的培训内容。

技术骨干在任何一个企业中都起着非常重要的作用,对他们的培训,一方面是从业务技术上,另一方面是人力资源管理上,特别是对于那些趋向做管理工作的员工的重点培养。

(3)一般维修工的培训内容。

对一般维修工的培训任务是在较短的时间内,保证维修质量。因此,一般维修人员的培训重点是提高他们的操作技能。可分为初级、中级、高级维修工三个级别培训。

初级维修工培训内容:通用工具的使用方法和保管,汽车结构和一般工作原理,常用的维修方法和安全操作规程,汽车上的常见原材料的特点,汽车一级维护的作业内容及操作规范。

中级维修工的培训内容:常见维修机具性能、使用,汽车结构、工作原理和电子控制装置,汽车的使用性能及调试,汽车电工电子学、电气知识,检测仪器的使用方法和工作原理,常修车型的工作参数、质量要求,汽车大修技术标准和工艺规范,汽车主要零部件的故障判断和排除,汽车排放检测,机械制图,公差配合,液压传动,企业质量管理知识。

高级维修工培训内容:除了上述中级工的培训内容外,复杂的机械零件装配图、电路图阅读、理解,维修作业流程,一般的考核与定额计算,金属磨损原理,汽车零部件的鉴定、加工、装配,维修质量验收。

3) 职工专业技术培训制度

(1) 按照国家规定提取和使用职业培训经费。

《关于加强职工教育工作的决定》规定,企业员工教育的费用大体上可按企业工资总额的1.1%提取,在企业成本中开支。扩大自主权的企业可以从企业利润中适当安排员工教育经费。员工教育经费主要用于培训人员的工资、保险福利费、校舍修缮费、生产实习费、图书资料费。

(2) 员工培训的计划性。

按照企业实际情况,编制员工培训计划,并确定培训的具体目标。计划中需要详细说明培训内容、人员的确定,将企业的发展目标与个人的职业规划结合起来,分期分批进行。

(3) 岗前培训规定。

从事技术工种的员工,上岗前必须进行培训。维修企业内所有工种的员工,上岗前必须取得相应的职业资格证书。

六、科技资料与技术档案管理

科技资料与技术档案都是生产技术人员进行日常工作的重要资料。其中,所谓科技资料是指并非在本单位生产经营管理活动中产生的,如外购的各类科技图书和技术资料手册、订阅的各类科技杂志及交流的各类科技情报等。技术档案则是指在本单位生产经营管理活动中产生的,经过整理归档的技术资料。

1. 技术档案的分类与要求

1) 技术档案的分类

(1) 生产类,如企业营业执照及批文、生产经营合同或汽车维修合同、技术经济定额及技术经济报表等。

(2) 技术类,如科技发展规划、技术管理制度、技术规程、技术规范、技术标准等。

(3) 科技类,如技术改进及合理化建议,技术教育培训及技术考核、科技活动记载等。

(4) 设备类,如车辆及机具设备技术档案。

(5) 基建类,如基建工程项目、房地产文件及其他。

2) 技术档案的基本要求

(1) 完整。档案中所记载的各种资料应全面完整(即全过程记载)。

(2) 准确。档案中所记载的各种资料应真实可靠和准确。

(3) 系统。即各类文件资料归档时应分类编号,建立索引目录,明确系统和归属。

(4) 方便。除原始文件外,所归档的原始资料应由专人按规定格式重新复制和整理,以保证归档材料字体工整、图样清晰、查找方便。

(5) 安全。对具有机密性质的科技档案应有保密措施;对重要档案应使用复制件而保存原件。

3) 需要归档的原始材料

(1) 企业重要生产经营管理文件,如营业执照、房地产文件、生产经营合同、各类技术经济定额及技术经济报表、企业管理制度及技术标准等。

(2)汽车维修原始技术资料,如大修前技术鉴定记录、汽车维修进出厂检验记录、维修过程检验记录、换料记录及车辆返修记录、技术责任事故处理记录等。

(3)车辆及设备在管理、使用、维修、改造等方面的全过程记录。

(4)技术改进与合理化建议等。

2. 归档制度和阅档纪律

为保证归档材料均来自企业的日常生产经营管理活动中,因此要求把档案材料的形成、积累、整理和归档纳入企业各职能部门的日常工作程序中,应作为各职能部门的职责范围和考核内容。待归档的材料必须保证在工程项目竣工验收前完成归档手续,否则不予验收。借阅技术档案应履行档案借阅手续,并限期归还。借出的档案材料不得涂改和变动。需要对其中内容进行更改或补充时,应作为附页附在档案中,附加的内容应有附加人及批准人签字。

科技资料与技术档案是企业生存与发展的基础,随着汽车制造业的发展,国外大量高档车、新款车涌入国内市场,汽车维修企业面对着日新月异的新技术的巨大冲击,如果忽视了科技与技术信息的收集、管理与利用,企业将在竞争中失去动力。因而为了加强科技资料与技术档案的管理,特制订如下条例:

(1)企业科技资料与技术档案由技术部门指定专人进行统一管理,并制定相应的借阅、查找制度。

(2)科技资料与技术档案需妥善保管,按要求分类,以电子文档形式存入计算机内,并应留有备份。

①核心科技资料和技术档案要重点保存,没有上级批准不得私自转借他人。

②一般企业自有科技资料与技术档案不准带出企业,如需要,必须办理相应手续。

③科技资料与技术档案的保存应注意防火、防盗、防水、防霉、防虫,电子文件须放置在专门位置。

④科技资料与技术档案如遇损坏丢失,必须上报主管部门并备案。

⑤随时收集、更新科技资料与技术档案,掌握本行业技术发展动向,及时为生产科研服务。

3. 技术资料的储备和借阅

随着现代汽车的电子化和智能化,汽车维修技术也日益复杂起来,从而使汽车维修日益依赖技术资料。目前市场上汽车类技术书籍和技术资料很多,但大多质量不高,在选择时要注意比较和鉴别,应该尽量多找一些出版社信誉较好和作者水平较高的新图书。汽车维修企业收集技术资料的方法很多,其中网上查询是最全面、快捷和省时的途径。因此利用计算机管理和建立信息网络是现代汽车维修企业管理的重要组成部分。

第九章　汽车维修企业质量管理

第一节　质量与质量管理的概念

一、产品质量、工作质量、质量管理

所谓质量，就是指产品或工作的优劣程度。汽车维修是为了维持或恢复汽车完好技术状况和工作能力而进行的作业，它属于一项服务型的技术工作。从技术角度来看，汽车维修质量是指汽车维修作业对汽车完好技术状况和工作能力维持或恢复的程度；从服务角度来看，汽车维修质量是指用户对维修服务的态度、水平、及时性、周到性以及收费等方面的满意程度。

有这样一个有趣的原则：一个不合格产品，如果在生产中被发现，需花费10元钱，如果是出厂检验时被发现，则需花费100元，而如果在顾客使用中被发现，则需要花费1000元。由此可见，质量不是检验出来的，而是每个工作环节品质的综合表现，因此渗透到每个工作环节的质量管理起着决定性的作用。

本章主要从产品质量、工作质量及质量管理三个方面进行讨论。

1. 产品质量

产品质量是指从用户的使用要求出发的产品的适用性或产品在使用过程中满足用户要求的程度。它包括产品性能、寿命、可靠性、安全性、经济性五个方面。其中产品性能是产品质量的最基本的要求，其余四项是产品性能的延伸和发展。产品质量除了含有实物产品之外，还含有无形产品质量，即服务产品质量。服务质量也是有标准的。据专家研究得出的结论，产品质量特性的含义很广泛，它可以是技术的、经济的、社会的、心理的和生理的。一般来说，常把反映产品使用目的的各种技术经济参数作为质量特性。主要分为产品内在质量和产品外观质量。泛义上的产品质量是指国家的有关法规、质量标准以及合同规定的对产品适用、安全和其他特性的要求。人们就是根据工业产品的这些特性满足社会和人们需要的程度，来衡量工业产品质量好坏优劣的。

2. 工作质量

工作质量涉及企业各个层次、各个部门、各个岗位工作的有效性。工作质量取决于企业员工的个人素质，包括员工的质量意识、责任心、技术水平等。它是指产品设计质量、制造质量、检查质量、售后服务质量等生产技术工作质量和管理组织工作质量的总称。它是产品质量的保证。

3. 质量管理

汽车维修的质量的优劣是由许许多多相关的因素决定的,它既取决于汽车维修企业内部各个方面、各个部门和全体员工的工作质量,也与社会的经营环境、管理环境等外部条件相关。因此,为了保证和提高汽车维修质量,必须对影响汽车维修质量的相关因素进行把控。

质量管理是通过建立职能机构、质量保证体系,制定规章、规范、标准和运用检测仪器、检测工具,检测设备及一系列管理方法,对涉及产品质量各个环节的工作质量进行适时的监控、处理,以确保产品达到相关的质量标准和应具备的使用价值完整性的工作。

二、汽车维修企业的产品质量与全面质量管理

1. 汽车维修企业的产品质量

维修好的汽车也应看作是一种产品,其质量是指维修后汽车的适用性,并以此来衡量维修后汽车在使用过程中满足用户要求的程度。从另一个方面来讲,汽车维修质量是指汽车维修后对原有汽车产品质量的恢复和维持的程度。

汽车维修质量也同样包括五个方面的内容:

(1)性能:指维修或维护好的汽车为满足用户使用要求所具备的技术特性。如汽车大修后,发动机额定功率、车辆最高行驶速度等。

(2)寿命:指车辆维修后的正常使用期限。如汽车发动机大修后,在通常条件下可行驶的里程等。

(3)可靠性:指经维修的汽车,投入使用后,维修部位的耐用程度和持久程度。一般用首发故障里程或小时衡量。

(4)安全性:指汽车维修后使用中不出现机械故障和保证安全的程度。如维修后制动系统的制动效能和可靠性,转向系统的灵活性和操纵稳定性等。

(5)经济性:指维修后的汽车,运行费用的大小。如与发动机燃油经济性相关的油耗费用和其消耗材料费用的大小等。

汽车维修质量是以上相互有一定关联的五个指标的综合反映。

2. 汽车维修企业的全面质量管理

在长期的质量管理摸索与探究过程中发现,全面质量管理是科学的、先进的质量管理办法之一。长期以来,在许多国家和国内各类企业受到广泛应用。

1)全面质量管理的含义

全面质量管理就是产品以提高产品(或服务)的质量为目的,组织企业的所有部门、所有员工共同参与,从产品设计、生产制造到售后服务的全过程,对影响产品质量的专业技术、生产条件、经营业务、工作流程以及员工的思想及技术素质等各个方面的因素进行管理。

全面质量管理的核心是管理的全员性、全过程性和全方位性,即三全管理。

(1)全员管理:就是企业全体员工都参与的质量管理。

(2)全过程管理:就是对产品设计、生产制造到售后服务的全过程都进行质量控制。

(3)全方位管理:就是对影响产品质量的各方面的因素进行全方位的管理。

图9-1为一般全面质量管理流程图。全面质量管理要求建立健全完善的质量保证体系,通过一定的组织机构、规章制度、工作程序,把质量管理活动系统化、标准化、制度化。

2) 全面质量管理的特点

全面质量管理是一种预先控制和全面控制制度。它的主要特点就在于"全"字,它包含三层含义。

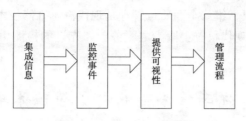

图 9-1 全面质量管理流程图

(1) 维修全面质量管理要求全员参加。

管理的对象是全面的,这是就横向而言。维修全面质量管理是维修企业各部门全部工作的综合反映。就是企业全体职工参加的质量管理。由于产品质量是企业各级领导人员和每个职工的政治素质、文化素质、技术素质、管理素质的综合反映,因此,产品质量管理,人人有责,提高产品质量要依靠企业全体人员的通力协作。实现全面质量管理,应抓好以下工作:

①首先抓好全员的质量教育工作,加强职工的质量意识,牢固树立"质量第一"的思想,促进职工自觉地参加维修质量管理活动。同时还要不断提高职工的文化素质、专业技术知识、道德修养,以适应维修质量管理的需要。

②要实现全员维修质量管理,还要开展各种形式的群众性质量管理活动,调动广大职工的积极性,充分发挥广大职工的聪明才智。

(2) 全面质量管理要求的是全企业的质量管理。

管理的范围是全面的,这是就纵向而言。产品质量首先在设计过程中形成,并通过生产工序制造出来,最后通过销售和服务传递到用户手中。在这里,产品质量产生、形成和实现的全过程,已从原来的制造和检验过程向前延伸到市场调研、设计、采购、生产准备等过程,向后延伸到包装、发运、使用、用后处理、售前售后服务等环节,向上延伸到经营管理,向下延伸到辅助生产过程,从而形成一个从市场调查、设计、生产、销售直至售后服务的寿命循环周期全过程。此外,为了实现全过程的质量管理,就必须建立企业的质量管理体系,将企业的所有员工和各个部门的质量管理活动有机地组织起来,将产品质量的产生、形成和实现全过程的各种影响因素和环节都纳入到质量管理的范畴,才能在日益激烈的市场竞争中及时地满足用户的需求,不断提高企业的竞争实力。

(3) 全面质量管理采取的方法是多样的。

参加管理的人员是全面的。随着汽车技术的发展,对汽车维修质量提出了越来越高的要求。影响维修质量的因素也越来越复杂,既有物质因素,又有人的因素;既有技术因素,又有管理组织因素;既有企业内部因素,又有企业外部因素。只有将工作质量提高,才能最终提高产品和服务质量。除此之外,管理对象全面性的另一个含义是,对影响产品和服务质量因素的全面控制。影响产品质量的因素很多,概括起来包括人员、机器设备、材料、工艺方法、检测手段和环境等方面,只有对这些因素进行全面控制,才能提高产品和工作质量。

实行综合控制在具体实施过程中,应注意以下几点:

①尊重客观事实、依靠数据说话。在维修质量管理工作中,要保持严谨的工作作风,要

求实事求是,科学分析,用事实和数据说话,用事实和数据反映质量问题。

②遵循 PDCA 循环的工作程序。PDCA 是管理的基本方法,开展维修质量管理活动必须遵循 P——计划、D——执行、C——检查、A——分析总结,这一科学的工作程序。

③应用科技学术成果。维修全面质量管理是现代汽车维修技术和现代管理技术相结合的产物,因此也应该采用现代科技手段为之服务。如先进的检测手段、先进的维修技术、计算机管理技术等。

第二节 汽车维修企业质量管理体系的建立

所谓质量,ISO 9001:2015 标准把质量管理体系定义为"在质量方面指挥和控制组织的管理体系"。

质量促进组织所关注的以行为、态度、活动和过程为结果的文化,通过满足顾客和相关方的需求和期望实现其价值。

组织的产品和服务质量取决于满足顾客的能力,以及对相关方有意和无意的影响。

产品和服务的质量不仅包括其预期的功能和性能,而且还涉及顾客对其价值和利益的感知。

通常包括制订质量方针、目标以及质量策划、质量控制、质量保证和质量改进等活动。质量管理体系是组织若干个管理体系中的一个。

质量管理体系的特征包含以下几个方面:

(1)为组织内部的质量管理而建立。

建立质量管理体系的目的不是为了通过标准的认证,也不是为了期望短期取得某些利益而随便建立的。而是组织确实要从战略角度出发,认识到质量管理体系的建立和实施是市场竞争的重要资源,质量管理体系对各个环节质量的控制,可以提高组织的工作效率和效益。因此,组织的领导者只有认识到将质量管理体系"市场要求"变为"组织需要",才能使质量管理体系进入良性的循环。

(2)依据组织的经营环境和自身条件而建立。

企业的经营环境主要是指行业的市场需求和行业中竞争对手的状况。企业的自身条件包括产品方向和特点、产品实现与提供方式、资源,特别是各级人员的素质、管理基础、传统和习惯等。质量管理体系的建立和实施初期肯定会出现各种问题,应该遵循实事求是、循序渐进的原则,脚踏实地地去不断地完善体系。因此,企业建立质量管理体系应该量体裁衣,依据组织环境和自身条件编写质量管理体系文件。

(3)质量管理体系是通过一系列的过程而实现。

ISO 9000:2015 标准中 2.3.4 条款中对过程方法进行如下定义:"当活动被作为相互关联的功能连贯过程系统进行管理时,可更加有效和高效地始终得到预期的结果。"

每个过程既相互独立,又与其他的过程相联系,各个过程之间实际形成了一个比较复杂的过程网络,过程网络的连接不是简单地按照先后顺序排列,而是存在接口关系和职能的分配与衔接关系,过程存在于职能之中,又跨越职能。因此,质量管理体系就是依据各个过程的作用、职能和接口组合而成的一个有机整体。但对一个组织来说,其具体的过程是不同的。所以,组织首先对现有过程进行分析,识别自己所需要的过程,搞清楚哪些是关键过程,哪些过程尚有提高潜力,然后在这个基础上,才能建立适合组织而效率、效益更高的质量管理体系。

(4) 质量管理体系必须文件化。

按照 ISO 9000:2015 的标准,以过程为基础的质量管理体系包括三个层次的文件:质量手册、程序文件、作业文件。

第一层次文件是质量手册,是为了实现质量方针、质量目标,对一组相互并联或相互作用的过程或要素予以描述而形成的文件,是质量管理体系的总纲。

第二层次文件是程序文件,指针对质量手册所提出的管理与控制要求,规定如何达到这些要求的具体实施办法。程序文件为完成质量体系中所有主要活动提供了方法和指导,分配具体的职责和权限,包括管理、执行、验证活动,程序文件主要讲的是由谁做、谁负责、怎么做的问题,是质量管理体系的核心。

第三层次文件是作业文件,包括各项操作规程、作业指导书、制度等,它是程序文件的支持性文件。

(5) 质量管理体系贵在实施。

质量管理体系如果停留在纸面上,就不能起什么作用。目前,最普遍的情况就是质量管理体系的文件和实际实施"两层皮"的问题。主要表现在:一方面文件的质量管理体系文件的编写者没有考虑体系的可行性,质量管理体系的文件不能落实下去;另一方面质量管理体系在实施过程中,组织内部沟通不畅,不能及时跟踪、反馈质量管理体系的运行情况。

(6) 质量管理体系是持续改进的。

在千变万化的市场环境中,质量管理体系不是一成不变的,而是为了适应市场变化的需要,需要及时更新完善原来的质量管理过程以及持续改进的模式。

一个汽车维修企业要建立一个全面、科学、合理、适用、有效的质量管理体系,一般都需要经历以下阶段。

一、准备阶段

1. 组织、策划

建立质量管理体系之前要做好以下几个方面的工作。质量管理体系建立前期的工作步骤包括:

(1) 统一思想,形成共识。组织按照 ISO 9000:2015 质量管理体系标准建立质量管理体系,首先要提高大家对建立质量管理体系的重要性的认识。

(2) 搭建领导机构,组织落实,要搭建两套班子,其中一套是领导班子,另一套是工作班子,领导班子来自管理层,工作班子来自各相关职能部门。

(3) 配备相关资源计划,提供和确保质量管理体系的相关资源;提供并保障充足的人力、物力、财力。

(4) 质量意识和质量管理标准的培训。以上工作中,组织管理层的认识与投入是质量管理体系建立与实施的关键,组织和计划是保证,教育和培训是基础。工作班子要根据领导班子的决定,制定建立质量管理体系的工作计划。按实施的先后顺序,制定出组织培训、体系调查、过程分析、方针、目标的制定等活动的具体安排。

2. 标准培训

首先是对汽车维修企业的管理骨干即中层以上管理者进行 ISO 9000 标准培训,既要培训 ISO 9000 与 ISO 9001 或 ISO 9004 标准,也要讲解其他 ISO 9000 标准内容与使用范围。

其次是对汽车维修企业全体员工,包括外聘员工、合同工、临时工进行 ISO 9000 标准基本知识的培训,使它们理解和掌握 ISO 9000 标准的基本知识、基本概念、基本内容与基本要求。

第三是要对一些专业人员进行 ISO 9000 族中专用标准的培训,如对内审员应提供内部审核方面标准培训(ISO 19011:2016);对质量管理体系文件编制人员进行 ISO 10005、ISO 10013 及 GB/T 1.1 标准培训等。

此外,在汽车维修企业维修服务质量管理体系文件编制完成后,还要开展员工的标准文件培训,使它们理解、掌握与实施相关的标准文件,实际上标准培训应贯穿于建立维修服务质量管理体系全过程。

3. 策划与总体设计

质量管理体系由组织结构、程序、过程和资源构成。质量管理体系的总体设计应从现状入手,收集有关资料,分析和确立组织结构,进行职能分配,完成质量管理体系的总体设计。

1)策划汽车维修服务质量管理体系的基本原则

质量管理体系由组织结构、程序、过程和资源构成。质量管理体系的总体设计应从调查现状入手,收集有关资料,分析和确立组织结构,进行职能分配,完成质量管理体系的总体设计。

ISO 9000:2015(质量管理体系,基础和术语)要求最高组织者运用八项质量管理原则。

(1)组织依存于其顾客。因此,组织应理解顾客当前的和未来的需求,满足顾客要求并争取超越顾客期望。任何组织均提供产品满足顾客的需求,如果没有顾客,组织将无法生存,顾客是每个组织存在的基础。现代市场经济的一个重要特征,就是绝大多数组织所面对的不是卖方市场,而是买方市场,顾客针对自身要求做出购买决策时,对组织的存在发展就有了决定性的意义。顾客之所以购买某种产品或服务,是基于自身的需要,组织要理解这种需要和期望,并针对这种理解和需要来开发、设计、提供产品和服务。因此,任何一个组织均应始终关注顾客,把顾客的要求放在第一位,将理解和满足顾客的要求作为首要的工作考虑来安排所有的活动。还要认识到市场是变化的,顾客是动态的,顾客的需求和期望也是不断发展的。因此,组织要及时地调整自己的经营策略和采取必要的措施,以适应市场的变化,持续地满足顾客不断发展的需求和期望,还应超越顾客的需求和期望,使自己的产品或服务处于领先的地位。遵循这项原则,汽车维修企业应在策划时做到:

①理解广大车主对汽车维修服务的需求和期望,尤其应了解和识别广大顾客对汽车维修服务特性的要求,如维修项目及时间、配件价格等。

②站在广大顾客的立场上确定汽车维修的质量方针(宗旨)、目标,以体现其需求得到满足。

③策划如何与广大顾客沟通,选择沟通方式,以获取全面、及时和正确的顾客需求信息,并及时处理,传达到有关部门及人员。

首先策划一个使顾客满意的汽车维修服务质量管理体系,即首先考虑广大顾客的利益和方便,然后再考虑自身的经济效益和方便等。

(2)领导作用:领导者确立组织统一的宗旨及方向。他们应当创造并保持使员工能充分参与实现组织目标的内部环境。

一个组织的领导者,即最高管理者,是"在最高层指挥和控制组织的一个人或一组人",

具有决策和领导一个组织的关键性作用。最高管理者的领导作用、承诺和积极参与,对建立并保持一个有效的和高效的质量管理体系并使所有相关方获益是必不可少的。领导作用的重要方面,即在于为组织发展确立方向、宗旨和战略规划,并对此在组织内进行统筹管理和协调,创造一个全体员工都能充分参与实现组织目标的内部氛围和环境。领导者应以既定目标为中心,将员工组织团结在一起,鼓舞和推动员工向既定目标努力前进。为此,领导者应赋予员工职责内的自主权,为其工作提供合适的资源,充分调动员工的积极性,发挥员工的主观能动性,鼓舞、激励员工的士气,增强员工的集体意识,提高员工的工作能力,使员工产生成就感和满足感。

遵循这项原则,汽车维修企业的总经理等高层管理者应该:

①亲自研究和制定汽车维修服务质量方针和质量目标,提出清晰而明确的质量宗旨和努力方向。

②建立以质量文化为核心的企业文化,使员工树立处处讲质量(安全),以质量(安全)为生命,全心全意为顾客服务的价值观、人生观和职业道德理念,树立良好的行风。

③关心员工、爱护员工、尊重员工,为员工提供必需的工作环境条件和培训进修机会,正确评价员工的工作能力和工作业绩,奖励对企业有重要贡献的员工。

④加强思想政治工作,欢迎批评和建议,创造团结和谐、心情舒畅的环境和氛围。

⑤各级领导以身作则,公正廉明,为员工作表率。

(3)全员参与:各级人员都是组织之本,只有他们的充分参与,才能使他们的才干为组织带来收益。

全体员工是每个组织的基础。组织的质量管理是通过组织内各职能各层次人员参与实施的,不仅需要最高管理者的正确领导,还有赖于组织的全员参与,过程的有效性直接取决于各级人员的意识、能力和主动精神。为提高质量管理活动的有效性、确保产品质量能满足并超越顾客的需求和期望,就要重视对员工进行质量意识、职业道德、以顾客为关注焦点的意识和敬业精神的教育,激发员工的积极性和责任感。当每个人的积极性、主观能动性、创造性等都能得到充分发挥并能实现创新和持续改进时,组织将会获得最大的收益。以人为本是全员参与的基础和保证。

遵循这项原则,汽车维修企业应该着重做好下列工作:

①明确与制定各级各类员工的职责与权限、服务规范(或作业)规程、内容与要求并明确怎样参与工作。

②加强培训和教育,提高员工思想和业务素质,提高技能水平。

③积极引导和推行QC小组活动,奖励QC小组活动成果。

④建立科学合理的员工绩效考评体系,奖勤罚懒,使经济分配与工作绩效紧密挂钩,激励员工不断提高绩效。

(4)过程方法将活动和相关的资料作为过程进行管理,以更高效地得到期望的结果。

任何利用资源并通过管理,将输入转化为输出的活动,均可视为过程。一个过程的输出可直接形成下一个或几个过程的输入。为使组织有效地运行,必须识别和管理众多相互关联的过程。系统地识别和管理组织所应用的过程,特别是这些过程之间的相互作用,就是"过程方法"。过程方法的目的是获得持续改进的动态循环,并使组织的总体业绩得到显著的提高。组织采用过程方法,是对每个过程考虑其具体的要求,使管理职责、资源管理、产品实现、测量分析的方式和改进活动(质量管理的全部内容)都能相互有机地结合并做出恰当的考虑与安排,从而有效地使用资源、降低成本、缩短周期。在应用过程方法时,必须对每个过程,特别是关键过程的要素进行识别和管理。

遵循这项原则,汽车维修企业就应该:

①识别汽车维修过程及其相关的活动,明确这些活动过程所需的资源及其接口。

②确定其关键过程,如汽车检测、车身油漆、维修焊接,并明确确保这些过程运行和控制所需的准则和方法。

③确定这些过程运行所需获取的资源(包括人力资源和物力资源),如维修工、汽车、维修设备和信息(如货源,维修技术标准)等。

④认真监视、测量和分析这些过程,以进一步改进这些过程,获得更高的效益。

(5)管理的系统方法将相互关联的过程作为系统加以识别、理解和管理,有助于组织提高现实目标的有效性和效率。

"系统"指相互关联或相互作用的一组要素,质量管理体系的构成要素是过程。过程是相互关联和相互作用的,每个过程的结果都在不同程度上影响着最终产品的质量。要想对过程系统地实施控制,确保组织预定目标的实现,就需要建立质量管理体系,运用系统管理方法对各个过程实施控制。系统方法,即以系统地分析有关的数据、资料或客观事实开始,确定要达到的优化目标;然后通过系统工程,设计或策划为达到目标而应采取的各项措施和步骤,以及应配置的资源,形成一个完整的方案;最后在实施中通过系统管理而取得高效性和高效率。在质量管理中采用系统方法,就是要把质量管理体系作为一个大系统,对组织质量管理体系的各个过程加以识别、理解和管理,以达到实现质量方针和质量目标。

遵循这项原则,汽车维修企业就必须:

①把汽车维修服务过程作为一个过程网络来识别、理解和管理。

②无论是汽车维修大过程网络(大系统)还是该过程网络中的部分小网络(小过程),都要求实现系统优化。

③要对质量管理体系的业绩进行测量与评审,如内部审核,顾客满意度评价和管理评审等。

④汽车维修质量管理体系的有效性和效率体现在维修服务质量目标的实现上,一般也是系统最优化的目标,也就是把质量目标作为系统管理的中心环节来抓。

(6)持续改进。持续改进总体业绩应当是组织的一个永恒目标。

持续改进是"增强满足要求的能力的循环活动"。事物是在不断发展变化的,都会经历一个从不完善到完善甚至更新改进的过程,人们对过程的结果的要求也在不断地提高,这就要求组织应适应外界环境的这种变化的要求,应不断改进其产品质量,提高质量管理体系及过程的有效性和效率,以满足顾客和其他相关方日益增长和不断变化的需求与期望,改进组织的整体业绩。只有坚持持续改进,组织才能不断进步,才能不断提高产品质量,保持较高的稳定的质量水平,在市场竞争中立于不败之地。最高管理者要对持续改进作出承诺,积极推动;全体员工也要积极参与持续改进的活动。持续改进是永无止境的,因此持续改进应成为每一个组织永恒的追求、永恒的目标、永恒的活动。

遵循这项原则,汽车维修企业切不可满足其维修服务质量管理体系通过第三方认证,获得体系认证证书,而是要在运行中不断完善和改进质量体系,做到:

①建立维修车辆档案系统和维修质量信息系统,及时地了解与识别新的顾客需求,新的体系环境,从而识别体系改进的机会。

②加强员工尤其是管理人员质量改进技术(如统计技术)培训,使他们掌握质量改进的工具和方法。

③适时调整质量目标,指出质量改进的方向,并落实到各职能部门和相关层次上。

④质量管理职能部门应不断跟踪改进情况,及时验证纠正措施和预防措施的成效,指导和帮助基层实现持续改进。

⑤及时通报、总结和交流质量改进经验。

(7)基于事实的决策方法:有效决策建立在数据信息分析的基础上。

决策就是针对预定目标,在一定的约束条件下,从各个方案中选出最佳的一个付诸实施。成功的结果取决于活动实施之前的精心策划和正确的决策,决策是组织中各级领导的职责之一,在一定程度上可以认为是管理活动的核心,具有极为重要的地位和作用。有效的决策需要领导者用科学的态度,以充分占有和分析有关信息为基础,做出正确的决断。应充分重视统计分析技术在决策和质量管理中的作用,当输入的信息和数据足够且能准确地反映事物的真实性时,依照此方法形成的决策方案应是可行或最佳的,是基于事实的有效决策。

遵循这项原则,汽车维修企业管理者就应该:

①全面、正确、及时、客观地采集有关汽车维修的各类数据与信息,对已收集来的数据与信息要去伪存真,进行科学的选择和界定。

②要求各类员工完整、正确、清晰地填写记录,不准短缺,不准涂改,更不准编造。

③在数据与信息分析过程中要采用科学的分析方法。

④决策过程要科学、民主,虚心听取各方面意见,尤其要认真听取反面意见,切忌个人独断与专行或主观武断。

(8)与供方互利的关系:组织与供方是相互依存的,互利的关系可增强双方创造价值的能力。

随着生产社会化的不断发展,社会分工越来越细,专业化程度越来越高,一个产品往往是多个组织分工协作的结果,任何一个组织都有供方或合作伙伴。供方向组织提供的产品对组织向顾客提供的产品产生着重要的影响,其高质量的产品为组织给顾客提供的高质量的最终产品提供保证,因此处理好与供方的关系,影响到组织能否持续稳定地提供顾客满意的产品,还影响到组织对市场的快速反应能力。而组织市场的扩大,则为供方增加了提供更多产品的机会,所以双方是相互依存的。

遵循这项原则,汽车维修企业就必须:

①识别与选择一些关键产品与劳务的供方,如汽车配件的生产和销售企业,汽车的检测单位等。

②按照平等互利的原则,与这些供方签订合同,建立供需协作关系,明确双方的责任、权利和义务,必要时,还可签订质量保证协议。

③建立供方业绩档案,加强与供方的沟通,定期评审与调整合格供方名录。

④与一些长期的供方单位联合开展改进活动,共享专门技术和资源,必要时,提供技术指导和资金帮助,改进和提高其产品质量。

任何一个汽车维修企业,只要认真理解和掌握上述八项原则,就具备了策划维修服务质量管理体系的思想基础。

2)汽车维修方面的法律、法规、规章和相关标准

我国在汽车维修方面的法律、法规和规章及汽车维修方面的标准见本书第十五章。

二、建设阶段

1. 确定质量方针和质量目标

1）质量方针

质量方针即由组织最高管理者正式发布的关于质量方面的全部意图和方向。质量方针的要求和特点包括：

(1) 质量方针应与组织的宗旨相适应。

(2) 质量方针应包括满足要求和持续改进质量管理体系的有效的承诺。

(3) 质量方针应提供制定和评审质量目标的框架。

(4) 质量方针具有持续适宜性并成为企业全体员工的共识。

维修服务质量方针范例见表9-1。

维修服务质量方针范例   表9-1

企业名称	××汽车修理厂	××汽车维修厂	××汽车维修厂
汽车维修质量方针	精心检测 精心维修 及时交付	热情接待 认真检查 精心维修 优质服务	精心维修 优质服务 诚信至上 顾客满意

2）质量目标

质量目标是在质量方面所追求的目的，依据顾客的期望和标准要求，我们可以这样制订汽车维修服务的质量目标。

(1) 顾客满意率≥95%。

(2) 汽车维修与检测设备完好率≥98%。

(3) 计量器具合格率≥95%。

(4) 二级维护一次审检合格率≥90%，二级审检合格率100%。

(5) 顾客投诉有效处理率100%。

(6) 按ISO 9000族标准2000年版建立，实施和保持汽车维修质量管理体系，使质量管理水平达到国内同行业先进水平。

2. 组织结构与质量职责的确定

1）组织结构

任何企业都必须设置与其质量管理体系运作相适应的组织结构，汽车维修企业的组织结构，本着高效、权责一致的原则，一般如图9-2所示。

2）汽车维修企业领导的质量职责与权限

汽车维修企业最高行政领导（即总经理）的质量职责与权限一般为：

(1) 确定服务质量方针和质量目标。

(2) 设置各职能部门，聘任各部门负责人，并明确其职责与权限。

(3) 调配人力和物力资源，确保提供维修服务质量管理体系所需的各类资源。

(4) 主持管理评审，批准质量管理评审报告等。

3）公司职能部门的质量职责与权限

汽车维修企业的各职能部门都应有明确的职责和权限，如技术质检部门的职责主要是：

(1) 推广采用汽车维修新工艺、新技术。
(2) 检查工艺执行情况。
(3) 认真进行汽车进厂时的诊断检测,汽车维修过程检验和竣工出厂检验。
(4) 认真进行汽车配件进厂和使用前的检验。
(5) 收集检测汽车检测标准和技术规范等。

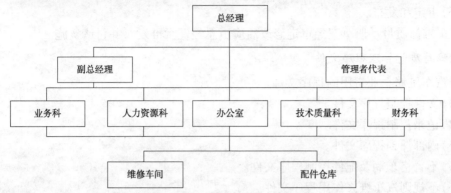

图 9-2　某汽修企业组织结构图

此外,对汽车维修车间及配件库等各类岗位员工也应确定明确的质量职责和权限,以做到权责明确,协调一致,事事有人管,管理效率高。

3. 编写质量手册

国际标准中对质量手册的规定是:对质量体系作概括表述、阐述及指导质量体系实践的主要文件,是企业质量管理和质量保证活动应长期遵循的纲领性文件。

1) 质量手册的作用

(1) 在企业内部,它是由企业最高领导人批准发布的、有权威的、实施各项质量管理活动的基本法规和行动准则。

(2) 对外部实行质量保证时,它是证明企业质量体系存在,并具有质量保证能力的文字表征和书面证据,是取得用户和第三方信任的手段。

(3) 质量手册不仅为协调质量体系有效运行提供了有效手段,也为质量体系的评价和审核提供了依据。

(4) 协调各部门、单位的质量活动,是实现质量控制、保证和改进的依据。

汽车维修企业质量手册是规范汽车维修企业维修作业质量管理体系的文件,因此也是实现"促进质量体系有效运作,提供质量改进,促进质量保证活动开展"等目的的依据(ISO 10013)。一个企业的质量活动必须服从全局,即服从质量手册的控制和协调。

(5) 向认证机构或用户介绍体系的汇报提纲。

汽车维修企业质量手册不仅可以成为内部审核的基本依据,而且也是对外表示其质量体系符合 ISO 9001 标准要求,或满足合同中质量保证要求的证明(ISO 10013)。依据 ISO 10013 制定的质量手册可作为汽车维修企业向某一质量体系认证机构提出认证申请的汇报提纲。一旦通过认证,就要在获证后的有效期内,作为受控文件严格遵守,并及时向质量体系认证机构提供质量手册的所有更改或修订信息。

2) 质量手册的编写方法

(1) 认真总结质量管理经验,学习 ISO 9000 标准。

(2) 与 ISO 9001 或 ISO 9004 标准规定对比,找出本企业的薄弱环节;对照我国汽车维修法律、法规、规章和标准的相关要求找差距;与顾客的期望、需求对比,找出满足顾客要求的管理方法;与国内先进的企业对比,明确改进方向。

(3) 制定质量方针和质量目标。

(4) 确定组织机构。

(5) 按 GB/T 19023—2003、ISO 10013:2015 质量手册编写指南的要求编写质量手册草案。

(6) 审定和发布。

汽车维修质量手册草案经审定修改后应由总经理批准发布并付诸实施。

4. 编写质量管理程序文件

1) 汽车维修企业常用的程序文件

(1) 文件控制程序文件。

(2) 记录控制程序文件。

(3) 内部深刻程序文件。

(4) 不合格车辆及配件控制程序文件。

(5) 不规则汽车维修作用程序文件。

(6) 纠正措施采用的程序文件。

(7) 预防措施采用的程序文件。

2) 程序文件的编制过程和方法

由于程序文件采用企业标准的格式和结构,因此,程序文件的编制过程,也就是企业标准的生产过程,即三稿定标的过程,见图 9-3。

现依照程序文件的编制流程图 9-3 简述如下:

(1) 一般应由程序文件归口管理部门负责编制程序文件,如《文件控制程序》应由汽车维修企业技术质检部门编制。为了落实编制任务,还应确定规定具体编写人员及完成编制时间。

(2) 依照上述程序文件的内容要求,采用 5W1H 方法调查汽车维修企业管理现状,如文件控制的现状,包括外来文件与本企业文件的管理现状。

(3) 任何一个程序文件,均应按企业标准的编制过程,通过三稿定标,即通过征求意见稿、送审稿、报批稿等逐步完成,保证程序文件的充分性和正确性。

由于程序文件涉及汽车维修企业的各部门、各单位,因此,一般应采取会审的方法,以便于集思广益,也有利于文件发布实施。

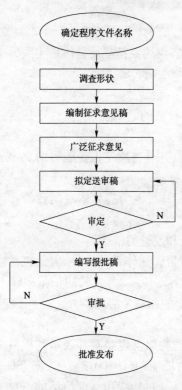

图 9-3 程序文件的编制流程

(4) 由于程序文件是比较重要的、涉及面较广的汽车维修作业质量管理体系文件,因此,一般应由汽车维修企业的总经理或管理者代表批准发布。

5. 制定管理规范

1) 汽车维修企业一般应制定的管理规范

(1)管理评审规范。
(2)培训管理规范。
(3)人力资源管理规范。
(4)汽车维修作业过程工艺控制规范。
(5)汽车维修设备管理规范。
(6)维修环境管理制度。
(7)汽车维修作业要求的规定与评审规范。
(8)顾客投诉处理规范。
(9)采购过程控制规范。
(10)汽车维修作业过程控制规范。
(11)维修安全管理规范。
(12)产品标识与可追溯性控制规范。
(13)服务标识与可追溯性控制范围。
(14)顾客财产控制规范。
(15)设备防护规范。
(16)监控和测量装置控制规范。
(17)车辆检测和审检规范。
(18)车辆配件质量检验规范。
(19)汽车维修作业过程质量检查与考核规范。
(20)数据分析和统计技术应用规范等。

这些管理规范实际上也是汽车维修企业质量管理体系的程序文件,只不过ISO 9001标准没有强制规定,为了确保其汽车维修管理过程的有效策划、运行和控制,上述规范可以采用企业标准格式。

2)管理规范的制定原则

(1)认真贯彻国家、行业和地方有关汽车维修的方针、政策、法律、法规,严格执行与汽车维修有关的强制性标准。

(2)保证行车安全,保护顾客的生命和财产。

(3)有利于汽车维修企业技术进步,保证和提高汽车维修作业质量,改善汽车维修管理和增加经济与社会效益。

(4)积极采用与汽车维修有关的国际标准和国外先进标准。

(5)有利于节省资源与能源,保护环境,做到技术先进,经济合理。

(6)有利于对外协作,促进运输贸易,提高运输市场上的竞争力。

(7)与本企业内的其他企业标准协调一致。

(8)按管理职能制定管理规范而不能按汽车维修企业现行管理机构制定规范。

6. 作业指导书与作业规范

1)作业指导书

作业指导书,是作业指导者对作业者进行标准作业的正确指导的基准。作业指导书基于零件能力表、作业组合单而制成。随着作业的顺序,对符合每个生产线的生产数量的每个人的作业内容及安全、品质的要点进行明示。所以需要用图表表示一个人作业的机器配置,记录周期时间、作业顺序、标准持有量,此外,还需要记录在什么地方用怎样的方法进行品质检查。如果作业者按照指导书进行作业,一定能确实、快速、安全地完成作业。

作业指导书包括作业内容及其顺序,格式有:描述、流程图、模板、模型、图样结合技术注解、规范、设备使用手册、照片、录像、检查表或者是它们的组合。

2)作业规范

作业规范是企业标准,要求内容正确、完整并具有先进性和示范性,必须按 GB/T 1.1 规定的结构来编写。其格式及基本内容如下:

(1)同一作业岗位的汽车维修人员,应实施同一个作业规范,尽管可以有作业等级的区别,但因其基本流程内容是相同的,因此不应分别编制。

(2)主要是列举该作业岗位上应实施的技术规范和管理规范,从而确保技术和管理规范落实到人头。

(3)应规定主要的岗位质量职责,不需罗列其全部工作职责。

(4)应明确规定胜任作业岗位所需的教育、培训、技能和经验方面的要求或能力,如有些汽车维修公司规定汽车维修电工的上岗条件为:

①持有汽车维修电工的技术资格证书。

②近三年中没有发生违章作业或事故等。

(5)倡导采用国际通行的流程图图形符号,绘制其作业流程或作业程序,既直观又易懂,也易于为我国广大汽车维修作业人员所接受。

(6)依据作业程序图上过程环节,简明具体地规定做什么,做到什么程度。

(7)应明确规定岗位作业质量由谁考核,考核哪些内容或指标,怎么考核,考核的结果如何处理。如对汽车维修企业的轮胎工,可考核其装卸轮胎作业的质量、速度和时间等。考核的结果应公布于众,并与其经济分配收入紧密挂钩。

第三节　汽车维修质量管理体系的运行

一、顾客满意度测评

1.顾客满意度的含义

本质上讲,顾客满意度反映的是顾客的一种心理状态,它来源于顾客对企业的某种产品服务消费所产生的感受与自己的期望所进行的对比。也就是说"满意"并不是一个绝对概念,而是一个相对概念。企业不能闭门造车,留恋于自己对服务、服务态度、产品质量、价格等指标是否优化的主观判断上,而应考察所提供的产品服务与顾客期望、要求等吻合的程度如何。

前面所述,顾客满意度是一种心理状态,是一种自我体验。对这种心理状态也要进行界定,否则就无法对顾客满意度进行评价。心理学家认为情感体验可以按梯级理论划分为若干层次,相应可以把顾客满意程度分成七个级度或五个级度。

七个级度:很不满意、不满意、不太满意、一般、较满意、满意和很满意。

五个级度:很不满意、不满意、一般、满意和很满意。

2.顾客满意度指数的确定

顾客满意度指数(Customer Satisfaction index,简称 CSI)是当前国内外通行的质量与经济考核指标。在国外,有不少国家,如美国,顾客满意度测评体系已较成熟,而在我国,顾客满意度指数测评体系还处于创立阶段。汽车维修企业的 CSI 也是一个国家、行业或地区顾客满意度指数的基础。

CCSI 是在参照和借鉴美国用户满意度指数方法（ACSI）的基础上，根据中国国情和特点而建立的具有我国特色的质量评测方法。CCSI 以用户作为质量评价主体，用户需求作为质量评价标准，按照消费行为学和营销学的研究结论，通过构建一套由预期质量、感知产品质量、感知服务质量、感知价值、用户满意度、用户抱怨和用户忠诚度 7 个主要指标组成的严格的模型，计算出消费者对产品使用的满意度指数。它的特点是收集用户对其感知到的质量状况和预期的质量水平等相关问题的回答结果，然后带入 CCSI 计量经济模型，计算出一个百分制的分数来显示用户的满意程度。

目前，汽车维修企业的维修服务有多种类型，如某一汽车维修企业顾客满意度指数计算公式为：

$$CSI_{总} = 0.6CSI_{修理} + 0.2CSI_{配件} + 0.2CSI_{服务}$$

如果在顾客满意度指数计算期内发生有顾客投诉事件、新闻媒体表扬或批评报道事件，则可根据其投诉时间数量和表扬或批评的程度，对上述顾客满意度指数进行减、加修整。

此外，为了保证顾客满意度指数的公正性和客观性，依据数量统计原理，其随机抽样的随时性及样本的数量（一级大于 50）必须得到保证。

必要时，可以委托汽车维修企业之外的第三方专门机构，对顾客满意度进行调查与测评。

二、内部审核

内部审核是检查维修服务质量体系有效性的重要工具，内部审核有时也称为第一方审核，由组织自己或以组织的名义进行，审核的对象是组织自己的管理体系，验证组织的管理体系是否持续地满足规定的要求并且正在运行。它为有效地管理评审和纠正、预防措施提供信息，其目的是证实组织的管理体系运行是否有效，可作为组织自我合格声明的基础。在许多情况下，尤其在小型组织内，可以由与受审核活动无责任关系的人员进行，以证实独立性。

1. 内部审核的意义

内部审核是指汽车维修企业自身组织内审员，"为获得审核证据并对其进行客观的评价，以确定满足审核准则的程度所进行的系统的、独立的并形成文件的过程"（ISO 9000：2015）。其有以下几点意义：

（1）质量、环境及职业健康安全国际化管理体系标准的要求。
（2）组织管理者自身的一种管理手段。
（3）组织履行国家相关法规和其他要求的一种方式。
（4）组织对一体化管理体系运行不断改进的一种途径。
（5）组织进行内部审核是为了在外部审核之前发现问题并予以纠正。

2. 内部审核的要求

组织内审只要达到以下八条要求，基本可满足 ISO 9001 标准提出的要求。

1）审核程序

应建立并保持组织内部审核书面程序。内部审核程序的内容包括：目的，范围，引用标准，定义，审核类别，审核的组织，审核的基本要求，审核人员的确定与责任，审核计划，审核的基本步骤、方法及要求，审核的分析与记录，审核报告的处理，跟踪审核等。内审程序是组织内部审核各项活动总的指导和规定,可包含体系、过程、产品和服务的质量审核,具体操作宜另订细则执行。

2）内审重点

内审的实施重点是验证活动和有关结果的符合性,确定质量管理体系的有效性、过程的可靠性、产品的适用性,评价达到预期目的的程度,确认质量改进(包括纠正和预防)的机会和措施。

3）审核计划

根据标准、程序规定和所审核活动的实际情况及重要性,制定并实施内审年度计划和专项活动计划。质量管理体系内审应对所有过程和部门进行,在规定时间内(通常为一年)覆盖100%；过程审核应对所有关键过程(工序)和因素进行审核,确保关键过程(工序)和因素进入受控状态；产品质量审核应从适用性角度对最终产品按抽样标准进行定期审核,以期客观反映出产品质量水平及波动规律；服务质量审核应以顾客要求、投诉为主线,主要进行外部(售前、售中、售后)服务的审核,不断适应、满足顾客要求,减少顾客投诉率。

4）审核客观

审核人员应能保持相对独立性、公正性,并经组织管理者专门授权,具备足够资格。审核人员的数量、素质应能满足内审需要。

5）审核资源

组织管理者应提供审核时所需的各种资源(包括人员、技能、设备、图表、经费、时间等),以实现审核工作目标。

6）审核结果

质量审核的结果按要求整理、综合,形成报告,并按程序规定被及时有效地传递和充分利用。

7）审核文件

审核工作的所有的文件(包括程序、标准、记录、报告、表格)齐全、适用,格式规范化,保管档案化。

8）纠正措施

对审核中发现的问题采取纠正措施,实施跟踪与监督,纠正系统灵敏有效。

3. 内部审核程序流程图

内部审核程序流程图,见图9-4。

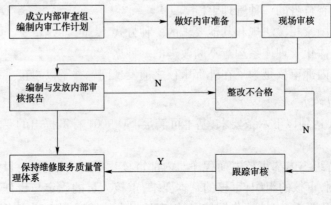

图9-4 内部审核程序流程

三、汽车维修服务质量管理体系认证

质量体系认证是依据质量体系标准（即 ISO 9001）和相关管理要求，经认证机构审核确定并通过颁发质量体系注册证书来证明某一组质量体系运作有效，其质量保证能力符合质量体系标准的质量管理活动。

1. 质量体系认证的程序和规则

尽管世界各国质量体系认证机构实施质量体系认证的程序不尽相同，但一般都遵循 ISO/IEC 指南 48"第三方评定与注册供应商质量体系指南"中的程序和规则，如图 9-5 所示。

2. 认证申请和签订合同

（1）汽车维修企业如已具备下列两个条件，均可自愿向某一国家认可的质量体系认证机构提出质量体系认证申请：

①持有法律地位证明文件（如有营业执照等）。

②已按质量体系标准（即 GB/T 19001—ISO 9001 标准或其他公认的质量体系标准）建立了文化的质量体系，并在有效运作。

（2）申请人坚持自愿申请原则，向认证机构提出书面申请，并提交有关文件资料。任何一个汽车维修厂在决定申请质量体系认证时应认真考虑好下列三个问题：

①根据市场需要、维修服务类别等具体情况选择适宜的治理保证标准（即 GB/T 19001）。

②认证的治理体系覆盖的产品范围，可以是全部维修服务，也可以是部分维修服务。

③在综合考虑质量体系认证机构的权威性、信誉、费用等因素的基础上选择合适持有相应资格的质量体系认证机构。

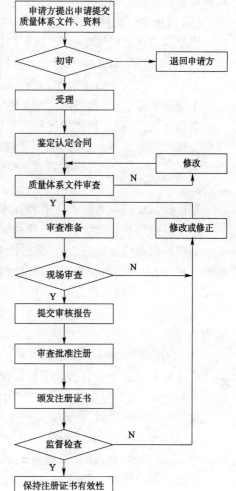

图 9-5　质量体系认证程序

经过多方面调查了解，选定质量体系认证机构之后，应填报《质量体系认证申请书》，并提交规定的文件资料。

（3）质量体系认证机构初审。

质量体系认证机构在收到认证申请书之时起三天内必须进行初审，以确定是否受理认证申请，如确定受理申请，则应向申请方发出《受理申请通知书》，约定签订认证合同时间。如确定不受理，也应书面通知申请方，说明不受理的具体理由。

（4）签订认证合同：是申请方（甲方）与认证机构（乙方）实施质量体系认证工作的法律依据，应充分磋商一致，合同内容应具体明确，以便双方共同遵守。

一般来说，质量体系认证合同应包括以下主要内容：

①认证依据：质量体系标准。

②认证时间、地点及主要工作内容,如文件审查、现场审核、获证条件及注册后监督检查方式、频次和内容等。

③甲乙双方的责任和义务,互相配合要求。

④体系审核费:注册费、差旅费、监督检查费等费用金额及其他收取方式。

⑤争议与仲裁方式:认证合同经双方法人代表签字盖章即生效,申请方应立即预交部分认证费用。

(5)质量系统文件审查。

质量体系认证合同生效后,认证机构应依据申请方的具体专业、产品等实际情况选聘审核员、组成审核组,首先对申请方的质量体系文件进行认真审查。

由于标准与文件数量很多,质量体系认证机构一般首先审查:

①服务质量手册,它是阐明一个组织的质量方针,并描述其质量体系的纲领性文件。

②程序文件,它是具体描述和控制质量体系各要素所涉及的质量活动过程的文件,一般以企业标准形式编制。尽管各汽车维修厂的文件(管理规范)可以有所不同,但ISO 9001:2015标准规定的六个方面程序文件必须建立,其他质量体系文件一般都在现场审核时审查。

对审查认证的服务质量手册和程序文件的审查内容重点是:

①了解组织机构、生产过程、产品类型、质量控制方法等基本情况。

②审查服务质量手册、程序文件所描述的质量体系,是否与认证合同规定的质量管理体系要求相符,尤其是审查其服务质量方针是否体现汽车维修工作的特点,质量职能有否分配落实,质量体系结构是否合理,资源配备是否保证等。

通过审查,如有不符合处,则通知或退回申请方修改或整改,直到符合认证合同规定要求为止。

(6)批准注册、颁发认证证书。

质量体系认证机构在收到审核组提交的建议注册的质量体系审核报告后,应进行全面的审查与评定,经审定批准注册后,向申请方颁发国家同意制发的质量体系认证证书,并予以注册。

质量体系认证证书上应有证书号、申请方名称和地址、注册的质量体系编号、涉及的产品范围、发证日期、有效期(一般为3年)、发证机构及其代表签名等内容。

申请方可以用质量保证证书上的质量体系认证机构标志和国家认可标志作宣传,表明其已具备质量保证能力,但不能标示在产品上,也不准以其他可能被误解为获取产品合格认证的方式宣传,否则,将被处罚甚至撤销认证注册资格。

根据规定,质量体系认证机构应在有关报刊或以其他方式公布获准认证的组织的注册名录,包括注册号、注册的质量组织名称及地址、质量体系标准号(包括删减的理由说明)、涉及的产品范围、邮政编码、联系电话等。

3. 获准注册后的监督

对已获准注册的组织,在其质量认证证书有效期内,质量体系认证机构一般要实施不少于一次的监督检查,以确认其质量体系是否继续维持,满足规定的标注要求。

(1)监督检查过程与质量体系初次审核基本相同,但检查的重点如下:

①纠正情况:上次审核或检查中发现的不合格纠正情况。

②有效性:质量体系要素是否有更改及这些更改对质量体系的运作有效性是否有影响。

(2)质量体系要素,是否存在不符合项。

随机抽查部分质量体系要素,是否存在不符合项。如监督检查中发现不合格情况,就应根据其不合格程度分类做出纠正、暂停注册、整改及撤销注册的决定。在质量体系认证证书有效期内若出现质量体系标准修订换版、体系认证范围变更、体系认证证书持有者更换时,应及时向质量体系认证机构办理有关换证复审手续。

质量体系认证证书持有者如需在证书有效期满后继续保持注册资格时,应按认证机构的规定,在期满前规定时间内提出重新认证申请,由质量体系认证机构中心评审合格后,颁发新的质量体系认证证书。

第十章 汽车维修企业的人力资源管理

第一节 概 述

一、人是企业最宝贵的资源

随着经济的发展和社会的进步,尤其是知识经济时代的到来,对于任何行业和企业来说,企业之间的竞争离不开人的竞争。人才是企业最宝贵的资源,而现代企业中人员的存在永远是不停变化着的。因此,如何才能最有效地吸引人才,并对人才进行有效的开发,留住对公司有价值的人才,让员工和企业一同实现自我发展的目标,是任何企业管理者都在考虑的重要问题,也是每一家企业的重要战略任务。企业的兴旺发达与否,从某种意义讲,取决于其人力资源管理水平。

汽车维修企业的主要工作是帮助客户排除汽车的故障,提供汽车维修和保养服务,这就是汽车维修企业的产品。随着现代电子技术的发展和汽车排放治理要求的提高,汽车变得越来越复杂和精巧,汽车维修也越来越需要丰富的经验和知识,需要发挥维修人员的聪明和智慧。相对于资金、设备等其他生产资源而言,人力资源是汽车维修企业更为关键和宝贵的资源,而核心员工则是企业最宝贵的战略资源。

汽车维修企业如果能把员工视为最宝贵的财富,并体现到企业领导者的一言一行和企业的各项政策及制度中,则有利于调动员工的积极性和主动性,使他们自觉地提高维修服务的质量,节约服务成本,主动维护企业的形象,从而有利于企业赢得更多的客户,实现赢利的目标。

二、人力资源管理的职能

人力资源管理的职能包括:分析和设计工作(岗位工作分析)、预测并平衡人力资源供给和需求(人力资源规划)、吸引潜在的合格人员(招募)、鉴别和考察新员工(选拔录用)、引导员工怎样完成工作以及如何为将来做好准备(培训与开发)、为员工提供报酬并激励员工(薪酬管理)、对员工的绩效目标完成情况作出评价和反馈(绩效管理),以及创造一种积极的工作环境(劳动关系管理)。

对于汽车维修企业人力资源管理的职能,即人力资源管理部(或人事处、人事科)所承担的工作职能有两个方面:管理职能和作业职能。人力资源的管理职能是人力资源管理部门在企业高层领导的授权下,编制企业的人才发展计划、组织相关活动、完成企业纪律的执行情况检查与控制等项内容。人力资源的作业职能包括员工的招聘、选用、员工培训、工作分析(员工工作岗位本职工作内容的分析)与工作设计(企业应设哪些岗位,这些岗位分别承担的职责)。

现代人力资源管理的职能主要包括选拔人才、使用人才、激励人才、培养人才、留住人才,确保企业拥有一支稳定的高素质、高绩效的员工队伍。

三、现代人力资源管理与传统人事管理的区别

我们汽车维修企业一般比较熟悉人事管理这个名词,以前的国有企业有人事管理处(人事处)或人事科,但对人力资源管理比较陌生。现代人力资源管理的概念是近20年来才出现,是一门新的和重要的管理学科,它和传统的人事管理究竟有哪些区别呢?

早期人事管理的工作内容主要是较简单的行政事务,如人员的调入、调出、档案管理、工资发放等,是一种事务性的工作,所以在企业中得不到重视。

传统人事管理把人视为一种成本,将人当作一种"工具",你可以随意控制它、使用它,就像汽车维修人员对待手中的扳手一样。而现代人力资源管理把人作为一种"资源",注重开发和产出。现代企业人力资源管理远远超出了传统人事管理的范围,具体说来,两者的区别见表10-1。

现代企业人力资源管理与传统人事管理的区别　　　　表10-1

不同点	传统的人事管理	现代企业人力资源管理
管理的观念不同	视人力资源为"成本"	视人力资源为"资源"
管理的重心不同	强调以"工作"为核心,员工必须服从分配,注重人对工作的适应性	强调以"人"为核心,寻求"人"与"工作"相互适应的结合点
战略地位不同	企业的行政管理部门	企业战略管理的重要组成部门,是企业竞争最重要资源的开发与管理部门,是企业形成持续发展能力的驱动器
管理的模式不同	"被反应型",对员工是操作式管理,谋求对人的控制	"主动开发型",对员工是策略式管理,谋求员工潜能的发挥
着眼点不同	着眼于当前人员的补充、上岗培训等	谋求企业长远的发展,追求投入产出的最佳方式
系统性不同	往往就事论事、因人设岗	强调人力资源开发与管理是一套完整的系统
职能不同	人员的调入、调出、档案管理、工资发放等事务性工作	人力资源规划、人才的引进与培养、考核与激励等

四、汽车维修企业人力资源管理的特点

汽车维修企业多为中小企业,中小企业的特点是小而灵活,在人力资源管理方面也无需像大企业那样一应俱全,而应根据汽车维修企业自身的特点,发挥优势,克服困难,保证企业的稳定持续发展。汽车维修企业的人力资源管理,应注意以下几个问题:

1. 亲缘关系

突破血缘、亲缘关系,走出家庭企业的管理误区。

2. 科学的管理标准

制定科学的管理标准和严密的管理制度。

3. 薪酬激励

建立健全以提高员工工作效率、促进企业稳定发展为目的的薪酬激励方案。

4. 员工技术培训和管理培训

将员工技术培训和管理培训作为始终如一的工作,提高员工素质和提升企业品牌形象。

5. 文化建设

全面、深入地推进企业文化建设。

五、汽车维修企业组织结构的设计

不同规模的汽车维修企业在组织结构设计方面有很大的差异。小规模的汽车维修企业,主要指那些专门从事汽车车身美容、轮胎修理和小零件更换等专项修理或维护生产的企业和个体户。由于企业本身的业务单一,一个经理带几个人完全管得过来。企业的维修、配件采购、财务等人员直接对经理负责,工作上听从经理的安排,企业的人事管理也由经理本人负责。

一个中等规模的汽车维修企业,如从事汽车一级、二级维护和汽车小修方面的二类汽车维修企业,因维修工种增加,企业员工也达到了几十人,就需要按专业化分工的原则划分为不同的部门。一般此类规模的汽车维修企业,采用直线职能制结构,下设业务接待室、配件部、维修部、美容装饰部四个业务部门和技术培训部、财务部、办公室三个职能部门,质量管理工作由技术培训部负责,人力资源管理工作由办公室负责,不再设立专门部门。组织结构见图10-1。

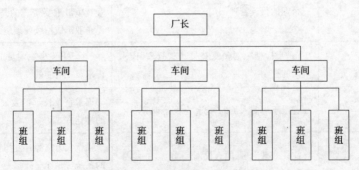

图10-1 某中等规模汽车维修企业组织结构图

对于一个规模较大的汽车维修企业,如从事汽车大修、总成修理以及小修和汽车专项修理的一类汽车维修企业,因维修工种和车种增加,企业员工也达到了百人或者几百人,企业的部门专业化程度更强,分工更细。一般的此类规模的汽车维修企业,下设业务接待室、配件部、维修车间(针对不同车型的特约维修,可能有几个车间)、机修车间、美容装饰等业务部门和营销部、技术培训部、质量管理部、人力资源部、财务部、办公室六个职能部门。因企业规模增大,营销工作非常重要,所以增加了营销部,也设立了专门的质量管理部和人力资源部以加强这两方面的工作。企业的总经理可根据具体情况,专项设2~3名副总经理,分别负责营销、生产管理、技术管理、内部管理等工作。组织结构见图10-2。

企业的组织结构是多种多样的,并且在企业的发展过程中需要不断地完善。任何一个企业编制组织结构图,要结合企业的自身情况,尽可能做到精简高效,避免人浮于事,机构臃肿。

六、岗位设置与工作分析

1. 岗位的概念

企业的每个部门都由若干个岗位组成,所谓岗位,是指一定的人员经常担任的工作职务和责任。岗位具有以下三个要素:

(1)任务:指岗位规定的工作或为实现企业的某一目的而从事的明确的工作行为。

(2)职权:企业赋予的用来保证某岗位人员能够履行职责和完成工作任务的权力。

(3)责任:该岗位任职人员对完成任务的承诺。

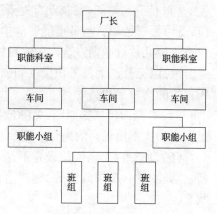

图10-2 某大型汽车维修企业组织结构图

任何岗位的内容都由以上三个要素组成。这三个要素应像一个凳子的三根支柱,缺少其中任何一根凳子都不能站立。没有任务的岗位是多余的,没有职权的岗位任务是完不成的,没有责任的岗位是不能保证工作的质量和效益的。

2. 岗位的特点

(1)责任的集合:岗位是任务与责任的集合,是人与事有机结合的基本单元。

(2)有限性:岗位的数量是有限的,岗位的数量又被称为编制,一个部门的岗位数量就是该部门的编制。

(3)非终身性:岗位不是终身的,其任职人员可以是专任的,也可以是兼任的,可以是常设人员。

(4)不随人走:岗位一般不随人走,岗位的任职人员调走或离职了,就需要调动或招聘一名人员补充。

(5)不同的等级:岗位可以按不同的标准进行分类,如一些单位选择工作性质、职务难易、责任大小、所需资格四个因素进行工作评价打分,将企业的岗位按得分从高到低分为8个等级。

3. 岗位设置的原则

岗位设置是建立和完善岗位管理制度的一项基础性工作。科学合理的岗位设置,有利于组织人事聘用制度的推行,有利于组织内部分配制度改革的实施,有利于组织岗位管理制度的建立和完善。有效的岗位设置必须遵循以下的指导原则:

(1)以组织战略目标为导向原则:组织部门和岗位的构建都应该从服从和服务于组织的既定目标出发,做到人事相宜、人岗匹配,确保组织战略目标的有效实现。

(2)系统化原则:组织中管理体系是一个完整的系统,而每一个部门是一个相对独立的子系统,在进行职务设置时要注意岗位与岗位之间的协调关系,从整体上把握岗位特征与任职人员要求,体现岗位、部门和组织的系统性。

(3)能级对等原则:要求组织进行岗位设置时做到岗位职权与职责相对等,使每一个岗位都有相应的职责和权力,且职责划分界限明确、规范,避免岗位职责、权力和任务冲突,确保"事事有人做""人人有事做"。

(4)精简高效原则:企业首先要明确组织目标和部门职责,再将部门职责分配到各个岗位,最后将岗位职责与员工能够承担的最大职责相比较,使相同职责的岗位合并,以满足岗位设置最低数量原则。这样做的目的是使所有的工作尽可能地集中,达到全方位的覆盖,避免分散,以充分调动员工积极性和创造性,尽可能地提高工作效率和降低组织成本,确保组织机构的高效率和高效益。

(5)最低岗位层次原则:为降低用人成本,可设较低层次、聘任较低职务的人员就可满足需要的决不设较高的岗位。例如初级修理工能完成任务,就不需要设中级或高级修理工。

(6)动态性原则:岗位设置不是一成不变的,要随着员工劳动熟练程度的提高、技术革新、企业的业务工作调整等,随时进行岗位合并或增加,将岗位间的工作负荷调整到平衡状态。

(7)最优化原则:最优化是指在一定约束条件下,使系统的目标函数达到最值。优化的原则不但要体现在岗位设置的各项工作环节上,还要反映在岗位设计的具体方法和步骤上,岗位设置就是其中的重要组成部分。一个组织必须在整体规划下进行明确分工,在分工的基础上协调好各岗位之间的衔接,确定各岗位上下级的隶属关系和同级间的协调合作关系,以确保组织系统的整体功能。在一个组织系统中,岗位设置的决策应该体现最优化原则,即以最低数量岗位的设置,谋求总体的最高效率,确保系统目标的实现。

4. 工作分析含义和作用

工作分析也叫职务分析,是对企业中各个岗位的工作内容、规范、任职资格、任务和目标进行描述和研究的、全面了解一个岗位的管理活动,是制定具体的职务说明书的过程。

工作分析的具体操作有以下两种方式:

(1)雏型法:对于新成立的企业,由于没有基础,只能从类比相关的同行业选择典型或关键的岗位做起,先完成一个"雏型",然后再推广到所有岗位,称"雏型法"。

(2)系统分析法:对运行多年的企业,应全面分析,系统展开优化,称"系统分析法"。

5. 工作分析的前提条件

(1)组织结构:企业要有明确的组织结构,即企业组织体系的构成必须清楚。

(2)组织目标:企业必须有明确的组织目标,即企业的高层、中层、基层的工作目标是什么必须清楚,如果企业不知道自己要干什么,那工作分析就无从开展。

工作分析是人力资源管理中的第一个环节,是一项基础工作。工作分析的成果——职务说明、任职资格条件、工作的规范或标准、劳动条件、关键业绩指标等为人力资源管理的其他工作如人力资源规划、招聘、绩效考证、培训、报酬管理、优化组织结构等提供重要的依据。

6. 工作分析的内容

工作分析是全面收集某一岗位的有关信息,对该工作六个方面开展调查研究。这六个方面的内容是5Wh:What,做什么,即工作内容;Who,谁来做,即责任者;Where,在何处做,即工作的地点;When,何时做或按什么次序做,即工作时间;How,用什么手段来操作;Why,为什么这样操作。

可以将这六个方面的调查概括为以下七个内容:

(1)什么人可以胜任:什么人可以担任这一岗位,他的资格、身体、年龄、性别等。

(2)岗位的特点:这一岗位的工作性质、种类、数量。

(3)报酬:设立这一岗位的目的、待遇、物质和精神的报酬等。

(4)工作程序:工作技术程序和使用的工具等。

(5)工作特点:工作地区、地点、环境、范围等。

(6)稳定性:工作时间、工作的稳定性等。

(7)地位:该岗位的隶属和协作关系,在组织中的地位和责任。

第二节 人力资源规划

一、人力资源需求预测

人力资源需求预测,是以企业战略目标、发展规划和工作任务为出发点,综合考虑与人员需求有关的各种影响因素,对企业未来人力资源需求的数量、质量和时间进行估计的活动。在进行人力资源需求预测前,首先要了解以下问题:某个工作将来是否确有必要,该工作的定员数量是否合理,现有工作人员是否具备该工作所要求的条件,未来的生产任务、生产能力是否可能发生变化等。在此基础上,再对企业的人员需求做出预测。

在进行人力资源需求预测时,管理者应当考虑多种因素,人力资源需求的影响因素可以分为以下三类:

1. 企业外部环境因素

主要是对企业外部人力资源供给的多种制约因素,如人口变化、交通、文化教育、法律、人才竞争、择业期望等。

2. 企业内部因素

包括企业的战略计划、成本预算、生产技术、生产规模、企业扩张等对人力资源的不同需求。

3. 人力资源自身因素

企业现有的人力资源数量、质量、分布、利用、潜力和人员流动情况等。

人力资源需求预测的方法有定性和定量方法。其中定量方法包括趋势预测法、统计预测法、工作负荷预测法、劳动定额预测法等。常用的定性预测方法主要包括管理评价法、现状预测法、经验预测法、情景描述法、德尔菲法等。定性预测方法主要是依靠管理人员和专家的知识、经验、判断能力,以公正的、系统的、逻辑的方法,对要预测的问题进行定性估测,然后将定性资料转换成定量的估测值。由于某公司的跳跃式的发展及人员状况的特殊性,完全使用定量测定方法不太合适,所以要采用定量定性相结合的方法。下面介绍几种常用的定性预测方法。

(1)管理评价法:这是预测企业人力资源需求最常用的一种主观预测法。它是由高层管理者、部门经理和人力资源部专员等人员一起预测和判断企业在某段时间对人力资源的需求。管理评价法可以分为自下而上的下级估计法和自上而下的上级估计法两种。下级估计法是首先由基层管理人员根据其生产能力、员工流动等情况预测人员需求,然后向上级主管部门汇报。上级估计法是由高层管理者根据组织发展目标和发展战略以及经营环境等的变化预测人员需求。利用管理评价法预测人员需求的主要依据是:企业的目标、生产规模、市场需求、销售或者服务规模、人员配置及流动性等。这种方法的主要缺点是:具有较强的主观性,受判断依据以及判断者经验的影响较大。该方法通常用于中短期预测,并且在预测中将下级估计法和上级估计法结合起来运用。

(2)现状预测法:这是一种适用于短期预测的最简便的预测方法。这种方法假定组织的员工总数与结构完全能适应预期的需求,管理者只需要安排适当的人员在适当的时间内去补缺即可,如替补晋升和跳槽者的工作岗位。

(3)经验预测法:一种利用现有情报和资料,根据以往的经验,结合本企业的实际特点,对企业未来员工需求进行预测的一种简便易行的预测方法。如依据经验,一个修理工一天可以修3车辆,如果企业规模扩大,可以根据修车量计算出需要员工的数量。这种预测方法是基于人力资源的需求与某种次要因素之间存在某种关系的假设。由于这种方法完全是依靠预测者的经验和能力,预测结果的准确性和精确度得不到保证,通常只能用于短期预测。

(4)情景描述法:这种方法是企业的人力资源部门对组织未来的战略目标和相关因素进行假设性描述、分析和综合,并作出多种人力资源需求的备选方案,以此适应和应对环境与因素的变化。情景描述法通常用于环境变化或者组织变革时的人力资源需求预测分析。

(5)微观集成法:使用微观集成法,是组织的各个部门根据自己单位、部门的需要预测将来某时期内对各种人员的需求量,人力资源管理的计划人员就可以把各部门的预测综合起来,形成总体预测方案。这种方法由上而下布置预测工作,由各直线部门的经理根据本部门的业务发展需要,预测出将来对某种人员的需求量,然后再由下而上逐级进行汇报、预测和汇总。它适用于短期预测并且组织的生产或者服务比较稳定的情况。

(6)工作研究预测法:这是企业根据具体岗位的工作内容和职责范围,在假设岗位工作人员安全适岗的前提下,确定其工作量,最后得出需要的人数。工作研究预测法的关键是首先进行科学的工作分析,编写出准确的职务说明书,制定出科学的岗位用人标准。当企业的结构比较简单、职责清晰的时候,工作研究分析预测法比较容易实施。

(7)德尔菲法:该方法又称为专家预测法,是指邀请在某领域的一些专家或有经验的管理人员采用问卷调查或小组面谈的形式对企业未来人力资源需求量进行分析、评估和预测并最终达成一致意见的方法。这种方法要求比较严格,在实施时需要注意:专家人数一般不少于30人,问卷的返回率不低于60%,以保证调查的权威性和广泛性;实施该方法必须取得高层的支持,同时给专家提供充分的资料和信息,确保判断和预测的质量;问卷题目设计应主题突出,意向明确,保证专家都从同一个角度去理解问题。这种方法适用于长期预测,调查对象既可以是个人或面对面专家小组,也可以是背靠背的专家小组。面对面的方式,专家之间可能相互启发;背靠背的形式可以免除某一权威专家对其他专家的影响,而使每位专家独立发表看法。

二、人力资源规划的含义和工作步骤

人力资源预测完成后,紧接着需要制订计划,做出安排,去实现企业所要达到的目标。人力资源规划就是指在人力资源预测的基础上,根据企业的人力资源战略目标,科学预测组织在未来环境变化中人力资源的供给与需求状况,制定必要的人力资源获取、利用和开发策略,确保组织对人力资源在数量和质量上的需求,保证企业和个人获得长远利益。

人力资源是企业最活跃的要素资源,人力资源规划在企业管理过程中起着关键的作用。企业人力资源规划不仅具有先导性和全局性,还能不断地调整人力资源政策和措施,指导人力资源管理活动的有效进行。人力资源规划可以保证企业目标完成,使人力资源管理活动有序化,提高人力资源的利用效率,协调人力资源管理的具体计划,使个人行为与企业目标相吻合。

人力资源发展规划的制订过程一般可分为六个步骤：

1. 确认现阶段企业经营战略

即明确企业战略决策对人力资源战略规划的要求，以及对人力资源战略规划所能提供的支持。随着人力资源管理的发展与成熟，人力资源职能在战略的形成与战略的执行两方面都得到体现。

同时对当前人力资源所处的外部宏观环境和企业内部环境进行分析。外部宏观环境是指企业系统之外能够对人力资源管理活动产生影响的各种因素，主要有政治法律环境、经济环境、劳动力市场环境、科学技术环境、社会文化环境等。企业内部环境是指在企业系统之内能够对人力资源活动产生影响的各种因素，主要包括企业的战略、企业文化、企业的组织结构、工会等。

2. 对现有人力资源进行盘点

盘点现有人力资源主要从四个方面进行：一是要摸清人力资源家底，可通过人力资源信息管理系统收集个人自然情况、教育资料、能力和专长、所受培训等，以评价企业现有人才状况；二是要判断企业人力资源结构是否合理；三是要运用测评技术对重点人员进行评估；四是要对企业内部人力资源状况进行总体或分类统计。

3. 人力资源需求预测

人力资源需求预测是指根据企业的发展规划和企业的内外条件，选择适当的预测技术，对人力资源需求的数量、质量和结构进行预测的过程。主要工作：一是测算人力资源总量以及按工种、岗位、职务等分类的结构性指标；二是提出年度人员新增、压缩辞退、转岗调配等具体计划；三是制订人员的数量、质量、素质等具体的人力资源需求计划。

4. 人力资源供给预测

人力资源供给预测是指为了满足企业未来对人力资源的需求，根据企业的内部条件和外部环境，选择适当的预测技术，对企业未来可从内部和外部获得的人力资源的数量和质量进行预测的过程。进行内部供给预测可通过建立员工技能档案，外部供给预测需综合考虑影响人力资源供给的区域性因素和全国性因素。

5. 确定人才供求预测净需求

人力资源规划者应根据短缺岗位对人员技能的需求与富余岗位人员的技能进行比较，再从人力资源总量、人力资源素质、人力资源结构等方面入手进行规划。应对预期出现的供需富余采取裁员、提前退休、临时解聘等方式予以弥补，应对预期出现的供需缺口采取雇佣临时性员工、外包、加班加点、招聘等方式予以弥补，同时重视对核心人才的战略性规划。

6. 执行监控与评估

企业应将人力资源战略规划当做一个项目来运作，制订具体的行动计划及分类规划，并设立一套报告程序来对规划项目进行监控。要一次规划、分期滚动实行，并根据实际情况进行动态评估调整，同时用评估的结果去指导企业下一次的人力资源规划。

三、人力资源规划中应重视的问题

人力资源的合理利用除了分析企业内部的人力供需的情况外，还要就现有人力资源能否充分利用加以分析,这主要是员工的年龄、缺勤、职业发展、裁员和员工离职率等内容的分析,这也是企业人力资源规划中应当重视的问题。

1. 职工年龄分布

企业内员工的年龄分布情况对于职工的工资、升迁、士气和福利等的影响非常大。例如,一个成熟的企业,如果上了年纪的职工所占的比例太高,由于工资与年资有关,则企业工资成本升高,另外对于福利和接班人的需求问题也较严重,还会影响到其他年轻职工的升迁机会、进取态度和工作士气;而一个新成立的大部分由年轻员工组成的企业,可能就没有这个困扰。所以企业在人力资源规划时,要考虑企业不同年龄段的员工应维持一个适当的、有利于企业发展的比例。

2. 缺勤分析

缺勤通常包括假期、病假、事假、迟到、早退、工作意外、离职等,此外士气低落、生产效率低、工作表现差、服务标准差等可能反映出企业的缺勤率高的情况。企业的管理者在人力资源规划时,对未来的缺勤程度要按一定的、合理的缺勤指标进行估计,做出较切合实际的分析结果。假如企业的缺勤情况严重,企业管理者就应对缺勤的原因加以分析,改善企业与之相关的因素,降低缺勤率,保证企业现有的人力资源得以充分地发挥作用。

3. 职工的职业发展

指导职工规划他们的个人前程,提供他们能够充分发挥其潜能的机会,是挽留人才的有效方法之一,也是人力资源规划中的重要一环。帮助职工了解到他们可以获得某些职位或晋升的机会,会使他们对前途充满信心和合理的期望,激发他们的工作热情和上进心。

4. 裁员

当企业内部人力需求减少或供过于求时,便出现人员过剩,则裁员是无法避免的措施,这也是国际上通行的做法。裁员对企业是一种浪费,因为损耗已培养的人才,无论对企业现有职工还是对被解雇的员工都是很大的打击。一项好的人力资源规划必然没有职工过剩的现象出现,即使需要裁员也可以通过其他的一些方法,如在人力过剩时对主动离职人员给予适当的补偿金,鼓励年老职工提前退休,也可以采用给青年职工提供训练的机会以转迁到其他工作单位等办法。

5. 员工离职率

员工离职率越高,表明企业的人力损耗越大,则企业保留人力的能力越低。在估计企业未来的人力供应时,必须考虑离职率的数字。若离职率高,企业员工流动大,即表示企业人事不安,凝聚力低,上下关系差,并导致生产率降低、士气低落,增加企业招聘、甄选和训练的费用。若企业人员基本不流动,不保持适当的淘汰率(5%),则不足以产生新陈代谢的作用,对企业发展也不利。

查明企业人员离职率高的原因是有益的。人员离职率较高的原因主要有竞争者提供了更好的条件和福利,或员工对现在的部门有种种不满,可能因为工作缺乏保障或管理太差,或要摆脱企业内部令人不快的环境等。

企业的人力资源管理部门可以通过对离职人员进行"离职面谈",听取离职人员对企业管理的想法和建议,获得对改进企业管理的有价值的信息。

第三节 员工的招聘

一、招聘决策的决定

如果汽车维修企业的生意蒸蒸日上,或有了更大的工作场地,可能需要立刻招聘一位新员工转向新的业务。但在做此决定之前,企业管理者必须仔细地考虑,因为对于大多数汽车维修企业来说,劳动力报酬是最大的固定支出。企业在忙的时候,需要足够的修理工来为客户服务,但在生意冷清时,开工资给无事可做的修理工对企业老板来说不是轻松的事。如果要招聘新员工,必须保证增加的生意和利润至少能够高于新增员工的工资和福利。企业领导决定是否新增员工一般应考虑以下5个因素。

1. 职位空缺

当有人离开企业时,企业领导就要决定是把他的工作分摊给其他员工或是新招聘一位员工来填补这个空缺。在决定前,要考虑现有的员工有没有人能够处理另外的工作。如果公司走了一位维修方面的专家,就可能需要招人来替代他的工作,如果公司离职的是一位负责一般维修工作的修理工,他的工作就有可能分摊给其他员工而不需要补充人员。

2. 总收入/劳动力数量

企业的总收入与劳动力数量的比值,可以用来衡量企业的劳动生产率。如果希望企业的每位员工的工作率高,但又不超负荷,就要考虑目前员工的劳动生产率是否已经处于高位,是否有发掘潜力,能否承担适度额外的工作。再考虑一下新员工创造的收入在抵消其新增开支情况下能否给企业带来经济效益。

3. 工作量的季节性波动

汽车维修企业的业务有季节性波动,一般来说每年一、二月份春节前后是淡季,而春季和秋季则比较忙碌。所以淡季到来之前有人离职,企业可以缓一缓再招聘新员工,而在忙碌的季节就可以进行员工招聘。

4. 业务扩展计划

如果汽车维修企业计划扩大业务或工作种类,这是一个长期计划,但必须有一系列的短期计划配套实施,对人员的招聘培训要提前进行。

5. 全部业务的经营

汽车维修企业除了需要有资格的修理工外,还需要其他管理人员来处理日常事务,如行政文秘、会计、出纳、零配件采购等。这些工作如果企业的现有人员能从日常的繁忙事物中解脱出来,就有时间花在提高员工的技能、业务管理水平和企业的业务发展上。

企业的招聘决策由企业的最高领导层决定。招聘决策包括:什么岗位需要招聘,招聘多少人,每个岗位的具体要求是什么,何时招聘,哪个部门进行招聘测试,新聘的员工何时到位等。

招聘员工是涉及企业未来发展的大事,在企业内外部将产生很大的影响。因此,企业最高领导决策时必须慎重从事。同时招聘的指导思想要十分明确,要坚持少而精、宁缺毋滥、公平竞争的原则,做到可聘可不聘的不聘,可少聘可多聘的尽量少聘,招聘来的人一定要充分发挥作用。一个岗位宁可暂时空缺,也不要聘用不合适的人选。

二、外部招聘和内部选拔

当企业发展壮大,或因人才流失产生空缺职位时,就需要招聘人才。对企业而言,人才引进与选拔工作是企业人力资源管理的核心内容和重中之重,是人力资源管理成败的关键,但要发现、挖掘人才,就必须吸收和借鉴先进的招聘与选拔模式,努力建立适合本企业的个性化人才选拔机制,将先进性与实用性相结合。招聘的人员可能来自企业内部选拔或企业的外部招聘。

所谓的企业内部员工招聘指的是当企业出现职位或岗位空缺时,在企业内部选拔员工进行调剂。当企业具有有效的内部管理制度和良好的工作作风,往往选用内部员工招聘的方法。

企业外部招聘指的是当企业出现职位空缺时,管理者向全社会公开招聘和选择员工。企业在发展的过程中需要不断注入新鲜血液,引进新的思想和理念,如果仅仅在企业内部进行内部招聘,则可能会导致企业管理缺乏创新,经营理念过于保守,人际关系过于复杂,影响企业的长远发展。因此企业要将内部招聘和外部招聘结合起来。

内部选拔和外部招聘各有优缺点,它们的相互比较见表10-2。

企业外部招聘和内部选拔的优缺点　　　　　　　表10-2

优缺点	内 部 选 拔	外 部 招 聘
优点	了解全面,准确性高;可鼓舞士气,激励员工;到岗人员更快适应工作;使组织培训投资得到回报;选择费用低	人员来源广,选择余地大,利于招到一流人才;带来新思想、新方法和新技能;可平息或缓和内部竞争者间的矛盾;人才现成,节省企业培训投资
缺点	人员来源受局限、水平有限;可能"近亲繁殖",选择和自己亲近的员工;可能造成内部矛盾	进入角色慢;对人员了解少,招聘失误概率高;可能影响内部员工的工作积极性

三、招聘过程

企业的新员工招聘工作,要做到合理化、科学化,对所有应聘人员都有给予公平竞争的机会。一般招聘按照如下程序进行:

1. 申请

企业的用人部门根据业务需求情况,向人力资源部提出用人需求申请,并提出职缺的任职资格要求、招聘选拔的内容和标准。

2. 批准

人力资源部对照企业人力资源规划,对申请进行审核,并呈报总经理批准。

3. 组织

人力资源部拟定具体的招聘计划,开展招聘的宣传广告及其他准备工作。发布招聘信息要做到覆盖面广,使接受招聘信息的人尽量多,这样招聘到合适人选的机会才能多。要尽可能早的发布信息,以利于更多的人接收信息,增加应聘人数。要根据应聘岗位的特点,向特定人群发布信息,如招聘刚毕业的修理工时,可到学校发布信息。现在发布信息的渠道有人才市场的现场招聘、报纸、网站、电视台等。

4. 初次筛选

用人部门审查求职申请表,进行初次筛选。审查求职信、个人简历、求职申请表的着眼点是求职者的应聘工作的基本资格条件。这样可以把一些明显不符合要求的应聘者筛选掉,从而利于企业减少招聘成本,提高招聘效率,尽快招聘到理想的人选。

5. 笔试

笔试用来测试应聘者的知识水平,包括基本文化知识和专业知识水平。

6. 面试

面试是面试者通过与应聘者交谈,客观地了解应聘者的业务知识水平、外貌风度、工作经验、求职动机、表达能力、反应能力、个人修养、逻辑性思维等情况,作为是否录用的决策依据。

7. 特定测验

包括智力测试、实际操作测试和心理测试等。

8. 背景调查

录用人员体检及背景调查。

9. 试用

一般企业的试用期为 3 个月,企业可在试用合同上注明。《中华人民共和国劳动合同法》第十九条规定:"劳动合同期限三个月以上不满一年的,试用期不得超过一个月;劳动合同期限一年以上不满三年的,试用期不得超过两个月;三年以上固定期限和无固定期限的劳动合同,试用期不得超过六个月。""以完成一定工作任务为期限的劳动合同或者劳动合同期限不满三个月的,不得约定试用期。"

10. 签订劳动合同

试用期结束后,员工所在部门领导出具试用期表现鉴定意见,报人力资源部。人力资源部与试用合格的员工签订劳动合同,一般来说,企业通常与新雇佣的员工所签的劳动合同期限为 1~2 年。

在招聘过程中,传统的人事管理与现代人力资源管理在员工招聘工作中职责分工是不同的。在传统人事管理中,招聘的决定权在人事部门,而在现代人力资源管理中,决定权一般在业务部门,用人部门有决定权,人事部门起组织和服务作用。

四、录用决策

在企业人力资源管理中,员工录用的决定是汽车修理企业的厂长或经理做出的最重要决策之一。员工录用是依据科学的方法得到的选拔结果作出录用决策,并进行合理配置的活动,其中最为重要的内容是做好人员录用决策。人员录用决策是依据人员录用的原则,避免主观臆断和"歪风邪气"的干扰,把选拔阶段多种科学的考核和测验结果组合起来,进行综合分析评价,遵照科学的标准,从中择优确定录用人员。

需要说明的是,人员选拔环节中的所有方法都可用来选择潜在的雇员,但是具体使用哪些选拔方法,一般要综合考虑费用成本、信度效度、指标与工作的相关性,以及时间限制等因素,对于要求较低或无需特殊技能的工作,一般采用一种测评方法就可以了。

在做出最终录用决策时,应当注意以下几个问题:

1. 决策人员要少而精

人员录用决策时,尽量减少决策人员数,必须坚持少而精的原则,选择那些直接负责考察应聘者工作表现的人,以及那些会与应聘者共事的人进行决策。参与的人太多,测试的角度过细,会增加录用决策困难,造成时间、精力、人力和物力的浪费。

2. 不能求全责备

金无足赤,人无十全。在人员录用决策时,不能吹毛求疵,过于关注细节问题,致使不能尽快录用优秀人才,给公司带来损失。决策中分辨主要问题以及主要方面,分辨哪些能力对于完成工作是不可或缺的,哪些是无关紧要的,这样才能抓住重点,录用到合适的人才。

3. 采用全面测试的方法

在做出应聘者录用决策前,尽量使用全面衡量的方法。企业要录用的人员必须要能够满足相关岗位的要求,同时符合企业综合素质要求。因此,必须根据企业和岗位的实际需要,针对不同能力素质要求给予不同的权重,然后录用那些得分最高的应聘者。

企业确定录用某位应聘者后,接下来的事情便是如何和新员工签订劳动合同。劳动合同一般由企业起草,不同的企业可以采用不同的格式。劳动合同的相关条款应遵守《中华人民共和国劳动合同法》的规定,一般来说,劳动合同应具备以下四项基本内容。

1)合同期限和试用期

一般来说,企业与新雇佣的员工所签订的合同期限通常为1~2年,而试用期一般为1~2个月。如果合同期超过3年,则试用期允许最多到6个月。

2)工作时间及工资的计算

按照《中华人民共和国劳动法》规定,工作时间为每周40小时,超时工资的计算方法为:安排劳动者延长工作时间的,支付不低于工资的150%的工资报酬;休息日安排劳动者工作又不能安排补休的,支付不低于工资的200%的工资报酬;法定休假日安排劳动者工作的,支付不低于工资的300%的工资报酬。

3)工资

工资是最为敏感的内容,也是新员工最为感兴趣的内容,企业的工资一般为每月发放一次,企业有固定的发薪日期。合同中也要包含福利部分的相关条款,如养老、医疗、失业保险、休病假等。

4)合同的终止

除非特殊情况,一般情况下任何一方欲终止合同必须提前30天以书面形式通知对方终止合同。

第四节 绩效管理

一、绩效管理的意义

1. 绩效管理的定义

人力资源绩效管理作为企业管理的重要组成部分,对企业的长远发展有着不可替代的作用。所谓企业人力资源绩效管理指的是在企业的运行过程中,企业为了能够实现企业的发展目标,通过持续开放的沟通过程,形成组织所期望的利益和产出,并推动团队和个人做出有利于目标达成的行为。有效的绩效管理的核心是一系列管理活动的连续不断的循环过程,通过建立"绩效计划——绩效实施——绩效考核——绩效面谈与反馈——绩效结果的应用"的管理循环,将以往偏重考核的单一模式发展成为考核、反馈和发展员工工作绩效的系统模式。一个绩效管理过程的结束,是另一个绩效管理过程的开始。通过这种循环,个体和组织绩效将得以持续发展。

2. 在企业人力资源管理中实施绩效管理的目的

实施绩效管理可以使部门职责、岗位职责以及员工必须具备的业务素质、工作能力和工作态度等进一步明确并制度化;使部门和员工的工作行为进一步规范化,各个部门和员工明白应该做什么,不应该做什么,从而使部门和员工的工作行为有章可循,激发员工的工作热情;引导部门和员工的工作目标始终与企业的发展目标相一致,极大提高部门及员工工作绩效,培养企业所需要的高质量人力资源,鼓励并驱动企业发展所需要的工作行为,保证企业各种发展目标的彻底实现,以达到以下目的:

(1) 定义和沟通对员工的期望。
(2) 帮助工作目标实现。
(3) 提供给员工有关他们绩效的反馈。
(4) 指导解决绩效问题,改进员工的绩效。
(5) 将组织的目标与个人目标联系起来。
(6) 建立评价员工的有效体系。
(7) 提供对好的绩效表现的认同原则。
(8) 使员工现有的工作能力得到提高。
(9) 提供与薪酬决策有关的信息。
(10) 识别培训的需求。
(11) 将员工个人职业生涯发展规划与组织的整体接班人计划联系起来。

3. 在企业人力资源管理中实施绩效管理的作用

绩效管理是现代企业人力资源管理中不可或缺的环节,汽车维修企业可以以季度或年度为单位,对员工的工作绩效进行考核评估。同时,建立一套有企业自身特点、客观公正且可操作性强的员工工作绩效评估准则,是构建并不断完善工作绩效管理系统的基础和核心内容。有效的绩效管理将会给员工、各级经理人员和企业都带来明显的好处,发挥重要的作用:

(1) 对员工的作用。使员工明确工作目标,被授予一定的日常决策的权利,可以对自己的工作业绩进行合理的评价,通过工作提升自身的工作能力,得到合理的回报。

(2) 对经理人员的作用。对经理人进行合理方式的授权,提高他们的工作积极性,减少日常事务性的工作压力,融洽与员工的关系;提高员工技能,发现员工潜能,帮助员工进行职业生涯规划,提升组织绩效。

(3) 对企业的作用。绩效管理体系对企业的最大作用体现在战略的执行力方面。绩效管理是战略实现的重要保障,通过绩效管理体系将战略目标落实到具体的人员,从流程上保证了各层级目标实现,最终实现企业战略目标,保证组织的持续成长。

另外,绩效管理以绩效为导向的价值观的形成对企业的组织文化建设也发挥重要的作用。

二、企业良好管理的前提与要求

1. 确定关键绩效指标的 SMART 原则

建立绩效管理体系要选择促进企业经营目标实现的关键绩效指标,并层层分解到部门和员工。关键绩效指标(KPI)是衡量企业经营计划实施效果的关键指标,其目的是建立一种机制,将企业的总体目标转化为部门和个人的内部过程和活动,以不断增强企业的核心竞争力和持续地取得高效益。

2. 需要遵守事项

汽车维修企业为保证经营管理工作正常进行,维修主管和企业领导必须获得员工的尊敬和信任,使员工自愿努力的工作。为达到这个要求,有下列一些事项需要遵守:

1) 了解自己的角色责任

企业首先要使每一位员工充分了解自己的角色责任,这包括:他应该做什么?他应该如何做?他要对谁负责?他的工作与整体工作的关系?企业领导除了对每位员工的工作持续地检查之外,还要指导员工的自我评估。领导应定期检查每位下属员工的工作,这样才能知道哪些员工需要开展哪一类的培训,以提高与改进工作。

2) 所有员工一律平等

在指导员工工作时,领导要注意公平,不可偏袒某个员工。如果有这类现象,则不满的情绪会散布于企业中,员工的生产力将会下降。所以,建立工作中所有员工一律平等的纪律是十分重要的事情。

3) 讲究批评的艺术

当员工在工作中发生错误时,领导应向员工说明原因及防止错误再犯的方法,不可责骂员工。如果是员工本身的问题,不要在公共场合批评员工,应该与员工私下讨论并纠正员工行为。尊重员工是领导艺术的重要内容。

4) 信守承诺

员工经常可能有工作需求、工作制度规则的抱怨等。有时候,领导可能会随口答应但又没有采取任何措施。这样员工会责怪领导没有信守诺言,领导可能因此失去员工的信任。因此,作为企业或部门的领导,不可以随便许诺。

5) 保持接受建议的胸襟

由于员工每日直接处理工作中的问题,他们可能会有改善部门工作的建议。企业领导一定要保持接受建议的胸襟,采纳合理的建议。

6) 良好的工作环境

良好的工作环境不仅可以获得客户的好印象和信任,也可以提高员工的工作士气和企业的生产力。工作环境很差而想保有优秀的员工,是一件不可能的事情。

7) 优雅而得体的制服

提高员工的士气的另一个有效的方法就是穿着企业的制服。制服的样式要优雅大方,并考虑工作性质、气候及习惯。每位员工的制服要准备两套,企业领导要创造条件,经常检查保持制服的清洁。

三、绩效评估的方式

有些特定的方法可以用来评价员工的业绩,下面对这些经常使用的方法做简要的介绍。

1. 书面报告

评估人员利用书面的报告,对被评估者的优点、缺点、以往业绩和发展潜能做一叙述说明,并提出进一步提高的有关建议。

2. 重要事件

评估人员对能表明被评估者表现的重要或关键事件作详细的说明,并要指出相应事件的特定结果。这种方式能指出员工符合期望的行为和需要改进的行为。

3. 行为针对性评分法

行为针对性评分法应用定量分析和数据对比等手段进行绩效评估,它主要是对评分系列中每一个与级别对应的行为分别做出描述,每一个工作岗位都有相关的行为系列,通过雇员的业绩要素与特定行为的联结,即可以明确在特定岗位上的雇员行为标准,也可以断定雇员实际达到的业绩水平,或者说达标程度。使用这种方法时,首先确定一些与业绩相关的要素,包括工作质量、技术知识、合作精神、诚实性、守时性、工作主动性等项目。然后评估人员详细考虑这些要素,为被评估者打分,例如可以采取 1~5 的 5 分制,最高分代表最理想的表现,例如评价"工作质量"业绩要素,1~5 级评价的行为描述见表 10-3。最后,将每一个分值累计汇总,得出一个综合分值。这种方法从其开发和应用上来讲比较节省时间,但与前两种方法比较,提供的深层次的信息较少。

工作质量评价表 表 10-3

评价	行为描述
1	工作质量非常差,给组织造成严重后果
2	工作质量较差,需要进一步改进和提高
3	工作质量一般,基本达到企业工作要求
4	工作质量较佳,获得内外客户的好评
5	杰出的工作质量,获得内外客户的推崇

行为针对性评分法在使用时要针对不同岗位的雇员制定不同的评定标准,业绩要素的规定和组合要有区别。例如,对汽车修理企业的厂长或经理,要侧重评估"领导能力""开创精神""合作精神"等;对一般的修理工,要侧重评估"专业技能""诚实守时""勤奋努力"等特征。

选择业绩评估要素时,要涉及所在岗位的多个方面,评估中考虑最多的业绩要素包括以下几点:

(1)知识、能力和技能:与工作有关的知识、能力和技能。

(2)工作态度:包括工作的热情、责任感、主动性等。

(3)工作质量:一定阶段内的工作质量。

(4)工作产出量。

(5)交流与合作:与团队其他成员之间的交流与合作。

(6)管理他人的技能。

(7)出勤记录和守时性。

4. 多人比较

这种方法是相对性评估,不是绝对性评估,将一个人与其他多人的业绩进行比较即个体排名法、小组排名法和两两比较法。

(1)个体排名法:这一方法是将被评估者从最好到最差排序,按照名次评定等级。

(2)小组排名法:评估人员将被评估者按业绩归类,各类别代表不同的业绩层次。例如,将60名被评估者分成若干类:前20名为第一类;21~40名为第二类;41~60名为第三类,以此类推。业绩最佳者在顶级小组,业绩最差者在底层小组。

(3)两两比较法:对每位被评估者与其他人分别加以比较。被评估者被两两分组,然后在这组中被定位为较强者。将每人与其他人分别完成两两比较后,每位被评估者都可以得到一个由两两比较中较强者地位累积得到的总分数,按分数的高低进行排名。这种方法若企业人数较多,则实际操作会比较困难。

5. 目标管理

企业在年度的开始将公司的目标层层分解到每个部门和员工,并与员工取得共识,签订业绩合同。设计的目标要符合 SMART 原则。为了更有效地实现上述目标,被评估者可以从企业内外获得一定的帮助和培训。在年中或年末对员工的工作业绩对照目标进行评估,提出评估意见,并与员工沟通后设立下一年度新的目标。

6. 自我评估

上述方法主要由主管对其下属的业绩进行评估。企业为了促进团队合作,提高员工的质量意识,可以开展员工的自我评估工作。自我评估的项目包括出勤率、工作效率、质量、安全性、合作精神和责任感等多种指标。完成的评估表格作为部门经理与员工进一步交流的基础。员工通过自我评估,可以更坦然地接受针对自己的批评意见和业绩改进建议,也节省了繁杂的评估所耗费的人力、物力和时间,缺点是需要对评估结果进行检查和再评定。

四、雇员发展

企业对员工的绩效评估有两个目的,一个是评价,另一个是发展和反馈。

1. 评价

评价是对员工做出判断,往往是对员工上一阶段的工作表现的历史总结。在对员工的表现与年初确立的目标进行比较之后,或是将员工的表现与岗位说明书中的各个主要项目一比较之后,得出业绩评价结论,并将结果与员工的奖励分配相联系。

2. 发展

发展评估则是从确认和发掘员工的潜力入手,着眼点放在未来的发展上,这关系到企业的持续发展。发展评估的目标之一是确定员工应开发哪些知识和技能。明确了员工的发展需求后,可树立员工的发展目标。在对员工的发展评估时,领导和员工之间要开诚布公、坦诚相见和彼此信任,就员工的个人能力和工作中遭遇的困难充分沟通。在进行发展评估时,重点放在员工未来的发展上,领导与员工之间要建立开放的、建设性的鼓励反馈的沟通环境,经理和下属员工之间要形成伙伴关系。要从公司目标出发确立个人的发展目标,领导和下属对目标的现实性和挑战性应抱有同感。

3. 反馈

对员工的优点得到表彰、不足被及时指出的业绩管理过程来说,有效的反馈具有很高的价值,这个过程应是周期性的,不只是每年一次。当发现员工的不足时,应立即采取措施制订一项改进计划,以帮助员工纠正其不足,增加其实力。在这样的环境中,企业还应鼓励员工的自我发展。

五、修理工的劳动生产率和工作效率分析

1. 时间

要使汽车维修企业成功运转,测量和跟踪修理工如何使用他们的时间是非常重要的。时间可能是汽车维修企业内最容易被错误使用的资源。整个小时浪费在等待零件、修理工之间的闲聊;许多分钟浪费在寻找错误放置的工具。这一切都意味着企业在浪费着老板的金钱。为了消除时间的浪费,控制修理工的工作时间,分析修理工的生产率和工作效率是极其重要的。

2. 生产率

生产率是修理工的实际工作时间数与可用时间数的比值。生产率用来评价修理工的上班时间有多少实际用在创造收入的工作上。

$$生产率 = \frac{实际工作时间}{可用时间}$$

例如一个修理工在一天 8h 可用工作时间内工作了 6h,他有 75% 的生产率。
即:

$$\frac{6(实际工作时间)}{8(可用时间)} = 75\% 生产率。$$

也可以测量出整个修理车间的生产率:

$$车间生产率 = \frac{车间实际工作时间}{车间总可用时间}$$

如果车间有 3 个修理工,一周可用工作时间为每人 40h,其中甲、乙、丙三人的实际工作时间分别为 30h、34h、36h,则车间生产率是 83.3%。

$$\frac{100(实际工作时间)}{120(总可用时间)} = 83.3\% 车间生产率$$

测量整个车间的生产率信息具有以下作用:

(1) 督促:把个人的成绩和整个车间的成绩相比较,对低于车间平均水平的员工是个督促。

(2) 比较:可以比较多个工作位置的生产率。

(3) 跟踪:跟踪季节性的变化,使老板能更好地为停工休息时间做好计划。

3. 提高生产率和工作效率

工作效率一般指工作投入与产出之比,通俗地讲就是在进行某项工作时,取得的成绩与所用时间、精力、金钱等的比值。产出大于投入,就是正效率;产出小于投入,就是负效率。工作效率是评定工作能力的重要指标。提高工作效率既有利于汽车维修企业的劳动生产率和经济效益的提高,也有利于修理人员个人实现多劳多得,增加收入,增强企业活力,提高企业的凝聚力。企业提高生产率和工作效率有很多好处,最重要的好处包括以下几点:

(1) 完成更多的工作:在比较短的时间完成更多的工作。因为浪费的时间被减少,所以企业的成本会减少。

(2)获得更多的收入:由于能够完成更多的工作,企业可获得更多的收入。

(3)低成本+高收入+高利润:很多汽车维修企业的经营往往认为提高生产率和工作效率就意味着让修理工更辛苦地工作。其实不然,在大多数情况下,高生产率、高工作效率地利用时间真正来自于帮助员工更巧妙地工作。

4. 提高工作效率的方法

企业的经营者为了使修理工能有更高的生产率和更高的工作效率,就需要用促进更高生产率和更高工作效率的方法来经营修理企业,主要做到以下几点:

(1)广告、商品推销、附加的修理项目:有时,没有一个人能够高生产率地工作,除非有足够多的工作来到修理厂,使每个人都有事可干。因此,提高职工的生产率开始于企业正确的营销/销售计划,这包括广告、商品推销、销售附加的修理和更有效地为顾客服务等。

(2)高效率的工作环境:要高效率地工作,修理工需要一个有效率的工作空间。工作气氛不舒服,寻找不到合适的工具或等待零件等造成的停工,都是生产率的杀手。所以汽车维修企业要做到:工位的光线明亮、干净和整洁;每个修理工手边都有完成修理工作所必需的整套工具和设备;一个有效的配件供应系统来消除不必要的停工,周转快的零件应该备有库存。

(3)精力旺盛的员工队伍:当聘请修理工时,应特别注意每个应聘者的态度。当一个人很不愿意工作时要迫使他努力工作是相当困难的。

(4)激励机制:作为企业经营者,管理员工的方法将直接影响员工的生产率和工作效率。企业采用的薪金方案要能够鼓励职工更好地利用他们的时间。同时,企业要开展培训工作。如果有人不能麻利地工作,并不一定是他很懒惰,可能是该修理工缺乏高效率完成一项工作所需的技术和知识。一个修理工不停地查找维修手册或向别人询问维修方法,他的工作效率就不可能高。好的培训将会积极影响汽车修理企业的工作质量和数量。培训是一项投资,由修理工的技术提高带来利润的增加将超过培训的费用。

5. 建立生产率和工作效率跟踪系统

生产率和工作效率跟踪系统能帮助企业跟踪职工的时间利用情况,同时提供职工工作成绩的书面历史记录。

第五节 报酬管理

一、薪酬激励体系的组成

为了实现企业的目标,对员工的行为必须进行适当的引导。企业用适当的诱因去满足员工的需要,可以激励起员工的工作积极性,提高员工的工作效率。企业实施报酬管理的目的就是协调企业和员工个人的发展目标,提高员工的工作动力和责任心。企业全面的薪酬激励体系,包括物质激励和精神激励两个部分。物质激励是最有效的激励手段之一,但也不可忽视精神激励的作用。

1. 物质激励

物质激励包括以下4方面的内容:员工酬金、长期激励、员工福利、企业奖励制度。

2. 精神激励

精神激励包括以下4方面的内容:培训教育体系、员工荣誉激励、员工感情激励、员工参与激励。

二、薪酬体系的分类

薪酬体系的分类,可以分为计时工资、计效工资和业绩挂钩工资等类型,下面分别介绍。

1. 计时工资

计时工资是指报酬与工作时间直接相关。计时工资可以分为小时工资、周工资和月工资。一般来说,中国企业的固定员工多领取月工资,而兼职员工领取小时工资。

2. 计效工资

解决计时工资弊端的一个方法是采用计效工资。计效工资是将工资和员工个人的产出直接关联。计效工资的前身是计件工资制,即将工资与生产产品的个数挂钩,这在制造业中比较常见,目前在服务业也有采用。另一个例子是销售人员领取的佣金是与销量挂钩的。

3. 业绩挂钩工资

与计效工资不同,业绩挂钩工资不只考虑工作结果和产出,还关注实际的工作效果。员工个人的业绩是按照事先设定的目标,或是对职务说明书中所列的各项任务,利用绩效评估手段进行测量。绩效评估后,根据结构分配报酬。与业绩挂钩的工资包括基本工资和按基本工资若干比例计的奖金,该比例由业绩质量的高低决定;或者是一定周期按照业绩上调基本工资档次,例如,如果业绩出色,可能一次上调两个档次,而如果业绩不佳,则基本工资原地不动。要达到工资上调的目标,就需要员工得到一份优秀的业绩评价。

要有效地实施业绩挂钩工资体系,企业必须具备以下条件:

(1)业绩差异:为使业绩衡量成为一项有意义的活动,必须使个人之间的业绩有显著差异。

(2)工资额的距离:工资的范围应该足够大,以便拉开员工工资的距离。

(3)与工资结构挂钩:业绩衡量必须有效、可靠,而且必须将衡量结果和企业的工资结构挂钩。

(4)领导技能:企业领导有熟练的技能设定业绩标准,并操作评价过程。

(5)企业文化:企业文化支持业绩挂钩工资体系。

(6)相互信任:经理和下属员工相互信任,经理人员必须就业绩指标、业绩评价结果进行交流、说明,提出组织对员工的期望。

(7)合理的报酬水平:企业的报酬水平在市场中具有竞争力,又不失公平。

4. 小组业绩挂钩工资

为克服个人业绩挂钩工资体系造成的团队精神的损害,可采用与小组业绩挂钩的工资体系。小组的业绩工资与利润挂钩,可以使工资成本更加明晰,雇员也会更加努力工作,经营好时分享收获,经营差时共担风险。企业可以在现有工资的基础上,利用与利润挂钩所得的报酬作为奖金,把挂钩工资作为个人激励的补充,或将员工工资全部纳入利润挂钩体系。小组利润挂钩工资使公司员工与公司经营利害关系更大。他们会主动在晚上下班时随手关灯,注意不让设备整夜空转,还能减少员工对工资的要求。利润挂钩工资体系不是对所有的公司都有效的,如果员工收入水平低,或者公司的利润变化很大,难以预测,则利润挂钩工资是不合适的。

第六节　企业文化管理

一、企业文化建设的意义

企业文化是指企业成员的共同价值观体系,是企业在长期经营过程中形成的群体意识。企业文化分为强势文化与弱势文化。一个具有强势文化的企业,其思想理念得到强烈和广泛的认同,在企业内部具有一种很强的行为控制力,从而增强了企业的内聚力和员工的诚信感。

1. 企业文化的作用

企业文化的作用主要表现在以下方面:

(1) 导向作用:企业文化能够把员工的个人目标引导到企业所确定的目标上来,并鼓励通过实现企业目标来实现个人的目标。

(2) 约束作用:企业文化是一种无形的、思想上的约束力量,指导和约束着员工的行为。

(3) 凝聚作用:企业文化是一种黏合剂,它把各个方面、各个层次的人员团结在一个共同价值观的周围,对企业产生一种凝聚力和向心力。

(4) 激励作用:企业文化的核心是共同的价值观念。优秀的企业文化就是要创造出一种人人受重视、受尊敬的文化氛围。这种良好的文化氛围将激励每个员工去贡献,达到自我价值的实现与满足。

(5) 协调作用:企业文化通过一种共同认可的价值观来自动协调各方的利益关系和工作关系,如内部员工之间、部门之间、企业与社会之间的关系。

2. 企业文化应具备的特征

研究结果表明,企业文化与企业的经营业绩相联系。如果公司经理们注重顾客、股东、公司员工们的利益要求,重视领导才能及其他各种会激发改革的因素,那么企业文化将会有力地促进企业长期经营业绩的增长。这种能促进企业业绩增长的企业文化具备以下特征:

(1) 强力型企业文化:保持优异经营业绩的企业一般都具有比较强的企业文化,在这样的企业中,人们遵循一系列基本一致的共同价值观和经营方法,企业新成员也会很快接受这些观念、方法。强力型的企业文化有利于在员工中营造出不同寻常的积极性,使员工能够同心协力、卓有成效地工作。

(2) 与环境的适应性:企业中不存在任何放之四海皆准、适应所有企业的文化,与企业经营业绩相关联的企业文化必须是与企业环境、企业经营策略相适应的文化。只有当企业文化"适应"企业自身环境,这种文化方才是好的、有效的,企业文化适应性越强,企业经营业绩成效越大;而企业文化适应性越弱,企业经营业绩越小。

(3) 灵活性:能促进经营业绩增长的企业文化特征不仅表现为适应环境,还表现为在变化无常的市场环境中,主动促进改革以保持对环境的适应性。这主要表现为企业在经营中的领导艺术、集体主义精神、对待风险的慎重态度、民主讨论的坦率风格、改革风气和经营中的灵活性等。

二、塑造企业文化的力量与企业文化的表现形式

1. 塑造企业文化的力量

企业的一些行为影响企业文化的形成,塑造企业文化的力量主要表现在以下 6 个方面:

(1)领导者行为:领导者的行为传达出他们的信念、价值观和内心中对企业所处的竞争环境的认识。领导者行为对员工产生的影响远远大于企业的各种规章制度和文件。

(2)绩效考评:绩效考评在决定企业文化的诸多因素中扮演重要的角色,考评措施可能加强或削弱员工工作的积极性和工作效果,影响企业目标的实现。

(3)人事惯例:人事惯例包括企业诸多的问题。如人员配备:具有适当技能的人是否被安排到合适的位置上?培训和发展:企业为员工提供这样的机会。晋升:企业中优秀的员工是否得到提升?赏罚:规则是否清楚,惩罚是否过重或过轻?解雇:企业处理解雇时是否富有人情味等。

(4)企业的战略或目标:企业的战略或发展目标对企业文化有着强烈的影响。好的战略和目标的制定要经过充分调查研究、深思熟虑和有效的沟通。当企业的战略或发展目标模糊不清时,它的企业文化不可能有方向。

(5)组织结构:组织结构影响着企业的文化,企业的组织结构应能够促进企业的发展目标的实现。松散、灵活的组织结构有助于部门间的协作,但是牺牲了企业职能化、专业化带来的效率。僵化、正式、控制型的组织结构会提高职能部门的效率,但以牺牲企业的合作、创新为代价。

(6)竞争环境:竞争环境是要企业回答"我们是谁"和"我们认为我们的竞争者是哪些?"两个关键问题。企业必须考虑公司自身和它的竞争对手声望、经济势力、业务规模的大小、客户获得渠道、技术水平等,弄清楚自己在竞争中所处的位置。

2. 企业文化的表现形式

企业文化会以多种形式表现出来,主要体现在以下6个方面:

(1)价值观:企业在生产经营过程中所推崇、珍视的基本原则和品质。

(2)信念:企业成立的商业前提与企业选择的商业模式。

(3)氛围:企业给人的感觉或企业内部的气氛。企业氛围的好坏直接影响员工的士气和工作效率。

(4)规范:企业中逐渐深化出的各种规章制度、标准等。

(5)符号:企业中的偶像、轶事、仪式、传统等,这些事物在企业中传达出在企业中到底什么是最珍视的,即传递出企业的价值观。

(6)哲学:是企业上下如何对待股东、员工、顾客以及所有利益相关群体的政策和思想准则。

三、新时代企业文化的特征

1. 速度文化

这个世界上充满着变化,"一个企业的成败取决于其适应变化的能力"。这就意味着"速度就是一切"。传统竞争因素的重要性在不断减弱,而新的竞争越来越表现为时间竞争。在未来的企业竞争中,已不仅仅是没有决策大小的问题,而更重要的是取决于速度快慢的问题。因此,培育起一种重视速度的企业文化成为当务之急。首先,企业速度文化的精髓在于发现最终消费者。新时代的市场竞争之焦点,已不再集中于谁的科技更优良,谁的规模更强大,谁的资本最雄厚,而是要看谁最先发现最终的消费者,并能够最先满足最终消费者的需求。这里并不是说企业可以忽视发展科技,而是要把技术研发看成是工具、手段,用以满足消费者的需求才是目的。其次,企业速度文化强调的不仅是使用数字化工具来改造企业旧有的管理和运行流程,亦或创造崭新的管理和运行流程,更重要的是要营造出充分发挥知识和智能效率的企业文化氛围,在快速变动的商业环境中,提供给企业员工最快速的反应机制,让员工充分发挥潜力,主动掌握业务发展需要的不断变化的知识信息。

2. 创新文化

在信息化背景下,创新的作用得到空前强化,并升华成一种社会主题。创新变成了企业的生命源泉,在剧烈变动的时代,成功者往往是那些突破传统游戏规则,敢于大胆创新,不畏风险的人,敢于改变游戏规则、善用资源的人,也就是在思维模式上能迅速改变的人。在新时代的背景之下,企业应当自上而下,每个毛孔都必须充满着创新,通过自身主体创新的确定性,来对付明天的不确定性。

3. 学习文化

毫无疑问,崇尚知识将成为新时代的基本素质和要求。在激烈的市场中,只有通过培养整个企业组织的学习能力,在学习中不断实现企业变革、开发新的企业资源和市场,才能应对市场的挑战。知识的积累和创新的起点在于学习,环境的适应依赖学习,应变能力来自学习,这就需要一种重视学习、善于学习的文化氛围,学习将给企业带来利益和机会。因而企业不再是一个终身雇佣的组织,而是一个"终身学习的组织"。现代企业只有作为一个不断学习的组织,才能够善于创造、寻求及转换知识,同时能根据新的知识与领悟而调整行为,正所谓终身学习,永续经营。

4. 团队合作文化

俗话说"三个臭皮匠,顶过一个诸葛亮"。滔滔江水,滴水聚之;海纳百川,有容乃大。个人只有融入一个出色的团队中才能焕发出闪亮的光彩,而一个能不断为优秀人才提供广阔空间的团队才能有活力,取得更大的发展。所以说,企业文化在某种程度上也需要培养高素质的职工团队。

5. 细节文化

细节决定成败,执行决定完美。汽车维修企业的员工做事不规矩、不到位,将会给企业造成巨大损失,也会给顾客造成极大的安全隐患。汽车维修企业应全方位地针对每个人每一天所做的每件事进行控制和清理,以确保每天的工作每天完成,而且每天的工作质量都有一点提高。这样才能将企业文化执行到企业员工日常生产经营的每个细小环节当中,才能使企业在变化不定的环境中实现自己的目标,最终取得持续发展、基业长青。

6. 融合文化

新时代的企业文化还有一个相当重要的特征,就是融合。经济全球化,导致竞争的内涵发生变化,竞争中的合作,使企业必须不断融合,不同地域和种族的人员走到一起,形成多元文化。实际上,企业融合文化应当是多元文化、合作文化和共享文化的集合。多元优于一元,合作大于竞争,共享胜过独占,企业有了包容性的融合文化,就能突破看似有限的市场空间和社会结构,实现优势互补和资源重组,在更为广泛的空间内实现双赢或多赢的目标。

四、先进企业文化的建设方法

1. 塑造先进企业文化的方法

任何优秀的企业文化都是企业经过长期的文化建设形成的,不可能是企业一成立就天

然具备的品质。企业要主动地采取措施,建立先进的企业文化。以下是塑造先进企业文化的方法:

(1) 领导的行为:企业高层管理人员首先要成为推动先进文化的模范榜样,通过领导的行为奠定文化变革的基础。

(2) 创新:创造新的小故事、物质象征、仪式来推行企业文化。

(3) 拥护新型价值观:选拔、提升、支持那些拥护新型价值观的员工。

(4) 塑造员工的价值观:围绕企业新的价值体系,塑造员工的价值观。

(5) 新的价值理念:改变组织报酬体系,鼓励员工接受新的价值理念。

(6) 规范企业的各项规章制度:围绕企业新的价值体系,规范企业的各项规章制度。

(7) 动摇旧文化的根基:通过人员调动、工作轮换和停职等方式,来动摇旧文化的根基。

(8) 员工参与决策:通过让员工参与决策,创造员工相互信任的气氛。

2. 价值管理

价值观是企业文化理论的核心部分,是企业文化的灵魂,直接决定着企业的各种决策行为,关系到企业的取舍抉择、成败得失和工作绩效,关系到企业的生存能力和企业文化管理目标的实现。因此建立科学的企业价值观具有非常重大的现实意义。企业价值观是以企业为主体的价值取向;企业价值观是企业推崇的基本信念;企业价值观是企业文化的核心和基石;企业价值观是企业的经营宗旨;企业价值观展示企业的公众形象;企业价值观决定企业的经营政策;企业价值观左右员工的行为规范;企业价值观影响企业根本信念和发展方向,应"化"价值观于情感交流、"树"价值观于内部沟通、"立"价值观于身体力行。

3. 人性化管理

人具有自然性和社会属性。企业文化要建立符合人性化的管理理念,要创造适应人性的工作氛围,要配置满足人性的发展土壤。

4. 激励管理

激励是发挥员工技能和才华的有力杠杆,激励有助于提高绩效和实现组织目标。激励是提高员工素质、形成良好公司文化的有效手段。激励手段有:目标激励、肯定激励、参与激励、工作激励、"英模"激励、发展激励、薪酬激励等。

5. 情感管理

情感管理是心对心的工程,情感管理是组织凝聚力的源泉。情感管理培育了组织内部亲密的人际关系,情感管理使企业成为富有人情味的机构。情感管理的着力点有:发自内心、热诚待人、互相理解、融合亲情;关心生活、温暖心灵;开诚布公、倾听意见;加强联络、顺畅沟通。

6. 团队概念

自20世纪90年代以来,团队概念成为人们关注的热点。团队思想虽然产生于西方,却很值得我们去借鉴。

(1) 团队的特征:明确的目标,清晰的角色,相互补充的技能,相互信任,良好的沟通,合适的领导、委托和授权。

(2) 团队的作用:提高生产率,提高员工满意度,促进对共同目标的承诺,增进团队沟通,提高员工的技术,增强组织的灵活性。

(3)团队精神的培育:确立明确的目标,培育共同的企业价值,团队领导要起表率作用,要激发员工的参与热情,要积极发现员工共同领域,唤醒危机意识和忧患意识,要保持经常性的沟通,团队精神需要有一个培育过程。

7.品牌建设

当今,文化被时代推向了品牌竞争的前台,透过品牌的文化力去赢得消费者、社会公众对企业的产品与服务的认同,文化竞争已经是一种深层次、高水平、智慧型的现代企业竞争。品牌是文化的载体,文化是凝结在品牌上的企业精华,又是渗透到企业运行全过程、全方位的理念意志、行为规范和群体风格。企业文化通过品牌将视野扩展,以对内增强凝聚力,对外增强竞争力,并不断将其转化为企业的无形资产。品牌是企业文化的标识,人们可以通过品牌透视出一个企业的经营策略、价值观、经营哲学。由此可见,通过品牌可以赋予产品沟通的职能,使企业的服务和消费能够直接对话,在消费者与企业之间建立纽带与桥梁,为企业树立良好的形象。

第十一章 汽车维修企业的设备管理

第一节 汽车维修设备管理的分类及管理工作要求

汽车维修设备是指在汽车维修生产过程中所需要的机械及仪器的总称。汽车维修设备就是指用于汽车维修保养的各类设备,也包括维修工具,这些设备有时也被叫做汽保设备,因为现在车主越来越重视汽车保养,维修与保养两个概念已经相提并论了。通过一系列的技术、经济和组织措施,对设备的设计制造、购置、安装、使用、维护、修理、改造、更新直至报废的全过程进行管理。它包括设备的物质运动和价值运动两个方面。

一、汽车维修设备的分类

设备的分类主要依据设备的结构、性能和工艺特征进行。凡性能基本相同,又属于各行业通用的,列为通用设备;结构、性能只适用于某一行业专用的,列为专用设备。汽车维修设备也同样分为两大类,即汽车维修通用设备和汽车维修专用设备。

1.汽车维修设备的规格与型号

汽车维修设备的型号一般由汉语拼音字母和阿拉伯数字组成。由于汽车维修设备大部分属非标准设备,目前还没有统一的型号编制标准,但通用机床设备型号已标准化,见 JB 1838—1985。

1)汽车维修专用设备型号的表示方法

汽车维修专用设备,主要是针对各种车型维修生产的需要设计的非标准设备,其型号排列顺序及符号代表的意义见图 11-1。

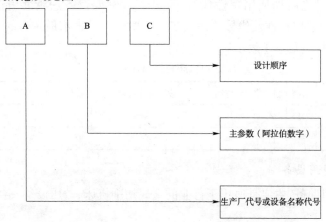

图 11-1 汽车维修专用设备型号排列顺序及符号代表的意义

用厂名确定型号的如:ZD701C型"中大牌"电子控制汽车喷漆烤漆房;FVEM100型佛山分析仪器厂生产的汽油车、柴油车排放检测设备。用设备名称确定型号的如:JY28型连杆衬套绞压机;TM-210-100A[2005-02-01]型液压卧式制动蹄/片铆接机等。

2)通用机床型号表示方法

通用机床型号表示方法已标准化,其型号的排列顺序及符号所代表的意义如图11-2所示。

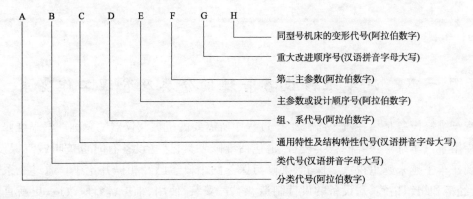

图11-2 通用机床型号的排列顺序及符号所代表的意义

(1)机床设备的类别及分类代号。机床的类别分别为车床、钻床、镗床、磨床、齿轮加工机床、螺纹加工机床、铣床、刨床、拉床、电加工机床、切断机床和其他机床共十二大类。它们的代号分别用类别名称的汉语拼音的第一个字母表示。例如车床用C表示,钻床用Z表示,镗床用T表示,磨床用M表示,见表11-1。

通用机床分类代号表　　　　　　　　　　　　　　　表11-1

类别	车床	钻床	镗床	磨	床		齿轮加工机床	螺纹加工机床	铣床	刨床	拉床	电加工机床	切断机床	其他机床
代号	C	Z	T	M	2M	3M	Y	S	X	B	L	D	G	Q
读音	车	钻	镗	磨	二磨	三磨	牙	丝	铣	刨	拉	电	割	其

(2)通用特性及结构代号。通用特性代号表示机床除有普通型外,若还有下列某种特性时,则在类别代号之后加通用特性代号予以区分,例如设备的精度、自动化程度等。表11-2列出了机床的通用特性及代号。一般在一个型号中只表示最主要的一个通用特性,如普通型机床,通用特性则不予表示。

通用机床特性及代号表　　　　　　　　　　　　　　　表11-2

通用特性	高精度	精密	自动	半自动	数字程序控制	仿形	自动换刀	轻型	万能	简式
代号	G	M	Z	B	K	F	H	Q	W	J
读音	高	密	自	半	控	仿	换	轻	万	简

2.汽车维修通用设备

汽车维修通用设备,主要是适用于行业的金属切削机床、锻压设备、空气压缩机、起重设备等。

按照现行国家标准《汽车维修业开业条件》要求,汽车维修企业应配备的通用设备有:

钻床、空气压缩机、电气焊设备、普通车床、砂轮机等。二类维修企业根据生产规模必备的设备有钻床和镗床，可配备 Z4012 型，最大钻孔直径为 12mm 的台式钻床；普通车床可配备 C6140 型，床身上最大回转直径 400mm 的卧式车床或床身上最大回转直径 360mm 的 C6136 型卧式车床；砂轮机可配备 M3220 型最大砂轮直径 200mm 的台式砂轮机；常用的固定式镗缸机 T7220A 等。

3.汽车维修专用设备

汽车维修专用设备，根据设备的功能和作业部位可分为：汽车清洗设备、汽车零件清洗设备、汽车补给设备、汽车拆装整形设备、汽车维修专用加工设备、汽车举升运移设备和汽车检测设备等。

1）汽车清洗设备

汽车清洗设备主要用于汽车车身、底盘和汽车零部件的清洗。根据清洗设备的用途可分为汽车外部清洗设备和汽车零件清洗设备。

汽车外部清洗设备主要用于汽车日常维护和维修前的清洗，完成汽车车身和底盘的清洗工作。按清洗方式不同，又分为喷射冲洗式和滚刷刷洗式。喷射冲洗式清洗机主要依靠高压水来清洗汽车车身和底盘污垢，例如：PQ-40 型喷射式清洗机，喷水压力达 4MPa，其特点是出水压力高，用水量小，清洗效率高，适用于汽车外部清洗作业。滚刷刷洗式清洗设备一般是指由滚刷、驱动装置、门架、电动机、水泵和控制系统等组成的全自动汽车外部清洗机，其特点是清洗效果好，自动化程度高，适用于轿车和客车外部清洗。例如：意大利生产的雅洁牌 AE-27 型全自动洗车机，可清洗车辆高度低于 2.7m 的轿车和中型客车。由于近年来水资源的紧张，无水洗车技术推广迅速。

2）汽车零件清洗设备

汽车零件清洗设备，主要用清洗剂对零件表面进行喷洗，以达到清除油污的目的。目前，汽车零件清洗已实现机械化和自动化。按清洗室的结构分为通过式和封闭式。通过式清洗室主要用于维修量较大的一类维修企业，二类维修企业一般适用于封闭式汽车零件清洗设备，如 HZQ-1200 型自动零件清洗机。该机采用圆形密封式清洗室，直径为 1.2m，零件在清洗室内旋转，喷嘴由各方面向零件喷射清洗剂，达到了清除油污和脏物的目的。清洗剂还可以自动加温，升温后清洗效果更好。

3）汽车补给设备

在汽车维修作业中，需要对车辆润滑部位加油，蓄电池补充电力，汽车轮胎补充气体。汽车补给设备，按用途可分为加油设备、充电设备和充气设备。

（1）加油设备。

汽车加油设备按加注油料种类可分为汽、柴油加油泵、润滑油脂加注器、润滑油加注器。按动力方式可分为手动、电动、气动，例如：意大利生产的爱快牌电动供油系统，FHQ-B 型气动润滑油脂加注器，JY-1 型齿轮油加注器等。

（2）充电设备。

汽车充电设备主要用于汽车蓄电池充电。根据用途和完成充电时间又可分为普通充电器、快速充电器和多用充电器。普通充电器主要适用于蓄电池的常规充电，最大电流在 15A 左右，例如 GCDJ 型；可控硅充电器适用于各类蓄电池的快速充电和常规充电，最大电流在 100A 左右，例如 KCJ-1 型快速充电器；多用充电器适用于汽车起动电源、蓄电池充电和电焊等，例如 QDD-1 型汽车起动、充电、电焊多用机。

(3) 充气设备。

汽车充气设备主要用于汽车轮胎的定压充气,包括空气压缩机,轮胎气压检测设备,二类维修企业一般配备 0.6V/T 型小型空气压缩机。

4) 汽车拆装整形设备

汽车拆装整形设备,主要用于汽车维修生产作业中,对总成和零部件的拆装和车身架变形后的恢复,以减轻劳动强度、保证维修质量、提高劳动生产率。其主要设备有:电动、气动扳手、轮胎螺母拆装机、骑马螺栓螺母拆装机、液压机、半轴套管拉压器、车身矫正器、齿轮轴承拉拆器、专用零件拆装工具等。汽车维修企业常用的拆装设备有国产 ZJ-40 型轮胎螺母拆装机,WJ-40 型骑马螺栓、螺母拆装机,DBJ-50 型半轴套管拆装机,Y-200 型门式油压机,手动液压专用拉器,东风差速器轴承专用拉器等。进口设备有日本产 1420 型气动冲击扳手,意大利产 A2019RC 型全自动轮胎拆装机,适合轿车车身矫正的芬兰产保利 XLSII 型车体矫正及量度系统,BANTANTM 奔腾车身大梁钣金整形系统等。

5) 汽车维修专用加工设备

在汽车维修过程中,对零件进行加工,是恢复零部件技术状况的一种方法。根据对零件加工部位的不同又可分为:缸体加工设备,曲轴、连杆及轴承加工设备,配气机构加工设备,制动系统加工设备,如镗鼓机,光盘机等。

(1) 缸体加工设备。

发动机在运转过程中,缸套与活塞发生摩擦,由于缸套磨损后形状和尺寸发生了变化,需要进行整修,通常需要镗缸、磨缸。常用的镗缸、磨缸设备有移动式和固定式两种。例如适合于野外流动作业的 T8014A 型移动式镗缸机;既能镗缸、又能磨缸的 TM8013 型移动式镗磨两用机。常用的固定式镗缸机有 T722OA 型精镗床;磨缸机有 3MJ9814A 型气缸研磨机等。目前,新推出的 GLS-I 型发动机缸孔激光加工系统、GLS-IV 型缸套激光加工系统等。

(2) 曲轴、连杆及轴瓦加工设备。

曲轴、连杆及轴瓦加工设备有:曲轴磨床、曲轴修磨机、镗瓦机等。常用的有 MQ8260A 型曲轴磨床、3M927 型曲轴修磨机、T8115 型缸体轴瓦镗床、LW-100 型气缸体拉瓦机、T8210 型连杆瓦镗床、TS8210 型双轴连杆瓦镗床等。JY50 型连杆衬套绞压机用于发动机曲轴轴承孔的加工整形。目前新推出了 GLS-II 型曲轴激光加工系统及 GLS-III 型多功能激光加工系统。

(3) 配气机构加工设备。

配气机构加工设备主要对配气机构中的气门座、气门挺杆进行加工,使其达到技术标准。常用的设备有 3M9390 型磨气门机、3M946 型气门修磨机、TJ8570 型气门座镗床、DM-5 型电动气门研磨器和气门挺杆球面磨床等。

(4) 制动系统加工设备。

汽车制动系统修理是汽车维修作业经常性工作之一。汽车在运行中经常使用制动器,使得制动鼓和制动蹄发生磨损,为保证行车安全必须对制动鼓和制动蹄进行加工(更换),使其达到技术标准。常用设备有 T8358 型立式镗鼓机、T8450 型制动蹄片镗削机、3M9602 制动片修磨机,另外还有意大利生产的保利牌 TR450 制动碟、制动鼓、离合器压片修磨机。RG60 型制动蹄片修理机等。

6) 汽车举升运移设备

汽车举升运移设备,主要用于汽车维修生产中整车或零部件的垂直、水平位移,以便进行拆装、修理和存放。其主要设备有龙门吊、单臂液压吊、二柱举升器、四柱举升器、埋入式液压举升机、液压千斤顶、前桥作业小车、后桥作业小车、变速器拆装小车、发动机翻转架等。常用设备 YD-500 型单臂手动液压小吊车、WJ-25A 型蛙式举升机、QJ-2.5B 型双柱电动机械式液压汽车举升器、YDS-2 型移动式四柱电动举升机、QF-GM40 型埋入式液压汽车举升机、ZJ-400HT 汽车后桥拆装小车、ZJ-200BT 汽车变速器拆装小车、FM-1 型发动机翻转磨合架等。

7）汽车检测设备

汽车检测设备主要用于汽车维修前的故障诊断、维修过程中零部件的检验、修竣后的性能检测和汽车使用中的定期技术状况检测。目前汽车检测设备种类很多，分为发动机检测设备、底盘检测设备、零部件检测设备等，包含汽车车速表检验台、汽车速度表检验台、汽车侧滑检验台、汽车称重测试仪、汽车制动检验台、粘砂汽车制动台、便携式反力滚筒制动台、称重自动复合台、汽车底盘测功机、前轮转向性能检测仪、汽车悬架间隙仪、全自动汽车检测系统、摩托车检测线、机动车移动检测线、机动车安全技术检测线、发动机综合分析仪、平板制动试验台、谐振式汽车悬架装置检测台。

（1）发动机检测设备。

发动机检测设备主要用于发动机的性能和故障的检测诊断。常用的设备有综合性能检测仪和单项检测仪两种。例如：综合性能检测仪有济南无线电厂生产的 QFC-5 型微电脑发动机综合性能检测仪、元征 431ME 发动机故障检测仪、K8 金德发动机分析仪、K100 发动机综合分析仪、MT2500Snapon 红盒子等，主要检测汽、柴油发动机的起动系、点火系、供油提前角、转速、功率、单缸动力性、喷油状况及配气相位和发动机异响等。进口设备有德国产凯文牌 D950 型电脑发动机综合分析仪，它主要用于轿车发动机的诊断。单项检测设备有：检测发动机功率的 DWC-3 型测功机、QCC-2CJ 型汽车无负荷测功表，检测气缸活塞密封性的 QLY-1 型气缸漏气量检测仪，检测发动机电器系统的 QDZC-2000GH 型汽车电器性能测试仪，检测发动机异响的 SSC-3 型发动机异响分析仪，检测汽车尾气排放的 MEXA-324F 型汽车排放分析仪、K2-AUTO5-1［2004-11-02］汽车尾气检测仪和 FBY-2 型全自动柴油车烟度计、QL1-3020D 型烟气 SO_2 自动测定仪、豪华 KB-A-8［2004-11-23］喷油器测试仪，检测润滑油污染情况的 RZJ 型润滑油分析仪等。

（2）底盘检测设备。

底盘检测设备主要用于检测汽车底盘性能和工作状况。有汽车侧滑检测台、汽车五轮仪、汽车制动检测台、汽车速度表检测台、汽车底盘测功机、前照灯检测仪、轮胎动平衡机、减振器性能检测仪、无级变速器性能检测装置、ABS 检测装置等。

（3）零部件检测设备。

零部件检测设备主要用于单一零部件的检测，例如专门调校柴油喷油泵的 12PSD55 型喷油泵试验台，PS-400 型喷油器试验台；用于发电机、起动机及所有电气检测的 TYQQ-2 型汽车电气万能试验台。

二、汽车维修设备管理工作要求

随着科技的发展，汽车换代速度越来越快，汽车维修设备应用也多样化和专业化。汽车维修设备管理模式关系着汽车行业的发展，需要重点关注。

汽车维修设备管理的目的在于提高汽车维修工作质量和效率。

1. 提高汽车维修工作质量和效率

汽车维修质量管理是一个系统工程,从工人的技术熟练程度到修理工艺规范;从质量检验制度的建立完善到质量检验的方法与手段;从职工的质量意识到质量责任制确立;从维修质量的考核评比到质量管理基础工作等,任何一个环节出了问题,都会直接影响到维修质量。为了加强维修质量管理,需要从员工的维修技能、维修设备、配件质量、维修质量检验等方面采取与经济效益相关的管理措施。

2. 设备及其管理的现代化,是拓展维修业务的重要手段

随着汽车构造、性能、种类、使用要求和科技含量的迅速提高,对汽车维修设备的现代化要求也越来越强烈。合理配置的先进的维修设备是维修企业技术进步的物质基础。不断更新设备、配置先进设备、不断提高设备管理和使用水平是汽车维修企业技术进步的表现,也是汽车维修企业提高服务水平拓展业务范围的重要手段。

第二节　汽车维修设备管理工作要求

国务院《全民所有制工业交通企业设备管理条例》指出:企业设备管理的主要任务,应以促进企业技术进步,提高企业经济效益为目标,坚持以预防为主的方针,坚持技术与经济相结合、专业管理与群众管理相结合、依靠技术进步和促进生产发展相结合的原则,对设备进行全过程(择优选购、合理使用、精心维修、合理改造、适时的报废更新)的综合性管理。以不断地改善和提高企业的技术装备素质,保持设备状况完好,并充分发挥设备的效能,使企业取得良好的投资效益。为了实施汽车维修企业设备管理任务,企业应在生产技术管理部门内配备必要的专职或兼职设备管理人员,以实施设备的专人管理、合理使用、定期维护、视情修理。

一、改善设备管理人员教育模式

1. 建立专门的管理机构

建立专门的管理机构是保证设备能够一直处于良好的工作状态的重要因素。建立专门的管理机构必须由组织落实到个人,由资金落实到责任,实行归口管理和分级负责制度。除此之外,作为专门管理机构的助力与推手,各级设备的管理机构和管理人员都应在设备管理方面认真落实以预防为主的原则,对设备实行择优选配、正确操作、按时检查、定期维护、酌情修理、定时更换和报废的全方面综合管理。专门管理机构的主要任务就是制定管好、用好、维修好各设备的一系列措施,并严格执行,使每个阶层都要认真落实目标责任,形成一个由上至下的严密的设备管理系统以确保设备的有效使用和完好耐用。

2. 加强人才培训

加强人才培训、提高工作人员整体素质是完善设备管理、提升整体水平的关键所在。企业不仅要加大职工对设备的爱护程度,确保工作人员的正确操作,对设备精心维护,认真负责,还要提高设备管理人员的技术水平。提高工作人员的操作水平是提升员工整体素质的关键因素。只有具备管理理论基础、技术管理知识、经济管理基础和实际操作能力等技能的工作人员才能达到上述对工作人员的基本能力要求。

3.科学的管理方案

对设备进行科学管理就是要整合技术、经济和组织三方面,通过科学规划,制订合理的管理方案,并严格执行。提升设备技术管理的核心是技术,提升设备经济管理的核心是经济,提升工作人员的热情和积极性的核心是组织。以上三方面的管理方式是汽车维修设备管理新模式的客观需求,三者相辅相成、缺一不可,将三者有机结合,提高设备管理的整体水平是科学管理方案中不可或缺的一笔。同时,科学管理要求管理人员在设备管理的过程中做到各项管理制度化、规范化、系统化、程序化。通过严格监管设备的前期管理,了解设备使用寿命,计算设备使用费用的方法和搜集相关资料,完善对企业设备科学管理的测评指标体系。除此之外,针对市场经济下设备管理现状,科学的管理方案还应包含对企业设备管理制度的高度完善,使之形成符合企业实际经营机制的科学管理制度,对设备管理的各项要求和标准进行明确规定。

二、设备的选型与购置

选购设备要从所维修的车型及其工艺要求出发,购置前一定要进行充分的技术经济及可行性验证。一般来讲,其选购原则为:

1.生产上适用

所选购设备应与所维修的主流车型、企业规模与发展、使用维修能力,以及动力和原材料供应等相适应,并具有较高的生产率和利用率。

2.技术上先进

所选购设备的基本性能应能满足提高工效和保证质量的基本要求。

3.经济上合理

售价低、性价比高。

4.安全性、可靠性、维修性、环保性高

具有较好的安全性、可靠性、维修性、环保性和较长的使用寿命。

5.尽可能就近购置

即优先选购国产设备或本地设备,且要求设备供应商具有良好的售后服务。

三、设备的安装调试与交付使用程序

外购设备在选型并购置后,应由设备管理部门负责运输、保管、开箱检查和根据工艺要求安装调试。经检定验收及试用合格后移交设备管理部门验收并实行统一管理。所有设备在交付使用后,均应由设备管理部门负责立卷归档、建立台账卡片及统一登记编号等;并制定设备的安全技术操作规程、使用纪律及维修制度,以及规定该设备的使用年限和折旧费率等。

四、设备技术状况的分类管理

1.设备技术状况管理

设备分类定级要以该设备完整的技术资料(图纸、说明书、设计、制造、安装资料、技术状况和装备技术水平资料等)为依据。已运行的设备还应包括原始记录(运行记录、维修记录、事故故障记录、备件更换记录、定级记录等)和三规程(操作规程、检修规程、维护规程)。

(1) 设备根据其在生产流程中的重要程度实行分级考核,由装备环保部负责编制考核设备目录。

(2) 设备分为主要生产设备、一般生产设备、工序控制设备和环保设备四大类。各部门应按设备四大类编制本部门设备目录。

(3) 设备技术状况的定级分为一、二、三级。一、二级设备为完好设备,三级为不完好设备。

(4) 设备技术状况的检查、定级要严格按照标准,结合定性和定量依据逐台评定。同时具备等级的各项标准。

(5) 设备完好率是反映设备技术状况管理的标准,其计算公式是:

$$设备完好率 = \frac{(一级设备 + 二级设备)台、套}{考核设备台、套} \times 100\%$$

2. 设备技术状况定级

1) 一级设备定级标准

(1) 基础稳固,无腐蚀、塌陷、倾斜、裂纹,连接牢靠,无松动、断裂、脱落现象。结构完整、无裂纹,零部件齐全,腐蚀、磨损和变形在允许的技术范围内,一般维修能处理。

(2) 润滑良好,无明显渗油现象,配属的水、风、气等无明显跑、冒、滴、漏现象。

(3) 计量仪表和安全防护装置齐全,灵敏可靠。

(4) 运行正常,达到公称能力(按设备性能、出厂铭牌或经过科学试验鉴定后确定的能力)。

2) 二级设备定级标准

(1) 基础无严重腐蚀、塌陷、倾斜、裂纹,连接牢靠,无松动、断裂、脱落现象。

(2) 结构零件基本完整齐全。虽有缺陷,但不影响设备结构强度和安全运行,零部件腐蚀、磨损和变形在允许的技术范围内,一般中修能处理。

(3) 润滑基本良好,无严重渗油现象,配属的水、风、气等无明显跑、冒、滴、漏现象。

(4) 主要计量仪表和安全防护装置齐全,动作可靠。

(5) 运行正常,达到公称能力百分之九十以上。

3. 设备的使用规定

为搞好设备使用环境的清洁文明,延长使用寿命,保证设备的正常运行和安全生产,应根据汽车维修设备的不同要求,提供适宜的使用环境。例如:厂房要清洁、宽敞和明亮。精密检测设备或仪器还应根据其使用说明书规定配备必要的工作间,并应有防尘、防潮、防腐、保温和通风装置等。

1)"三定"责任制度

要对设备实行定机、定人、定岗的"三定"责任制度,以贯彻谁使用、谁保管、谁维护的原则,以保证设备的技术状况良好和附件齐全有效。其中,对于已经实行"三定"制度的专用设备,倘若未经该设备主操作人同意,其他人不得擅自操作;凡尚未实行"三定"制度的公用设备,其日常使用维护应由使用班组负责。对于实行"三定"的设备,倘若设备主操作人发生变换,应做好交接班或岗位交接手续(如交代设备状况,交接设备使用记录及维护记录,清点附件、工装夹具、工具、技术资料等)。

2) 要实行设备操作证制度

即在设备交付使用时,首先要由主管部门确定设备的主操作人(对于特殊工种或特殊设备还要实施由国家劳动安全技术部门考核发放的操作证制度),并明确该设备的日常管理及日常使用维护应由主操作人负责。为此应严肃操作纪律,实行持证上岗,严禁无证操作及混岗操作。

3) 严格执行设备的使用纪律

为此在设备投入使用时,设备管理部门应对设备主操作人进行岗前应知应会技术教育、技术培训及技术考核(在主操作人技术培训尚未期满或尚未技术考核合格之前,设备不得投入使用),以要求其具有"三好"(管好、用好、维护好)、"四会"(会使用、会维护、会检查、会排除故障)、"四懂"(懂原理、懂构造、懂性能、懂用途)的基本功,并严格执行设备使用五条纪律(凭操作证使用设备、经常保持设备清洁、遵守设备交接班制度、管理好工具和附件、发现异常立即停机),掌握设备的结构特点、技术性能、操作要领和日常使用维护,并严格按照设备使用说明及安全技术操作规程进行规范操作和定期维护。

设备的安全技术操作规程应由设备管理部门与工艺管理部门拟定。设备使用单位不仅应在每周的安全学习中宣传贯彻设备的使用纪律及安全技术操作规程(并悬挂在设备旁),而且每年度还要定期进行安全技术操作规程考核和应知应会技术考核,考核不合格者不得继续上岗操作。

4. 设备的维护管理

(1) 各部门应当建立和健全设备"三规"(操作规程、维护规程、检修规程)和"二制"(岗位责任制、交接班制)。

(2) 生产操作人员应做到定人、定机、定岗位,具备必要的操作证。并做到"三好"(管好、用好、修好)、"四会"(会使用、会维护、会检查、会排除一般故障)。

(3) 各部门应组织对操作人员进行"三好、四会"岗位培训,特殊岗位需考核后持证上岗,无证者不得上岗操作。

(4) 各部门应组织设备维护状况设备的检查、考核和评比活动,对达到甲级维护设备的维护人员进行表彰,对设备维护工作不重视使设备处于丙级维护状况的维护人员给予批评和处罚。

5. 设备的台账、卡片和档案管理

1) 设备台账

设备台账是企业用以记录设备资产、反映设备资产增减情况的账目。设备台账的记录形式为:

(1) 按设备类别(如车床、钻床、镗床等)逐一登记。

(2) 按车间或班组逐台登记,以便掌握全厂或各车间、各班组的设备状况和分布情况。

2) 设备卡片

设备卡片是企业设备管理人员使用的、用以登记设备资产的活页卡片(也称固定资产卡片)。一台一卡,便于查阅。设备卡片上记载有设备的简要档案;并按设备分类和编号统一顺序装夹。为了更好地掌握设备动态情况,在设备上也悬挂有设备卡片,并用各种卡片的材质(硬纸板、铁皮、铝皮)来表示设备的类别,用颜色表示设备的状况(如红色表示完好设备、黄色表示带病设备、蓝色表示在修理设备、黑色表示待报废设备)。

3) 设备技术档案

设备技术档案是用以反映设备技术性能和基本状况的重要资料。其内容包括:设备名称、规格、型号、厂牌、出厂时间、原出厂编号和本企业编号;设备主要技术参数和性能;原有附配件、随机工具、量具、刃具、模具的名称和数量;分属单位和使用、保管人;各次维修情况及换件记录;各次检查鉴定结论;所发生过的技术责任事故或重大故障的次数、原因、责任人和处理过程等记录。为使设备技术档案资料具有全面性和统一性,汽车维修企业不仅要建立健全设备技术档案和管理制度,还要指定有关部门或专人管理。

6. 设备的改造报废与更新

设备在使用过程中必然会有有形损耗和无形损耗。其中,设备的有形损耗是指由于自然磨损而引起的损耗,它通常用设备维修来局部补偿;设备的无形损耗是指由于技术进步而使原有固定资产发生降价或者由于货币贬值所引起的价值损耗,它通常用设备改造来局部补偿。但倘若要完全补偿其有形和无形磨损,则只有报废和更新了。

1) 设备改造

设备改造的目的是通过改变设备的局部机构,提高设备的使用性能。设备改造的途径有:

(1) 为了降低生产成本的技术改造,如节约能源、节约材料、降低消耗等。

(2) 为改造设备的结构、提高设备质量的技术改造,如使设备升级换代、提高设备质量和使用性能等。

(3) 为了合理利用资源的技术改造。

(4) 为了保证安全生产和环境保护的技术改造。机具设备的技术改造(包括自制机具设备)属于企业科技项目管理范畴,应由相关部门写出含有技术改造的实施依据、实施方案及费用预算的申请报告,并对其先进性、经济性、实用性、维修性以及运行安全性、能源消耗、环境污染做综合评价(技术经济可行性分析)后,正式立项,方可进行。以力求用经济有效的手段达到改造目的。凡列入固定资产的机具设备在未经申报批准前不得擅自改装或改造。

2) 设备报废与更新

为了汽车维修企业的技术进步,应对那些状况不良、效益不佳,又无实用价值或改造价值的设备及时报废更新。设备的报废须经设备管理部门作技术鉴定,并由主管领导签字批准。在未正式批准报废前,不允许拆卸零部件,以保持其装备的完整。

(1) 设备报废的条件是:因型号陈旧、效率低下、实用期限已超过报废年限;因主要机构部件已严重影响使用,虽能修复或改造但又得不偿失的;因灾害或意外事故造成主要基础件严重损坏而无法使用、无法修复或技术落后的;自制非标准汽车维修设备经使用验证或技术鉴定确已不能使用,也无法修复、改装和出售的;因严重污染环境而又无法治理的,机具设备的报废要严格掌握和谨慎处理。因为有些设备(因本企业技术进步或维修车型改变而淘汰的设备)虽然在本企业不能用,但其他企业尚可使用,故不应报废而应转让。

(2) 设备的更新是指用新设备更换旧设备。设备可开动率和设备利用率是衡量设备技术状况管理水平的一个标准,其计算公式是:

$$设备可开动率 = \frac{(考核设备日历台时 - 不可开动台时)}{考核设备日历台时} \times 100\%$$

$$设备利用率 = \frac{考核设备实际开动台时}{考核设备日历台时} \times 100\%$$

其中,不可开动台时是指各类计划检修、非计划检修、设备事故、设备故障造成的停机时间;考核设备日历台时是指全年天数×24 小时×考核设备台数。

第十二章 汽车维修企业的配件管理

在汽车市场竞争日益激烈的今天,快速响应市场需求是汽车 4S 企业在竞争中生存与发展的根本保证,而快速响应用户不断变化的需求,就需要有强有力的后勤保障与支持。一辆汽车的零部件数量基本保持在 3 万个左右。汽车配件经销企业或者汽车配件销售业务部门要同时对多种车系和车型供应零部件。加强对零配件的管理是汽车维修企业最基本也是最重要的项目。

第一节 配件的经营管理

及时地向维修部门提供质优价廉的零配件,是汽车维修企业配件供应部门的基本职责。配件供应部门必须妥善地解决进货渠道、品种、规格、数量等问题。

一、进货与验收

1. 汽车配件的采购程序

汽车配件采购的程序,包括拟定采购计划、签订采购合同、汽车配件的检验、汽车配件的接收等环节。

1)拟定采购计划

拟定采购计划是前期规划的第一步,采购计划定得是否合适,对资金周转和经济效益起着决定性作用。采购计划做得好,不仅可以加快资金周转、提高经济效益,而且可以减少库存积压。

2)签订采购合同

采购合同是供需双方的法律依据,必须按合同规定的要求拟订,合同的内容要简明,文字要清晰,字意要确切。品种、型号、规格、单价、数量、交货时间、交货地点、交货方式、质量要求、验收条件、双方职责、权利都要明确规定。

3)汽车配件的检验

汽车配件市场,尤其是进口汽车配件市场,受经济利益的驱动,制假贩假者对消费者的影响是巨大的。作为汽车配件的采购人员,必须熟悉国外主机厂、配套厂、纯正件生产厂以及配件专业厂的产品、商标、包装及其标记,并掌握一般的检测方法。

4)汽车配件的接收

汽车配件采购员在确定了采购渠道及货源并签订了采购合同之后,在约定的时间、地点,对配件的名称、规格、型号、数量、质量等进行检验无误后方可接收。

2.汽车配件的入出库

1)汽车配件的入库

物资入库是物资存储活动的开始,也是仓库业务管理的重要阶段。这一阶段,主要包括物资接运、物资验收和办理入库手续等环节。

到货接运:到货接运是物资入库的第一步。它的主要任务是及时而准确地向供应单位或交通运输部门接收入库物资。

验收入库:凡要入库的物资,都必须经过严格的验收,物资验收时,按照一定的程序和手续,对物资的数量和质量进行检查,以验证它是否符合订货合同的一项工作。

验收作业的程序:验收准备→核对资料→检验实物→作业验收记录。

办理入库手续:物资经验收无误后,应办理入库手续,进行登账、立卡,建立物资档案,妥善保管物资的各种证件、账单资料。

2)汽车配件的出库

物资出库是仓库业务的最后阶段,它的任务是把物资及时、迅速、准确地发放到使用单位。为保证物资出库的及时、准确,要合理安排出库过程中的人力和机械设备,使出库工作尽量一次完成。同时,要认真实行"先进先出"的原则,减少物资的储存时间,特别是有保管期限的物资,在限期内发出,以免物资变质损坏。严格按照出库程序进行。

物资出库程序:出库前准备→核对出库凭证→备料→复核→发料和清理。

二、汽车维修企业配件库存控制管理

汽车维修企业的库存控制是一门专门的科学。

从保障的角度来讲,希望配件库存越多越好;从利用资金的角度来讲,希望配件库存越少越好。从订购角度来讲,希望订购次数越少、每次订购量越大越好。显然这三个目标是相互矛盾的。

在一个市场变化快、产品更新快、竞争激烈的环境中,形成特色的库存管理模式:在合理的库存范围内,快速满足客户需求,支持公司持续、快速发展。建立合理的库存控制方法,提高库存管理效率,有利于降低库存。

库存控制的方法有以下几种:

1. ABC 分类法

ABC 分类法又称重点管理法或分类管理法,是现代经济管理中广泛应用的一种现代化管理方法。它是运用数理统计方法,将管理对象根据其技术、经济等方面的特征,分成重点、次要和一般,即 A、B、C 三类,并根据各类的特点,采取相应管理方法,以抓住事物主要矛盾的一种定量科学分类管理技术。这样,既保证重点又照顾一般,可以达到最经济、最有效地使用人力、物力、财力的目的。

A 类配件。A 类配件一般是常用易损配件,维修用量大,换件频率高、库存周转快,用户广泛、购买力稳定,是经营的重点品种,对这一类配件,一定要有较固定的进货渠道,在任何情况下,都不能断档脱销,决策者必须随时掌握其进、销、存的比例变换,使其占有优先地位。在仓库管理上,对 A 类配件应采取重点措施,进行重点管理,选择最优进货批量,尽量缩短进货间隔时间,做到快进快出,加速周转。要随时登记库存变化,按品种控制进货数量和库存数量,在保证销售的前提下,将库存储备压缩到最低水平。

B类配件。对B类配件只进行一般管理,管理措施主要是做到进销平衡,避免积压。

C类配件。C类配件由于品种繁多,资金占用少,如果订货次数过于频繁,不仅工作量大,经济效果也不好,一般可根据经营条件,规定该类配件的最大及最小储备量,当储备量下降到最小时,一次订货达到最大量,以后订货也照此办理,不必重新计算,这样有利于集中力量抓A、B两类配件的管理工作。

2.库存控制的计算机管理

由于汽车维修企业需要满足各型汽车的维修需要,有些维修企业还要向一些连锁店甚至直接向用户销售零配件,所以库存的零配件品种多,车型杂,数量少。有时仅仅几十万元零配件的汽修厂,其零配件品种可能有上万种之多。要对每一种零配件进行合理科学的库存控制,非常困难。因此,我们很容易联想到用计算机来进行库存控制。有了计算机库存管理系统,依据一系列的信息数据和数学模型,来代替经理或业务人员凭自己的感觉进行某些决策才成为可能。

有些计算机管理软件的零配件库存控制数学模型,可以综合考虑预期的销售速度、季节、新车零件、广告促销、其他政策、订货周期、当前库存、在途库存、安全库存、交货周期、零件重要度、上次采购的缺货量、客户的特殊订货量等因素,优选出一个零配件采购计划。

3.关键配件储备

关键配件储备是为了避免或减少供货市场的波动对配件供应的影响,它包含的配件范围是未来供货市场的波动,预计会影响配件的正常供应采购。

4.备件流速分类法

根据配件月均需求确定配件的流速分类,以月均需求6个月的备件消耗为基础,并加权平均计算。

第二节 配件的质量管理

一、配件经营中的质量管理

汽车维修企业加强对所采购配件的质量验收,是改善经营管理、提高服务质量、维护企业信誉的重要措施之一。它有利于开拓市场,减少浪费,改善库存配件结构和提高维修服务工作的质量。

1.配件的质量验收

实行采购配件的质量验收,是一项政策性较强和专业性要求较高的工作,要求正确贯彻国家的产品质量方针和促进生产发展的原则,对从事这项工作的技术检验人员,既需有觉悟和政策水平,又要有一定专业知识和工作能力,而且还要求作风正派,坚持原则,采用实事求是和与人为善的工作方法。

由于配件生产厂的具体情况不同,产品质量和信誉度差异很大,因此在验收方法上,要区别不同情况妥善对待。大致有以下几种方法可供选择:

（1）技术装备、技术理念、管理水平、产品声誉一贯好的,可以实行免验。

（2）技术装备落后,技术理念薄弱,不重视改进产品质量,管理混乱,产品质量很差的,则应加强验收,每批验收,不合格的坚决不收购。

（3）介于上述 A、B 类之间的工厂或产品，可采取抽样验收的方法，随时了解掌握制造质量动态，根据工厂的技术措施情况，决定验收的批量和次数，并随时将用户的使用情况向工厂反馈，帮助他们重视改进和提高产品质量。

2．配件的理赔

保证维修配件的质量信誉，同样是经营单位的一项任务，是服务质量的主要标志之一。配件在产、供、用全过程中，都会出现质量问题。这是因为在大批配件中出现质量问题因素很多，有漏检的、保管的、运输的以及使用方法上的等。当用户发现或发生质量问题时，一般要向销售单位提出三包（包修、包换、包退）。当调入方发现质量问题时，也需向调出方提出索赔要求。

特别是门市销售配件的质量三包，要经常和不同的客户、不同的使用者打交道，更需认真接待、仔细复查、分析原因，才能实事求是地判明责任，有根据有说服力地进行合理的处置，使工厂和用户满意。凡是制造上诸如材质、工艺等造成的质量缺陷，应由工厂负责调换；因使用不当造成的，应向用户解释并由用户自己负责；属于运输损坏的，由销售方和用户协商解决；属于保管超过工厂规定储存期的，应由销售单位自行负责处理。综上所述，除使用不当应由用户负责的以外，通常可由销售单位先从库存中给予调换，然后再送工厂复验调换后归还给库存。这项工作应由技术部门、质检部门派专人负责并立案办理，并规定一般处理结案的时限和结案的考核指标。还应把用户的使用质量意见进行统计，定期向有关工厂及其主管单位汇报和反映，以引起工厂和上级领导单位的重视，作为企业考核和督促改进产品质量的参考，起到信息反馈的作用。

二、质量标准和技术资料的搜集、制定和管理

配件质量标准、产品图纸、鉴定和检测投诉等的收集、制定和管理利用，是质量验收、质量三包等各项工作的技术基础。因此，必须根据业务发展的需要，广泛地从各方面进行收集、制定和充实完善，并建立相应的档案管理制度，为日常工作提供服务。对于有进口业务的公司，更应收集进口汽车的样本、目录、修理手册并在验收工作中尽可能记录和积累必要的技术资料，以备查考和应用。而且要在质量三包及技术服务咨询中，积累有关配件的通用互换、改制利用等方面的有益资料，提供参谋服务，提高经营水平。

实行配件的质量验收，开展质量三包服务，必须有自己必要的检测手段。配件验收，一般在生产厂进行，可以利用生产厂的检测设备。一旦发生争议时，对于关键的材质、金相、硬度或电器、仪表的技术性能必须进行复测，以求得比较正确的数据来加以比对。在质量三包中，又需对配件进行质量复查，没有测试手段就无法开展这项工作，如果要等送到生产厂去复查解决，用户不满意；如果轻易给予调换，往往由于使用责任而使经营单位蒙受经济损失。因此，建立自己的试验室，置备必要的检测设备和仪器，十分重要，它有利于对产品质量发挥更切实有效的监督作用。

三、库存配件的质量复查和处理

经营单位的质量管理，除上面所述的收购验收、理索赔及三包工作外，对库存配件的质量复查也是一个十分必要的工作环节。在目前条件下，超量积压现象仍然客观存在。造成的原因，有经营管理方面的因素，也有因汽车改变设计、更新换代方面的因素，但也存在某些储存保管不善引起的锈蚀、霉变，如果不通过定期和制度上规定的要求复查，就难于及时发

现和处理。复查的内容应包括品种、规格、数量、质量、存期等的分析。

正如前面已提及的,在收购配件实行质量验收中,有免检、必检和抽检的区分。出厂和经验收的配件中,大量的配件只能抽样检验。因此漏检和有不易发觉质量问题的配件会混同进库。而更大量的是超量积压或防锈措施不善的配件,如不定期复查,将会遭到严重的经济损失。库存配件的质量复查,有经常与定期复查两种。经常性的质量复查是根据供应销售配件中的用户反映来决定的,如果在理索赔和三包中发现配件存在批量性质(材质、工艺、性能及安装尺寸等)的质量缺陷时,应对库存中的同品种、规格配件,进行全面的质量复查,并根据三包原则要求工厂调换、修理或退货;属于超过保质储存期的生锈、变质,则商请工厂帮助计费修理、防锈或改制。本单位有维护能力的,则由本单位自行维护,能改制的送请工厂改制,不能修复利用的,只能自行报废。在工厂规定保质储存期内的锈蚀、变质配件,应由生产厂承担责任。定期复查一般规定为每年一次并结合年终盘点进行,由仓库保管员负责,发现异状,即填写库存配件质量异状报告,送检验部门复查并提出维护要求后,进行维护或鉴定报废处理。

第三节 配件的仓储管理

一、汽车配件的储存

1. 汽车配件的储存条件

根据汽车配件不同的材料、结构形态和质量,以及技术性能等方面的要求,应有如下不同的储存条件:

(1) 所有汽车配件应储存在仓库或有遮盖的干燥场地内,应无有害气体侵蚀和影响,且应通风良好,不得与化学药品、酸碱物资一同存放。

(2) 储存的仓库应保持在相对湿度不超过75%,温度不超过20~30℃范围内。对于橡胶制品,特别是火补胶则应在能保持环境温度不超过25℃的专仓内储存,以防老化,保证安全。

(3) 对于电器配件、橡胶制品配件、玻璃制品配件,不能碰撞和重压,否则将使这些配件变形、破碎或工作性能失准,故应设立专门仓库储存,而且在堆垛时应十分注意配件的安全。

(4) 对于发动机总成的储存期,如超过半年,则必须进行维护;一种办法是将火花塞(汽油机)或喷油器(柴油机)自汽缸盖上拆下,螺孔中注入车用机油少许,以保持汽缸中摩擦副零件有良好的润滑油膜,防止长期缺油生锈。如超过一年,除应做上述维护外,还应在汽缸中加入机油后,再用蓄电池起动发动机带动曲轴旋转数秒钟,使润滑油膜在活塞行程的汽缸壁上涂敷得更彻底和均匀,然后旋上火花塞或喷油器。

(5) 对于蓄电池的储存,更应防止重叠过多和碰撞、防止因重压受损,而且应注意电解液塞上的密封,防止潮湿空气侵入。至于极板的储存,则应保持仓间干燥,储存期一般规定为六个月,必须严格控制。

(6) 对于软木、纸质、毛毡制油封及丝绒或呢制门窗嵌条一类的配件,如储存期超过半年以上,除应注意保持储存场地干燥外,在毛毡油封或立槽密封条的包装箱内,应放置樟脑丸,以防止霉变及虫蛀。

2. 汽车配件存储的相应措施

为了达到以上储存条件,不使配件在储存过程中发生霉坏变质、失准、破碎等损失,必须采取下述的相应措施:

(1)配件入库,必须加强验收。配件入库验收的主要方面,除品名、规格、单位、数量应核对无误外,还应注意配件在入库之前是否有破损、缺件、生锈以及包装不良等情况;而且更应对包装物(木箱、纸盒、袋、纸)及油封防腐情况等进行必要的抽查,应保证入库配件包装物的干燥,无酸碱和防护油脂及内包装的完整。

(2)根据配件材料、结构、体型、重量、性能等不同特点,安排不同的仓间或架位和采取不同的堆垛方法,确定合理的堆垛数量,以保证储存的安全。

(3)必须控制仓间的温、湿度(20～30℃、相对湿度75%以下),要注意和掌握自然温度变化的规律。控制和调节库房温、湿度,是维护储存配件的重要措施之一。故在仓库内(仓库的中部)应设置温、湿度表进行日常观察和记录,其高度约1.5m。另外在库外适宜地方的百叶箱内,也设置温、湿度表,以便观察仓库内外温湿度的变化,采取相应的调节措施。如决定开启或关闭仓库的门窗和通风洞,以控制自然空气的对流,也可用开、停仓间吸湿机、排气风扇(仓间上部)和送风风扇(仓间下部)等予以调节。

(4)对于易吸潮生锈的配件,除应保持仓间地面干燥外,还应在配件堆垛的底层设置至少有15mm空隙的架空垫板,使空气得以流通。必要时,还应在地面敷置少量生石灰或在堆垛的适当位置放置氯化钙、氯化锂等吸潮剂。这在梅雨季节,库内湿度很高而库外湿度更高不宜通风时很有必要。生石灰在使用后应及时移去或更新。如有硅胶吸潮剂时,则在烘干或晒干后可重复使用。在使用吸潮剂时,应将门窗和通风洞关闭才能有效。

(5)储存配件的堆垛间以及墙距之间,必须留有足够的间距,墙距宽度一般定为0.1～0.3m,堆垛相互间距为0.5～1m。这必要的间距既可保证储存配件的通风条件,也是配件保管收发工作中的安全通道。

二、汽车配件的保管

汽车配件的保管,是储存工作的一个中心环节。做好保管工作,不仅要求配件的品名、规格、数量和动态账卡与实物保持完全相符,而且更应保证其使用质量不受损害。当发现有异状时,必须及时提出报告,以便采取维护措施,尽早和尽可能地挽回物资在保管期中的损失。因此,保管工作也是一门专门的知识。必须熟悉和掌握汽车配件有关品名、规格、维修尺寸和制造材质、工艺要求、技术性能、防锈措施、包装条件等各方面的知识,以及熟悉和掌握架位安排、堆垛方式、温湿度控制、收发账卡等动态记录和单据流转等一系列的手续制度。这样,才能达到一名合格的保管员的标准。对汽车配件保管工作的要求,归纳起来大致有如下几条。

1. 保护配件不受损害的工作

(1)经常记录仓库内外温度和湿度的变化,保持和调节好仓库内温度和湿度。注意防止靠近门的配件遭受雨淋或阳光的直接暴晒。对容易吸潮配件,应注意更换吸潮剂和防霉剂(樟脑丸等)。

(2)针对不同配件的性能、数量、包装、体积形态和耐压情况,合理安排存放仓位,提高堆垛技术和选用合理的堆垛数量。对无特殊性能要求而体型方整的配件,一般可采用重叠式或咬缝式堆垛；易变形和怕压或包装物强度较差的配件，则应考虑合适的堆垛高度、数量，严禁重压。

（3）堆垛要正确地留出四距，即墙距、柱距、顶距、照明灯距，力求贯彻安全、方便、节约仓容的原则。

（4）每天在上下班时，应对仓容安全进行检查。下雨刮风潮汛前后要检查门窗密封性、地面墙面渗水、冒水等隐患，及时采取必要的防范措施，防止配件受潮，保持仓间清洁。

（5）随时做好收发货装卸机械、起重设备的安全检查和报修，保持设备机械的完好。对配件的装卸搬运，必须轻搬轻放，做到商品不坏，包装不损。

（6）注意配件进出仓动态。对呆滞配件，尤应注意储存质量的检查，如发现异状（霉变生锈）应及时填报异状报告，通知有关部门进行处理。

2. 防止差错和保证账物相符

（1）商品入库，必须严格核对，合理安排仓位，桩脚要稳当，堆垛要分层标量，分桩要立分桩卡，移仓要做记录，零星桩脚要勤翻勤并，配件货位编号要在账上详细标注。

（2）货账必须随出随销，并定期进行仓库动态配件的盘点，做到卡货经常相符。

（3）熟悉配件的名称、规格、结构特点，正确折算商品体积和尺码、吨位及仓间可用面积，并能经常反映业务动态和仓容的利用率。

（4）熟悉单据流转程序，严格遵守操作制度，保证内部单证、货卡、报表的正确和完整。发现差错和失误，应及时报告或纠正，使账货相符。

3. 配件的分区分类

分区分类要遵循"安全、方便、节约"的原则，在汽车配件性质、养护措施和消防措施基本一致的前提下，进行统一规划。

分类分区大体可分为以下两种情况：

（1）按品种系列分库存放：存储发动机的叫发动机库；存储通用汽车配件的叫通用库等。

（2）按车型系列分库存放：如东风牌汽车配件库、解放牌汽车配件库等。

4. 分区分类应注意的事项

（1）凡一个单位经营的汽车配件，性质相近和有消费连带关系的，要尽量安排一起存储。

（2）按汽车配件性质和仓库设备条件安排存储。

（3）互有影响、不宜混存的汽车配件，一定要隔离存放。

（4）按作业安全、方便分类分区。如出入库频繁的汽车配件，要放在靠近库门处；粗重长大汽车配件不宜放在库房深处；易碎汽车配件避免与笨重汽车配件存放在一起，以避免在搬运时影响易碎汽车配件的安全。

（5）消防灭火方法不同的汽车配件不得一起存储。

第十三章 汽车维修企业的财务管理

第一节 概　述

企业要进行经营生产活动,就必须具备人力、物资、资金、信息等各项生产经营要素,并开展有关方面的活动。企业经营生产过程中的资金活动就是企业的财务活动,而对企业财务活动及资金的管理就是企业财务管理。汽车维修企业要达到资源的高效率和运作的低成本,就必须研究财务管理。财务管理就是指企业根据相关的法规制度,按照财务管理的原则,组织企业的财务活动、处理财务关系的一项经济管理工作。

一、企业财务管理的原则和任务

1. 财务管理的原则

1) 资金合理配置原则

资金合理配置是汽车维修企业持续和高效经营必不可少的条件。在财务管理工作中,要把企业资金合理地配置在生产经营的各个阶段上,并保证各项资金能顺畅运行。

2) 收支积极平衡原则

资金收支不仅要在一定期间总量上求得平衡,而且要在每一时点上协调平衡。资金收支的平衡,取决于购产销活动的平衡,它对各项经营活动有积极的影响。在财务管理中,要利用开源节流、资金融通等各种积极的办法实现收支平衡。

3) 成本效益原则

对运营活动中的付出与所得进行分析比较,对经济行为的得失进行衡量,使成本与收益得到最优的结合,以求获得最多的盈利。企业一切经济财务活动都要发生资金耗费和资金收入,对每一项具体的经济财务活动,都要分析研究其成本与收益,求得资金增值。

4) 收益风险均衡原则

收益风险均衡原则是指对每项财务活动要分析其收益性和安全性,使企业可能承担的风险与可能获得的收益相适应,据以做出决策。

2. 财务管理的任务

1) 建立机构,健全管理制度

(1) 汽车维修企业应当设置完善的财务会计机构,应根据实际情况设置财务负责人,协助企业负责人领导企业的财务会计工作,参与企业的重大经营决策。

(2) 建立健全企业财务管理制度及企业财务核算体系,以实现企业的全面的财务管理。

2）筹集资金，提高资金使用效力

根据企业的发展需要，有效地为企业筹集资金，从而保证企业日常经营活动，并且应深入企业实际生产经营活动，作好企业资金管理，提高资金使用效率，保证投资者权益不受侵犯。

3）控制生产成本，提高企业经济效益

控制生产成本，编制各项财务计划，控制各项耗费，确保企业资金的有效使用，如实反映企业财务状况，考核企业经营成果，为企业管理者提供经营决策的依据，努力提高企业经济效力。合理分配利润，正确处理好企业内外的各种经济关系，依法缴纳税金，并按照国家财务制度合理分配企业利润。

4）维护财政纪律，实行财务监督

在搞活经济的同时，必须坚持原则，加强管理，通过资金的收支活动和财务综合指标所反映的企业经济状况，对企业的生产经营活动进行有效控制，制止违反国家财经纪律和财务制度的行为。

二、企业财务管理制度

1. 企业财务管理制度文件

汽车维修企业的企业财务管理制度文件主要有以下几种：
(1) 国家财政部颁布的《企业财务通则》。
(2)《运输企业财务制度》。
(3)《企业内部财务管理制度》及《关于工交企业制定内部财务管理办法的指导意见》。
(4) 企业制定的内部稽核制度。

2. 企业资本金制度

资本金是指企业在工商行政管理部门登记的注册资金。资本金制度是指国家对于企业设立或存续期间，关于资本筹集、运作、管理以及所有者权益等的制度规定。其意义在于：

(1) 保障企业所有者的权益。

资本金制度明确了企业的产权关系，体现了资本保全原则，从而保障了企业所有者的权益，有利于吸引更多的民间投资和外商投资。

(2) 有利于反映企业的实际经营状况。

在实施企业资本金制度后，资产报废、盘亏和毁损等都不能冲减资本，而只能作为企业管理费计入当期企业损益后的企业营业外支出，这就明确了企业盈亏计算基准点，有利于真实地反映企业的实际经营状况。

(3) 是实现自主经营和自负盈亏的前提。

由于企业资本金制度决定着企业的经营规模、经营状况和企业的偿还能力，这对于公司而言，资本金也是其承担经营风险的最终限度。因此，资本金制度是企业实现自主经营和自负盈亏的前提。

(4) 有利于国内企业走向国际市场。

资本金制度是各国通用的资本管理办法，因此在我国企业实行资本金制度既有利于外商投资，也有利于国内企业走向国际市场。

第二节　汽车维修企业的资产、债务和所有者权益

一、资产

企业进行生产经营活动,首先就必须拥有一定的资产。资产是企业拥有或者控制的能以货币计量的经济资源。资产按其存在方式,分为财产、债权和其他权利;按其变现或者耗用时间的长短,分为流动资产、长期资产固定资产、无形资产、递延资产和其他投资,如图13-1所示。

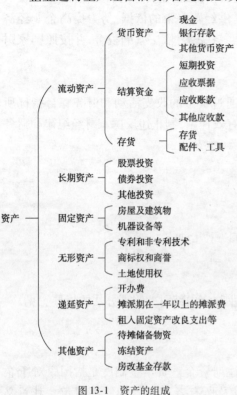

图13-1　资产的组成

1. 流动资产

流动资产是指企业在1年内或超过1年的一个营业周期内变现或耗用的资产。包括货币资金、各种存款、短期投资、应收及预付款等。

（1）货币资金：是指企业在经营活动中停留在货币形态的那一部分资金,如现金及各种存款,包括库存现金、银行存款和其他金融机构的存款（含外币存款、外埠存款和银行汇票存款）。

（2）短期投资：是指企业购入的各种能随时变现,持有时间不超过1年的有价证券及不超过1年的其他投资。包括各种股票、债券投资等。

（3）应收及预付款：是一个企业对其他单位或个人支付的货币、销售产品或提供劳务而引起的索款权。它主要包括应收票据、应收账款、其他应收款、预付货款、待摊费用等。

（4）存货：是指企业在生产经营过程中为销售或者耗用而储存的各种资产。对于维修企业来说,一般是为耗用而储备的汽车维修材料、工具、修理用配件等。由于它们经常处于不断耗用和重置之中,具有鲜明的流动性,通常是企业数额最大的流动资产项目。

2. 长期资产

长期资产是指企业不准备在1年内变现的投资。包括股票投资、债券投资和其他投资。长期投资与短期投资的区别,主要在于投资的目的和投资的时间长短不同。凡是为了企业长期持有、不准备在近期出售的投资,即为长期投资。

股票和债券是两种不同的投资形式。股票是股份企业为了筹措资金而发行的有价证券,是投股人拥有企业股份的书面证明。谁取得了股票,谁就取得了该企业资产的一部分所有权。所以股票投资是一种股权投资。其投资形式可以是实物,也可以是无形资产。

债券是债务人为了筹集长期并且数额较大的投资而向为数众多的债券购买者发行的一种债务凭证。债券投资是为了获得利息收入而购买的投资权益。

其他投资是指企业对合营企业和合资企业的投资。

3. 固定资产

固定资产是指使用年限在1年以上，单位价值在规定的标准以上，并在使用过程中保持原来的物资形态的资产。包括房屋及建筑物、机械设备、运输设备、工具、器具等。

固定资产与流动资产的本质区别在于，固定资产多次参加企业生产经营周期的运转，并在使用中不改变其实物形态，其价值随着生产经营活动的进行逐渐地、部分地通过折旧形式转移到成本中去，并逐步从维修服务的收入和其他经营收入中得到补偿。而流动资产则是在一个生产周期内发挥作用，其价值一次记入成本，并从维修服务的收入和其他经营收入中得到补偿。

4. 无形资产

无形资产是指企业长期使用而没有实物形态的资产。包括专利权、非专利权、商标权、著作权、土地使用权、商誉等。无形资产是一种不存在实物形态的资源，是有偿取得的一种特殊权利，能较长时间为企业提供收益，是一种潜在的生产能力。无形资产可以分为有一定有效期限的无形资产和无一定有效期限的无形资产。

5. 递延资产

递延资产是指企业发生的不能全部记入当年收益，应当在以后年度内分期摊销的各项费用。包括企业开办费、租入固定资产的改良支出，以及摊销期限在1年以上的待摊费用。

6. 其他资产

其他资产是指除企业流动资产、固定资产、无形资产、递延资产、长期资产以外的资产。包括特准储备物资、冻结资产和上级规定有特定用途的资产，如房改基金存款等。

二、负债

所谓负债，是指企业承担的，能以货币计量的，需要以资产或劳务偿付的债务。如企业在生产经营管理活动中借入或占用其他单位或个人的资金等，负债可分为流动负债、长期负债及短期负债三类。其特点是：负债虽是由过去的业务经济活动引起的，但是需要企业将来用资金偿还，因而也是现时存在的；借债人的负债也是债权人的权益。负债是能用货币衡量的，且有确切的债权人的明确的期限；为此各项负债均应按实际发生额记账，并由财务报告充分说明（对于数额未定的负债应合理预计记入，待确定实际数额后再进行调整）。

负债不能相互抵消，除非偿还或以新的负债形式取代原有负债。

1. 流动负债

流动负债是指在一个营业周期内需要偿付的债务。包括短期借款、应付票款、应付账款、预收贷款、应交税金、应付利润、其他应付款、预提费用等。

（1）短期借款：是指企业借入期限在1年以内的各种借款。

（2）应付票款：是指企业在生产经营过程中对外发生债务时所开出的或承兑的汇票。

（3）应付账款：是指企业在生产经营过程中因购买配件材料，以及外加工或外借工而发生的债务。

（4）预收货款：是指企业在生产经营过程中所预收的加工费或者修理费。

（5）应付工资：是指企业应付给职工的工资总额，包括工资总额内的各种工资、奖金和津贴等。当月工资按平均职工数计算，工资通过应付工资科目核算。

(6)应交税金:是指企业应交的所得税和流转税。

(7)应付福利费:是指企业应付给职工的各种福利费。例如集体的职工福利费、工会经费、职工教育经费,由企业统筹安排使用。

(8)应付利润:是指企业应付而未付的利润和股利。

(9)其他应付款:是指除税金利润以外的一切应付款,包括应交教育附加费、车辆购置附加费等。

(10)预提费用:是指企业预提而尚未实际支付的费用,如预提的保险费、借款利息与租金等。

2. 长期负债

长期负债是指偿债周期超过一个营业周期的各种债务,如长期借款、应付债券、长期应付款等。

(1)长期借款:是指企业借入的期限在1年以上的各种借款。

(2)应付债券:是指企业通过发行债券从社会上筹措的长期资金而发生的债务。

(3)长期应付款:是指企业除长期借款、应付债券以外的其他应付款,如融资租赁固定资产等。

3. 所有者权益

所有者权益是指企业投资人占有企业净资产的所有权,而所谓净资产,是企业全部资产减去全部负债后的净额,包括投资者对企业投入的实收资本金,以及形成的资本公积金、盈余公积金和未分配利润等。

(1)实收资本金:是指接收的各种投资,如政府投资、单位投资、个人投资、外商投资等。

(2)资本公积金:是指企业在资本筹集和运作过程中所得收益而形成的专用资本金(如股本涨价,法定资产重估增值和接受捐赠资产、资本汇率折算差额增值等)。

(3)盈余公积金:是指按国家规定从税后利润中提取的公积金、公益金。

(4)未分配利润。

第三节 汽车维修企业的成本管理

汽车维修企业的成本是指车辆维修及其服务在经营活动中直接耗费的各种价值的货币支出量总和。由于各级汽车维修的实际作业内容差异较大,且费用收入大多只有在车辆维修竣工后才能获得,因此根据收入和为获得这些收入而付出相应费用相结合的原则,对于汽车维修企业生产经营管理活动中所发生的各项耗费,可分为经营成本与期间费用两类。

一、汽车维修企业成本费用的内容

1. 汽车维修企业的经营成本

汽车维修企业的经营成本是指可直接或间接认定其归属的耗费,包括直接成本和间接成本。

1)汽车维修企业的直接成本

汽车维修企业的直接成本是指汽车维修过程中直接消耗的材料费用和人工费用。主要包括以下三方面:

（1）直接材料费用：指企业在汽车维修过程中所实际消耗的汽车配件费、汽车维修辅助材料费，以及燃料费、动力费、包装费等。

（2）直接人工费用：指企业直接从事汽车维修的生产人员工资、奖金、津贴和补贴。

（3）其他直接费用：指直接从事汽车维修的生产人员职工福利费等（汽车维修企业职工福利费通常是按照生产人员工资的14%计提的）。

2）汽车维修企业的间接成本

汽车维修企业的间接成本是指在汽车维修过程中间接发生的材料费用及人工费用。主要包括以下两方面：

（1）在企业中非直接生产人员的办公费、差旅费、工资、奖金、津贴及补贴、职工福利费、保险费、计算制图费、试验检查费、劳动保护费。

（2）生产厂房维修费、取暖费、水电费、运输费、租赁费、停工损失费；机具设备的租赁费、折旧费与修理费；物料消耗费及低值易耗品以及其他费用等。倘若企业内设有辅助性机修车间，还包括该机修车间所发生的各种费用。

由于汽车维修企业的规模一般较小，除了将直接消耗的汽车配件费作为企业维修该车辆的直接成本外，其他费用（如汽车维修工人工资、维修辅助材料费及与维修相关的其他费用）均可作为企业的间接成本，并直到年末后才分配到各维修车辆上，再计算各维修车辆的单车成本。

2. 汽车维修企业的期间费用

汽车维修企业的期间费用是指企业的经营费用、管理费用和财务费用，期间费用不计入企业经营成本，而直接计入当期损益。

（1）经营费用是指汽车维修企业在生产经营过程中所发生的费用，如配件的采购、储存和销售等。在小型汽车维修企业，企业经营费用通常合并于企业管理费用。

（2）企业管理费用是指企业的行政管理部门为管理和组织企业的生产经营活动而发生的各项费用，例如公司经费、工会经费、职工教育经费、劳动保险费、待业保险费、董事会费、咨询费、审计费、诉讼费、排污费、绿化费、税金、土地使用费、土地损失补偿费、技术转让费、存货盘亏、无形资产摊销、差旅费、业务招待费以及其他管理费用。为了控制企业管理费用，汽车维修企业通常制订有《费用报销管理条例》。

（3）财务费用是指企业财务活动所发生的各项费用，包括企业在生产经营期间发生的利息支出、汇兑损失、金融机构所收取的手续费，以及企业为筹集资金所发生的其他费用。

二、汽车维修企业的成本和费用管理

汽车维修企业的成本管理是汽车维修企业的财务管理的核心内容，它直接关系到汽车维修企业的经济效益和市场竞争力。因此必须狠抓企业成本管理。其基础工作包括：加强计划管理、定额管理、计量验收，建立资产和物资盘存制度和健全考核记录。

1. 成本管理的内容

汽车维修企业成本管理的内容包括：成本预测、成本计划、成本控制、成本核算、成本信息、成本分析、成本检查等。

2. 成本管理的任务

汽车维修企业生产经营管理者在成本管理中应重点抓好以下各项工作：

(1)加强企业成本管理的思想教育和组织领导工作。

(2)落实成本管理责任制,明确各职能人员的岗位责任。

(3)加强定额管理,抓好各项技术经济定额的制订和修订,并严格考核各职能部门的定额执行情况。

(4)合理确定成本目标,抓好成本预测,编制成本与费用计划;同时实施分级归口管理,随时追踪和监督检查成本费用的执行情况。

(5)严格按成本计划开支,严格遵守成本开支范围,严格控制生产费用与生产成本。成本和费用的计提,一般应按其实际消耗数量和单价进行计算。例如汽车维修企业在生产经营活动中所发生的各项费用,应按其收益期内的实际发生数直接计入或分摊计入,既不得将不属于成本开支范围的费用列为成本,也不得将应该列为成本的费用由其他费用开支;不得将由本期负担的费用计入它期成本,且不得以计划成本、定额成本或估计成本代替实际成本。

(6)对于企业的新老产品,要规划一定时期的成本目标,并遵照技术与经济相结合的原则,对比分析为实现成本目标所采取的各种技术方案,从中选择最佳方案,包括功能及成本分析和成本预测,实现以最低的耗费而获得最大收益的功能;提高成本的计划水平。

(7)定期开展企业的技术经济活动分析,抓好企业的成本分析。严密组织企业内部的成本核算,加强成本核算基础工作。例如,在生产过程中要做好各种原始记录(如材料消耗、工时等),做好计量、验收和物资发放工作,并开展企业内部单车核算、车间核算或班组核算。

三、汽车维修企业的利润和分配管理

汽车维修企业的利润是指企业在一定经营期内,通过汽车维修服务、汽车与配件营销等所取得的财务成果。它综合反映了汽车维修企业各项技术经济指标的完成情况及企业生产经营管理的经济效益。所谓企业利润,是企业各项业务收入在扣除各项生产成本和税金以后的差额。

1. 汽车维修企业利润的内容

汽车维修企业的利润由营业利润、投资净收益、营业外收支净额三部分构成。

1)营业利润

营业利润是指汽车维修企业的税后营业的业务利润(由汽车维修劳务所取得的基本业务利润和其他业务利润组成)扣除汽车维修中的企业管理费用和财务费用后所取得的经营成果。

$$营业利润 = (汽车维修利润 + 其他业务利润) - 管理费用 - 财务费用$$

式中,汽车维修利润 = 汽车维修收入 - (汽车维修成本 + 汽车维修经营费用 + 汽车维修营业税及附加费)。

2)投资净收益

投资净收益是指汽车维修企业的投资收益扣除投资损失后的净值(税后数额)。

$$投资净收益 = 企业投资收益 - 投资损失$$

企业投资收益包括企业在对外投资(入股或债券)中所分得的利润或利息、投资到期收回或者中途转让后所取得的净增值等。投资损失包括企业对外投资(入股或债券)在到期收回或者中途转让时出现的损失,以及按照股权投资比例所应分担的亏损额。

3)营业外收支净额

营业外收支净额是指与企业的主营业务无直接关联的额外收入(即营业外收入减去营业外支出后的余额),例如固定资产的盘盈或出售的净收入、罚款收入、教育附加费返还等。营业外支出是指与企业的主营业务无直接关联的额外支出,例如固定资产盘亏和报损、非正常原因的停工损失费、救急和捐赠、赔款与违约金等。

2.汽车维修企业利润的分配

汽车维修企业在一定的经营期内所获得的利润,要按照有关的法律规定按一定的程序进行分配,在分配时,要正确处理国家、集体、个人三者间的利益关系。分配原则如下:

1)按照现行税法规定分配

按照现行税法规定,按企业所得利润额与所得税率,向国家缴纳所得税,税率为33%。

2)税后利润的分配

在交纳所得税后的税后利润,按照下列顺序和原则实行分配:

(1)支付被没收的财产损失,支付滞纳金和罚款。

(2)弥补企业以前的亏损。

(3)提取法定公积金和公益金。

(4)向投资者分配利润。

第四节 汽车维修企业的财务报告

一、汽车维修企业的财务报告的要求与种类

1.汽车维修企业的财务报告的要求

(1)财务部门应定期向总经理提供财务报告。

(2)财务报告应包括:资产负债表、损益表、现金流量表、有关附表、财务状况说明书等,以及内部经营管理所需的内部财务管理报表。

(3)编制财务报告时,在会计计量和填表方法上应保持前后各会计期的一致性,不可随意变动。

(4)财务部门应及时、客观地编制财务报告,其会计信息应具有相关性和可靠性,应准确有效地满足企业领导决策与管理的需要。

(5)财务报告应根据登记完整、核对无误的会计账簿和其他有关会计资料编制,做到数据真实、计算准确、内容完整、报送及时,对有关重大问题(重要项目),应单列以反映说明,使报告阅读者不致产生误解和偏见。

(6)会计报表应严格按项目属性选用会计科目填报,按实际成本反映资产价值,准确运用数字符号反映项目性质,准确、完整地填列补充资料。

2.汽车维修企业财务报表

财务报表是一套包括了汽车维修企业全部财务信息的表格。

财务报表综合反映了汽车维修企业的经济活动过程和结果,管理者拿到了财务报表就可以对公司目前的经营情况一目了然。本书列出如下报表供读者参考使用:汽车维修企业资产负债表(表13-1)、汽车维修企业利润表(表13-2)和汽车维修企业资金流量表(表13-3)。

汽车维修企业资产负债表　　　　　表13-1

编制单位：　　　　　　　　　　　年　月　日　　　　　　　　　　　单位：元

资　产	期末余额	年初余额	负债和所有者权益（或股东权益）	期末余额	年初余额
流动资产：			流动负债：		
货币资金			短期借款		
交易性金融资产			交易性金融负债		
应收票据			应付票据		
应收账款			应付账款		
预付款项			预收款项		
应收利息			应付职工薪酬		
应收股利			应交税费		
其他应收款			应付利息		
存货			应付股利		
一年内到期的非流动资产			其他应付款		
其他流动资产			一年内到期的非流动负债		
流动资产合计			其他流动负债		
非流动资产：			流动负债合计		
可供出售金融资产			非流动负债：		
持有至到期投资			长期借款		
长期应收款			应付债券		
长期股权投资			长期应付款		
投资性房地产			专项应付款		
固定资产			预计负债		
在建工程			递延所得税负债		
工程物资			其他非流动负债		
固定资产净值			非流动负债合计		
生产性生物资产			负债合计		
油气资产			所有者权益（或股东权益）		
无形资产			实收资本（或股东）		
开发支出			资本公积		
商誉			减：库存股		
长期待摊费用			盈余公积		
递延所得税资产			未分配利润		
其他非流动资产			所有者权益（或股东权益）合计		
非流动资产合计					
资产合计			负债和所有者权益（或股东权益）合计		

汽车维修企业利润表

表 13-2

编制单位：　　　　　　　　　　　年　月　日　　　　　　　　　　　单位：元

项　目	本期金额	上期金额
一、营业收入		
减：营业成本		
营业税金及附加		
销售费用		
管理费用		
财务费用		
资产减值损失		
加：公允价值变动收益（损失以"－"号填列）		
投资收益（损失以"－"号填列）		
其中：对联营企业和合营企业的投资收益		
二、营业利润（损失以"－"号填列）		
加：营业外收入		
减：营业外支出		
其中：非流动资产处置损失		
三、利润总额（损失总额以"－"号填列）		
减：所得税费用		
四、净利润（净亏损以"－"号填列）		
五、每股收益		
（一）基本每股收益		
（二）稀释每股收益		

汽车维修企业资金流量表

表 13-3

编制单位：　　　　　　　　　　　年　月　　　　　　　　　　　　　单位：元

项　目	行号	金　额	项　目	行号	金　额
经营活动产生的现金流量	1		收到的税费返还	6	
经营活动产生的现金流入	2		收到的其他与经营活动有关的现金	7	
销售整车收到的现金	3		经营活动产生的现金流入合计	8	
销售配件收到的现金	4		经营活动产生的现金流出	9	
提供服务收到的现金	5		购买整车支付的现金	10	

续上表

项目	行号	金额	项目	行号	金额
购买配件支付的现金	11		将净利润调节为经营活动现金流量	35	
支付给职工工资的现金	12		净利润	36	
支付给职工福利费的现金	13		加:计提是我资产减值准备	37	
支付租金的现金	14		固定资产折旧	38	
支付广告费的现金	15		无形资产摊销	39	
支付促销费的现金	16		长期待摊费用摊销	40	
支付装修费的现金	17		待摊费用减少(减:增加)	41	
支付的增值税税费	18		支付的个人所得税	42	
支付的各项流转税	19		支付的企业所得税费	43	
筹资活动产生的现金流量	20		支付的其他与经营活动有关的现金	44	
筹资活动产生的现金流入	21		经营活动产生的现金流出合计	45	
吸收投资所收到的现金	22		经营活动产生的现金流量净额	46	
借款所收到的现金	23		投资活动产生的现金流量	47	
收到的其他与筹资活动有关的现金	24		投资活动产生的现金流入	48	
筹资活动产生的现金流入合计	25		收回投资所收到的现金	49	
筹资活动产生的现金流出	26		取得投资收益所收到的现金	50	
偿还债务所支付的现金	27		处置固定资产、无形资产和其他长期资产所收回的现金净额	51	
分配股利、利润或偿付利息所支付的现金	28		收到的其他与投资活动有关的现金	52	
支付的其他与筹资活动有关的现金	29		投资活动产生的现金流入合计	53	
筹资活动产生的现金流出合计	30		投资活动产生的现金流出	54	
筹资活动产生的现金流量净额	31		构建固定资产所支付的现金	55	
汇率变动对现金的影响	32		购买无形资产和其他长期资产所支付的现金	56	
现金及现金等价物净增加额	33		投资所支付的现金	57	
补充资料	34		支付的其他与投资活动有关的现金	58	

续上表

项　目	行号	金额	项　目	行号	金额
投资活动产生的现金流出合计	59		经营活动产生的现金流量净额	71	
投资活动产生的现金流量净额	60		不涉及现金收支的投资和筹资活动	72	
预提费用增加(减:减少)	61		债务转为资本	73	
处置固定资产、无形资产和其他长期资产的损失(减:收益)	62		一年内到期的可转换公司债券	74	
固定资产报废损失	63		融资租入固定资产	75	
财务费用	64		现金及现金等价物增加情况	76	
投资损失(减:收益)	65		现金的期末金额	77	
递延税款贷项(减:借项)	66		减:现金的期初余额	78	
存货的减少(减:增加)	67		加:现金的期初余额	79	
经营性应收项目的减少(减:增加)	68		减:现金等价物的期初余额	80	
经营性应收项目的减少(减:减少)	69		现金及现金等价物净增加额	81	
其他	70				

二、财务分析的意义、基本方法和指标

1. 财务分析的意义

财务分析就是以财务报表的数据和有关资料为依据,采用一定的分析指标评价企业的财务状况、经营成果,为企业的经营决策提供科学依据,从而达到三个目的,即评价经营成果、衡量企业的真实运作能力、预测企业趋势。

2. 财务分析的基本方法

财务分析的基本方法有差额比较法、结构比较法、比率分析法、趋势分析法和因素分析法等。

1) 差额比较法

差额比较法是将经营年度的数量与基准年度的数量进行绝对数比较,计算其差额量和差额率(差额量除以基准年度量)。然后通过比较差额量与差额率,分析其变化趋势,找出其变化规律。在采用比较法时,需要注意指标间的可比性,必要时可将不可比指标转变为可比指标。根据财务分析的目的和要求的不同,差额比较法常有以下三种:

(1) 将实际指标与计划/定额指标比较,了解指标的实际完成情况。

(2) 将本期指标与上期指标或历史最好水平相比较,以确定不同时期的指标变动情况,了解企业的发展趋势和状态。

(3)将本单位指标与国内外先进指标相比较,以找出本单位与先进单位之间的差距,用以指导本单位改善经营管理。

2)比率分析法

比率分析法是通过计算某经济指标所占比率来分析经济活动的变动程度,例如计算流动资产与流动负债的比率、资产总额与负债总额的比率、利润总额与资产的比率、利润总额与所有者权益的比率等。从而分析企业的经济偿债能力。常用方法有以下三种类型:

(1)结构比率:即用该指标所占总项目的构成比率来反映各部分与总体的关系(如固定资产占总资产的比重,负债占总权益的比重等),以考察总体中各部分的构成比率是否合理。

(2)效率比率:用某项经济活动中的耗费与所得比例,以反映其投入与产出的关系,以比较其得失。如成本费用与销售收入的比率、成本费用与利润比率等。

(3)相关比率:用某项指标与企业经济活动之间的相关比率,以考察该项指标安排是否合理。如资产总额与负债总额的比率、流动资产与流动负债的比率等。

3)趋势分析法

趋势分析法是将财务报告中数期的相通指标或比率进行对比,以求出其增减趋势和增减幅度,揭示其变化趋势、变化原因和性质,预测其在企业中未来的发展。它常用以下三种方法:

(1)将不同时期的重要指标纵向比较,以观察其发展趋势,预测其发展前景。

(2)将连续数期的会计报表金额并列横向比较,以观察其变动趋势。如对资产负债表、利润表及财务状况变动表等所做的比较。

(3)将会计报表中的指标构成比率进行比较,以判断财务活动的变化趋势。

4)因素分析法

因素分析法是分析某指标相关因素的影响程度。其中最常用的是差额分析法,即通过某指标各构成因素中,当其中一因素发生变化而其他因素不变时所引起的实际数与定额数的差额,以分析各相关因素的影响程度。例如分析缩减流动资金的周转天数对减少流动资金需量的影响;缩短应收账款的收款周期对减少坏账损失的影响等。

3. 财务分析的常用指标

对企业财务状况和经营成果的评价指标包括以下三大类指标:

(1)反映企业偿还能力的指标:流动比率;速动比率;现金比率;负债比率;股东权益比率;负债与股东权益比率。

(2)反映企业经营能力的指标:应收账款周转率;存货周转率;流动负债周转率;固定资产周转率;总资产周转率。

(3)反映企业盈利能力的指标:销售利润率;成本费用利润率;资产总额利润率;资本金利润率;股东权益利润率。

三、财务分析内容、步骤与计算方法

汽车维修企业的财务分析,包括企业偿债能力、经营能力和盈利能力以及企业财务状况趋势分析和综合分析等。分析所需用的数据资料均取自于企业的《资产负债表》和《企业损益表》。在分析企业的财务状况和经营成果时,反映企业偿还能力、营运能力和获利能力的8个常用指标是:资产负债率、流动比率、速动比率、应收账款周转率、存货周转率、资本金利润率、收入利润率和成本费用利润率。

1. 企业偿债能力分析

企业的偿债能力是表示企业能否准时偿付债务的能力。

1) 短期偿债能力分析

短期偿债能力是指企业偿还短期流动资产负债的能力,在到期的短期流动负债中包括:短期借款、应付票据、应付工资、应付利润、应缴税金、其他应付款、预提费用等。短期偿债能力不仅是企业债权人和投资者、材料供应单位等最关心的问题,也是企业偿还流动负债的资产保障程度。决定企业短期偿债能力的基本要素,是企业流动现金的数量和企业资产的变现速度,其指标有流动比率、速动比率及现金比率等。

(1) 流动比率。

流动比率是企业流动资产与企业流动负债的比率:

$$流动比率 = \frac{企业流动资产}{企业流动负债} \times 100\%$$

由于流动负债的数额和结构都会对流动资产的需求程度造成影响,因此,在分析流动比率时,应该对不同性质的流动负债分别进行考察和分析。为此在分析时应注意流动资产与流动负债的数额、结构组成及其周转情况。

(2) 速动比率。

速动比率是企业速动资产(还款来源为现金和应收账款)与企业流动负债的比率。速动比率常用以衡量在企业流动资产中能否立即变现偿付负债的能力,也是企业还有多少速动资产来保障偿还负债。

$$速动比率 = \frac{企业速动资产}{企业流动负债} \times 100\%$$

所谓企业速动资产包括货币资金、短期投资、应收票据、应收账款、其他应收款等;但不包括流动资产、存货、预付账款和待摊费用等。用速动比率比用流动比率更反映企业的短期偿债能力。在汽车维修行业中,由于经营中现金交易较多,因此应收账款相对较少而速动比率相对较低。

(3) 现金比率。

现金比率是企业现金类资产与企业流动负债的比率。现金类资产包括货币资金和易变现的有价证券等,它等于速动资产和扣除应收账款后的余额。尽管在所有企业的存款账户中通常都保留有足够的现金,以保证职工工资的准时支付和维持少量的基本支出,但也应该避免存留过多,从而减少无利息资金积留和减少不必要花费,特别是防止现金失窃及公款侵吞等。

2) 长期偿债能力分析

长期偿债能力是指企业偿还长期负债(如长期借款、应付长期债券等)的能力。企业的偿债资金应来源于企业经营的所得利润。

(1) 资产负债比率。

资产负债比率是企业负债总额对企业资产总额的比率,它既表明了企业资产总额中由债权人提供负债总额的所占比重及债权的安全程度;也表明了企业经营管理者对债权人资金的利用程度和经营活动能力:

$$资产负债比率 = \frac{企业负债总额}{企业资产总额} \times 100\%$$

资产负债比率越小,表明企业的长期偿债能力越强,债权人的权益越容易得到保障;资产负债比率越大,虽然说明企业管理者正在利用较多的负债以扩大经营规模,以企图获得更多的投资利润,但倘若过大,则表明企业的债务较重而资金实力不足,债权人权益就会有风险。一旦当企业资产负债率超过100%时,说明企业已经资不抵债,到了破产清算边缘,可能会濒临倒闭。

(2)所有者权益比率。

所有者权益比率是所有者权益对企业资产总额的比率。一般地说,所有者权益比率加上负债比率应等于100%。其中,所有者权益比率越大,则企业财务风险就越少。

(3)产权比率。

产权比率是负债总额对所有者权益的比率,用以反映企业投资者对债权人权益的保障程度。此比率越低,表明企业长期偿债的能力越强,债权人权益的保障程度越高,风险越少。

2. 营运能力分析

企业营运能力分析是通过企业生产经营资金的周转速度来反映企业的资金利用效率的。周转速度越快,企业的资金利用率越高,说明企业经营管理者的经营管理水平越高和运用资金能力越强。营运能力分析包括流动资产周转情况分析、固定资产周转情况分析和总资产周转情况分析。

1)流动资产周转情况分析

其指标有应收账款周转率和存货周转率。

(1)应收账款周转率是在一定时期内(如一年)赊销收入净额与平均应收账款余额的比率,用以反映应收账款的周转速度,也用以表明企业在一定时期内回收应收账款的能力。应收账款周转率可用周转次数或周转天数(自产品销售后至收到汇账款止所经历的天数)表示:

$$应收账款周转率 = \frac{赊销收入净额}{平均应收账款余额} \times 100\%$$

由于应收账款的变现速度也反映了企业的短期偿债能力,因此应收账款的变现速度越快(周转次数越多或周转天数越少),企业资金被外单位占用的时间越短,企业经营能力和管理效率越高。在已收和未收的应收账款与销售收入的比率中,应收账款在何时才能收取,取决于客户的信用程度。

(2)存货周转率是一定时期内企业的销货成本对存货平均余额之间的比率。它既反映了企业的销售能力,也反映了企业流动资产中存货的运营效率(即库存情况和库存周转速度)。由于存货不仅需要库存,而且还会造成资金积压;且由于在汽车维修企业的流动资产中存货(如汽车配件)占有较大比重,因此在不影响日常业务的前提下应当尽可能减少库存。存货的周转率越高说明企业的经营效率越高。当然,在分析时还应注意与同行业的存货周转率相比较,并将存货周转率与存货周转天数结合考虑:

$$存货周转率 = \frac{汽车维修成本中的存货成本}{平均存货量} \times 100\%$$

2)固定资产周转率

固定资产周转率是企业年销售收入净额与企业固定资产平均净值的比率。它反映了企业固定资产的周转情况,以说明企业中固定资产的利用效率。该比率越高,不仅说明企业固定资产的利用率越高,而且说明企业的固定资产投资得当,结构合理,企业的经营管理能力较强。

3)总资产周转率

总资产周转率是企业销售收入净额与企业净资产总额的比率,用以反映总资产的周转情况,借以分析企业全部资产的使用效率。企业经营管理者应尽力加快总资产周转,以提高总资产利用率。

3. 盈利能力分析

投资者取得的投资收益和债权人收取的本金利息,以及职工集体福利设施的不断改善都来源于企业的利润。因此企业获利能力是企业内外关心的核心。它表示了企业生产经营管理者的经营业绩和管理效能。反映企业盈利能力的常用指标有:销售收入利润率、成本费用利润率、资产总额利润率、资本金利润率及所有者权益利润率。

1) 收入利润率

收入利润率是指企业利润总额对企业维修收入净额的比率,用以表明企业所开展业务的获利能力和水平。收入利润率越高,企业获利越多。汽车维修企业的销售收入包括汽车销售收入及汽车配件的销售收入,也包括汽车维修业务收入:

$$收入利润率 = \frac{汽车维修利润}{汽车维修收入} \times 100\%$$

2) 成本费用利润率

成本费用利润率是企业利润总额对企业资产总额的比率,它用于反映企业的投入产出能力和企业的获利能力。该比率越高,表明企业耗费越少而取得的收益越高(即增收节支、增产节约能力越高):

$$成本费用利润率 = \frac{营业利润总额}{成本费用总额} \times 100\%$$

3) 资产利润率

资产利润率是企业利润总额对企业资产总额的比率,用以反映企业总资产的综合利用率。其值越高,表明该企业经营管理水平越高,资产利用效益越好,企业盈利能力越强。

4) 资本金利润率

资本金利润率是企业利润总额(包括汽车维修利润、其他业务利润、投资收益和营业外收支净额等)对企业的投资资本金总额的比率,用以反映企业投资者所投入资本金的获利能力,也用于衡量企业负债的资金成本:

$$资本金利润率 = \frac{企业利润总额}{企业资本总额} \times 100\%$$

资本金利润率越高(高于同期银行利息),说明企业资本的利用效果越好,此时适度负债经营是有利的,否则就有可能会损害到投资者的利益。

5) 所有者权益利润率

所有者权益利润率是企业利润总额对平均所有者权益的比率,它是用以反映所有者投资收益水平的指标。所谓企业利润总额是指年末企业的全部资产减去全部负债后的余额;而所谓平均所有者权益是指所有者在当年对企业净资产所拥有的平均权益。此指标越高,表明所有者投资的收益越多,获利能力越强。

4. 企业财务状况的趋势分析

财务状况的变化趋势分析是通过比较企业连续几期的财务指标、财务比率和财务报告,以了解财务状况的变动趋势(包括变动方向、数额和幅度等),从而预测企业财务活动的发展前景。例如:

1) 财务指标和财务比率的比较

选择和计算前后数年财务报告中主要的财务指标和财务比率并加以对比,以观察其金额或比率的变化数额和变动幅度,分析其变动趋势,并预测未来。

2) 会计报表金额的比较

通过并列相同会计报表中的连续数额,比较其增减的额度和幅度,以分析企业财务状况和经营成果的变动趋势。

3) 会计报表构成的比较

计算某指标中各构成指标所占比率,并比较和分析连续时期内指标构成的增减趋势以及对企业利润总额的影响程度。

5. 财务状况的综合分析

财务状况的综合分析常用财务比率综合评价法,其程序为:

(1) 选择指标。

选择评价企业状况的比率指标。

(2) 确定重要性系数。

确定各项指标的相对重要性系数,各项指标的重要性系数之和应等于1。

(3) 确定最佳值。

确定各项比率指标的标准值,即通常所说的最佳值。

(4) 计算实际值。

计算企业在一定时期各项比率的实际值。

(5) 计算实际值与标准值的比率。

(6) 求出各项比率指标的综合指数及其合计数。

各项比率指标的综合指数是关系比率和重要性系数的乘积,其合计数可作为综合评价企业财务状况的依据。综合指数合计数或接近1,说明企业财务状况良好,反之则表明企业财务状况欠佳。

采用指数法综合评价企业财务状况,关键在于正确确定重要性系数和标准值这两项因素,因此必须根据经验和实际情况,做出合理分析,才能做出正确的财务评价结果。

第十四章 汽车维修企业的计算机管理

第一节 计算机管理系统的建设与运行

一、计算机管理的优越性

1. 规范化的计算机管理可以美化企业的外部形象

一个顾客走进一个宽敞明亮的接待大厅，看到的是整齐漂亮的计算机，拿到的是清晰明确的计算机打印单据，首先得到的印象就是正规、高效的企业形象。虽然这并非使用计算机管理的直接目的，充其量只能算是一种附带的效果，但它为美化企业形象所起到的作用却是不容置疑的。事实上，很多率先使用计算机管理的汽车维修企业的经营者，使用计算机管理的首要目的正是如此。

2. 系统体系结构

系统采用浏览器/服务器/数据库服务器的三层分布式结构，它利用现有的 Internet/Web，将应用程序数据库、相关部件放在 Web 服务器上，客户端用浏览器来访问服务器。系统更新、数据维护在服务器端进行。浏览器主要完成用户的输入等人机交换，服务器是由 Web 服务器、应用服务器、数据库服务器、中间件组成的多层结构，其中 Web 服务器完成数据库服务器、应用服务器和客户机的交互。结算付款功能模块用于在维修结束后，对车辆维修费用结算和收款业务。决策分析部分主要提供各维修连锁店维修过程中各环节业务报表和业绩分析，如接车情况、车辆在厂维修情况、配件库存周转情况、订货情况、成本分析和客户资源情况。

3. 系统分析

（1）信息服务系统主要是加强企业内部沟通机制及方便企业与客户的沟通，企业可通过技术规范查询到国家各种维修标准，提高企业的规范化程度，通过在线论坛和公文公告加强企业内部的沟通渠道，提高信息的畅通性；通过短信发送和问卷调查可加强企业与客户之间沟通的桥梁，提高信息的及时性和方便性，增强与客户的关系，提高客户的忠诚度。

（2）业务接待系统部分主要满足维修业务中接车环节业务需要。提供记录客户及车辆档案、记录维修故障、初步的原因分析及维修处理措施等，并得出初步的报价及交车时间，打印维修工单，提交至维修车间，客户/车辆登记，开单，打印，客户/车辆查询，历史维修记录查询。

（3）车间管理系统部分主要满足维修业务中维修环节业务需要，提供记录维修状况，记录每项维修项目的开工完工时间，维修工、工位及维修工时分配，完工检测信息、维修信息派工，完工处理、竣工处理、工时分配、打印派工单等，该部分维修厂也可以设置跳过此功能。

(4)结算付款功能模块用于在维修结束后,对车辆维修费用结算和收款业务。其中可分为维修结算、收款、竣工出厂合格证和相关设置等业务模块。通过结算付款功能模块将实现对客户或车主维修项目的维修费用进行结算和收款操作。

4．提高工作效率

由于计算机在处理业务的速度上比人要快得多,而且计算机开票可以为制单者提供很多需要的资料,比如客户档案、配件档案、维修资料、价格信息随时都可以十分方便地加以引用。可以进行金额和税金的自动计算、自动打印,节约了大量的查账本、资料和计算的时间,从而大幅度地提高了处理业务的工作效率。

二、计算机管理的目标、规划及软件、硬件系统的建设

1．计算机管理目标制定原则

计算机管理目标必须与本企业的业务规模、人员素质、资金额度相适应,必须切实可行、行之有效,过高的目标往往难以实现,而太低的目标,又会很快导致系统的落后。计算机管理系统的模式选择原则如下:

1)事后统计模式

即整个管理系统仍然用手工处理,各种单据先用手工填写后,再由计算机录入员逐一地录入计算机管理系统中,然后利用计算机进行统计分析。这时计算机实际就是一个账本。

使用这种计算机管理模式管理的汽修企业,最典型的做法是:每辆车一进厂,便由接待业务员为其指定一个唯一的工号,建立一张硬纸制作的维修卡。在这张维修卡上,先由接待业务员手工填写客户的名称、车牌号、故障现象、预估费用等,再由各个部门填写修理项目和材料项目等,最后由结算部门通过维修卡与客户进行结算。当全部工序完成后,再将维修卡中的内容录入到计算机中。

采用事后统计模式,计算机不必摆放在每个工位上,业务员可以是专门的计算机操作员。在整个管理过程中,计算机并不干预业务流程,只是事后进行统计分析而已。

2)实时控制模型

在这种管理模式下,整个修理厂的业务过程都置于计算机控制下。每个工序的业务员都使用计算机接受其他计算机传来的信息、处理业务和打印业务单据,并将相应信息传给别人。每项业务只有通过录入计算机、进行处理、打出相应的单据后,才能实际执行。这样,计算机记录和控制的是整个修理厂的实时状况。在这种管理模式下,计算机显然是存放在每个业务部门,操作员是每个部门的业务员。

3)两种模式相比

(1)事后统计模式:需要使用的计算机较少,甚至使用单机即可,因而硬件投资较少。可以使用专业的计算机操作员,不必培训每个业务员使用计算机,因而培训费用较少;因为计算机系统简单,操作员少,输入的数据规范,因而维护简单,数据准确;不会因为计算机系统的突发故障而影响业务的运转;对计算机软件的功能要求低,因而管理软件的价格也较低。

(2)实时控制模式:经理可以随时了解到修理厂的实时状态,从而可以进行实时监控;由于每项业务都必须在计算机上加以确认,因此业务流程规范严谨,违背规定的行为和超越权限的操作会被自然禁止,可以排除许多人为和非人为因素的干扰;由于每个业务环节都使用了计算机,大大提高了工作效率和业务活动的准确性;由于数据的录入是由各个部门的业

务人员实时操作的,计算机作账完全取代手工账,避免了手工账和机器账的重复使用,从而大幅减少了工作量和复杂的对账环节。

当然,事后统计和实时控制模式是可以混合使用的,采取实时控制模式时,某些业务环节还可能采取先手工处理,再计算机录入的事后处理模式。

2. 计算机管理软件

1) 计算机管理软件最便于管理的事项

(1) 管理大量的档案,如零件档案、客户档案、车辆档案。计算机不但记得多、记得住、记得清,而且查询十分方便。

(2) 进行大量固定公式的计算,如销售额、销售成本和工时统计。

(3) 打印整齐漂亮清晰的表格。

2) 计算机管理软件较难解决的问题

(1) 灵活的流程控制。比如一件工作完成后,下一件工作是什么,或这件工作可以由谁做,做的权限和工作标准是什么。这些流程的控制有时非常灵活,在不同的企业可能完全不一样,就是同一个企业也经常变化。这些经常变化的流程,最好不要求计算机做太多的控制,还是交给人工控制较方便和灵活。

(2) 预测和决策。由于影响未来的因素实在太多,且不可捉摸,计算机的预测是有很大的局限性,使用计算机进行决策,同样或更困难。因为决策中,有很多未知的因素难以计入,许多定性的因素难于量化。这时,计算机在预测和决策上往往难与人脑媲美。

(3) 计算机打印的报表格式的灵活性往往不足,有很多规则的限制。如果您拿出许多手工报表,希望由软件打出一模一样的格式,这对非软件工程人员来说是比较困难的。

三、指定计算机管理规划的步骤

1. 指定一个称职的信息主管

一个称职的信息主管是计算机管理工程成功与否的关键。

一般来说,信息主管应当从计算选型开始一直到实施应用阶段,从头到尾,负责到底,不宜中途换人。信息主管最好是专职的,他不仅需要具备一定的计算机专业知识,而且应当对各个部门的业务知识,特别是财务部门的业务知识要有足够的了解,并能起到协调各个部门和计算机公司之间关系的作用。

解决这个问题的最好方法是什么?还是聘请一位计算机方面的人才,长期供职于您的公司,并先让他在各个管理岗位实习一段时间。只有充分的时间,才能使计算机专业人才,对汽车维修企业的业务有一个全面的了解。

2. 确立计算机管理的目标体系

(1) 总经理要制定本企业计算机管理的战略性目标。

所谓战略性目标是指关系到企业生存、发展的带全局性的大事。如:本企业的维修服务价格不稳定,对企业的形象造成了危害,应当实现维修服务项目和价格的规范化和权限控制。本企业的零件进货渠道有问题,应当考虑如何实现进货渠道的最优化?本企业的库存积压严重,如何查询每种零件的库存周转率,实现库存优化?

(2) 职能部门根据自己的需要制定本部门计算机管理的目标。

汽车维修企业与计算机管理关系最为密切的部门为财务部、业务部、库房、修理车间,应由这些部门中业务熟练、有较高文化素质和计算机专业知识的业务人员负责起草并经集体讨论后制定。

(3) 规划书、软件需求报告和计算机公司的设计报告。

信息主管在充分了解本企业业务要求的基础上，对市场上现有软件和软件公司经过取舍对比之后，写出一份计算机管理系统规划书交给总经理，由企业领导集团研究通过。

规划书应包括：总体目标（本工程的基本目标）；各部门的详细目标；候选合作的计算机公司的介绍比较；预计工期；费用预算；报告人。

(4) 规划书获准通过后，信息主管应以规划书为蓝本向可能委托的计算机公司提供一份相似的实现计算机管理的需求报告。

需求报告应包括以下内容：总体目标（本工程的基本目标）；本企业的组织框架；本企业的基本业务流程和改进目标；各个部门的详细目标；预计工期要求；报告人。

经企业有关人员认同和领导集团批准后即可与计算机公司签约，着手建设本企业的计算机管理系统。

(5) 应注意的几个问题。

在制定计算机管理目标和规划的过程中有以下问题值得注意：

计算机软件不同于一般商品，其品质不能从外观或用其他简单的方法加以评定。必须经过深入研究，甚至真正使用之后，也只能对其有一定的认识。所以对不同的软件，必须进行试用比较找出共同点、差异，再下结论。有条件的话，可以向已经采用计算机管理与自己实力相当的汽车维修企业咨询。另外，对品牌的考察也十分重要，而且价格不能作为首要因素考虑。

软件可以异地采购，而硬件以就地采购为宜，这样便于维修。当软件和硬件都在本地采购时，在充分了解各种硬件当前价格的前提下，由计算机软件公司整体负责采购软件、硬件和联网，可以避免售后服务中，软硬件公司间相互推诿的情况发生。

四、计算机管理系统下的业务流程

1. 业务流程的目标

采用计算机管理系统后，计算机管理软件的业务流程应在本企业原流程的基础上，充分发挥计算机软件系统的优势并加以充实和完善，以达到本企业管理的最优化。在新的业务流程设计过程中，计算机软件公司应起到管理咨询公司的作用。

2. 业务流程的制定原则

1) 决策、执行和监督权利互相分离互相制约的原则

下面以接车定价为例说明这一业务在流程中，这三种权利是如何体现的。我们把这个流程分为三个阶段。决策阶段：即维修项目和价格的制定阶段。就是组织一个富有经验的班子，通过市场调查和成本分析，以及本厂的经验，制定一套力求完整的维修项目、工时和价格标准，不同车型有不同工时标准，价格中应包含正常价格和最低价格；汽车厂家制定的维修工时表可以作为参考。执行阶段：即业务员给客户的修理项目的定价阶段。业务员的定价权利在正常价格和最低价格之间，并且不同的业务员可以有不同范围的定价权限。在这个阶段，还要考虑到如下特殊情况的处理：有特别需要优惠、甚至免费的客户需要有部门经理批准；出现以前没有预先定价的修理项目，价格可以由业务经理批准临时制定。出现以前没有预先定价的车型，规定参照同等车型的收费标准定价。监督阶段：领导人员利用计算机报表，

查询收费情况,进行实际收费价格和标准收费价格的比对,对超出标准的收费查清原因。

2)可行性

可行性是指在所选计算机系统的支持下,在企业目前的场地环境、人员素质、组织框架情况下计算机管理是否可行。

3)严谨性

严谨性是指本流程充分考虑到各种情况下的处理方法、管理者的权利和责任后,任何人之间都不出现重叠和空白。

4)高效性

这套流程应简捷易行,能提高工作效率而不是把工作变得烦琐。

第二节 典型的计算机管理业务流程

以下是某中型汽修企业的计算机管理业务流程。不同的汽车维修企业可以结合本企业的情况部分地选用,也可以在其基础上加以扩充。

一、客户服务部业务流程

1. 接车登记

业务员负责填写接车登记表,具体项目有业务员、进厂日期、车牌号码、客户名称、维修类别、维修方式、结算方式、随车附件等,是保险和三包车辆的还要登记相应的相关信息。

业务员应协助责任工程师(检验员)登录车辆的故障、具体修理项目、项目用料和其他修理费用记录,同时可打印两份修理估价单(简易修车合同),如图14-1所示。一份交客户,另一份业务留存备查。估价单正常签字人有对方经手人、送修人、检验员(工单责任工程师)和制单人(机打),非正常签字人有本方联系人(客户负责人)、客户联系人和业务主管,主要针对特殊客户。

云汽实业别克汽车维修中心委托修理单

工号:25684397463　　　预计完工期　2004.08.06.14:25:00

送修日期　2004.06.03

客户名称	昆明奥尔马集团	车型	标志 307 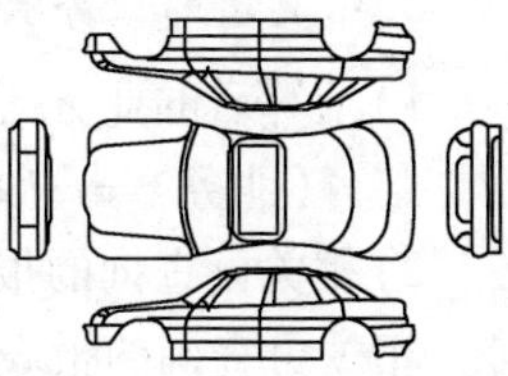
地址	昆明环城路258号	车牌号码	云 AQ568972
联系人	李勇进	颜色	红
电话号码	5634826	行驶里程	1200
发动机号	236589-358	底盘号	D89466
油量	0/4		
备注			

项目编号	维修项目	工种	工时	工时费	备注
AQ-0008	换三滤机油	发动机	1.00	10.00	

经办人　　　　　主修人　　　　　总检人　　　　　客户签字

图14-1 某中型汽车维修企业的修理估价单

相关可查询的报表有汽修营业报表、待保养车辆统计表、按客户统计的修理情况统计表（接车登记员、客户、客户负责人和客户欠款期限）。

2. 完工结算

1）单车内部核算

当车辆完工,由责任工程师(检验员)将车钥匙交至业务员手中时,业务员有责任核实车辆的修理项目、用料和维修费用是否有与原计划出入的地方,如增项未报或项目未修等。具体方法:查看车辆生产施工单及其附件领料单、领料退料单、派工单、总检验单及其他单据与计算机结算单、估价单,进行核对。

2）结算处理

可按明细优惠或总额优惠(一般为舍零结算);如无优惠则按正常结算,即确定发票种类、结算时间、结算单位、结算类型、结算人、对方经手人和结算费率。同时打印三份结算单,一份交给客户作为结算凭证,一份作为业务存档备查,另一份交财务作为收入凭证附件。结算单据正常签字人有客户结算人(提车人)、检验员(工单责任工程师)和制单人(机打)。非正常签字人有本方联系人(客户负责人)、客户联系人和业务主管。当实际成本与估计成本收入基本一致时,通知客户并得到客户对结算金额确认后,即可通过计算机确认结算。结算后将结算单(可暂存打印)和施工单转交财务作为结算凭证(财务结账人员见施工单再次与计算机相关记录核对后在施工单上签字确认,并将施工单交由生产部门存档备查,最后同时通知客户付款提车);当实际成本收入与估计成本收入有出入或客人对结算金额有异议时,业务员在自己权限允许范围内,根据具体情况与客户协商后再确认结算,如超过权限允许范围需报上一级主管处理。

业务员有责任为客户服务:为其办理一切厂内维护过程、结算、结款离厂等手续,为客户提供全方位的服务。

3）返修处理

结算后如果客户不满意要求局部或全部返工,经主管或厂长签字后准予返修,即在浏览页选中要返修的工单记录再点击＜返修＞按钮,进入返修表单,选中要返修的项目和用料,确认后生成一张新的工单。进行返修处理后原单将不可修改,所有处理应在新单中处理。

3. 结算后的业务流程及相关可查询的报表

1）结算后的业务流程

结算(业务)——→收款(挂账处理财务)——→出门条(财务)——→出厂(财务)。

2）相关可查询的报表

相关可查询的报表有完工单车成本浏览表、结算浏览表、结算单车成本浏览表、修复项目汇总表、修理项目浏览表和保险索赔查询、三包索赔查询等。

4. 定期回访

1）回访员职责

业务部应设专职回访员,具体项目:回访车辆、回访日期、客户名称、客户意见、解决方法和解决结果,同时打印回访单。

2）回访制度

客户车辆出厂后,业务部门应做到三天回访小修客户,七天回访大修(总成、事故金额在 1 万元以上的)客户,并建立回访意见及建议反馈表。

3)车辆档案及客户回访统计表

完善车辆档案尤其是车辆保养计划,及时提醒客户按时保养,应作为回访客户的一部分。相关可查询的报表有客户回访统计表。

5. 外勤拖车

外勤拖车需登录:

(1)外出拖车里程数、拖车地点、拖车人、出车时间、回厂时间等。

(2)拖车用油和拖车人工费、加班费等。

6. 出纳结账管理

客户服务的前台结账收款员应隶属于财务部,为了方便客户结账付款提车在客户服务部办公。

1)结账收款

业务员对客户没有异议的已完工单进行完工结算处理后,将施工单转交收款员审核确认并签字。收款员签字后应按客户分类做临时保管以便查询。无特殊情况收款员必须见到施工单才可作进账结账收款处理;特殊情况要求事后及时补齐手续。

2)具体结账过程

(1)施工单据齐全且符合结账手续要求的(注:保险客户行驶证及驾驶证复印件、报单复印件,被保险人为单位的需加盖公章;为个人的,需被保险人身份证复印件等)客户或业务员持结算单到收款台结账。客户付款后收款员在计算机系统中将该工单进行收款处理,并根据客户需求开出相应的收据、普通发票或增值税发票,然后开出出门条(机打或手填),交给客户或业务员即完成收款结账。

(2)其次是挂账客户。结账手续齐备后由收款员在计算机系统中将该工单进行零收款处理,该操作将未收款工单金额全部记入应收款栏目,并根据客户需求开出相应的收据、普通发票或增值税发票,然后开出出门条(机打或手写),交给客户或业务员即完成收款结账。

(3)收款员有舍零优惠的权利,但不能修改已结算工单。收款员应每天向财务部会计报送日结账收款报表,统计范围为每日收取的现金、银行支票和挂账信息。该报表打印两份,双方核对报表内容无误后签字,一份收款员留存,另一份会计留存备查。

7. 业务员其他责任

1)完善档案

业务员有责任定期维护车型档案、客户档案、车辆档案、名片档案等基础档案。完善客户档案信息,客户落实到人。

2)完善赊销及其他应收账还款制度

(1)建立完善客户赊销合同,确立赊销限额、赊销期限。

(2)制定完善其他应收账还款制度。

8. 相关可查询的报表

相关可查询的报表有汽修营业报表、待保养车辆统计表、按客户统计的修理情况统计表(接车登记员、客户、客户负责人和客户欠款期限)。

二、生产部业务流程

1. 在制派工

责任工程师(检验员)在确定修理项目后,将登记工单转为在制。

1) 工序管理

检验员按工种、修复顺序向车间进行派工,各维修工种根据责任工程师的维修方案进行施工。如车辆修理需经过多个车间,应确定各车间修理的项目和各车间先后施工顺序,还有各车间预计开工时间和预计完工时间,具体体现在生产施工单上,生产施工单转交维修车间前,由生产部检验员(工单责任工程师)打印一份生产施工单并随车走。当整车完工,业务员依照生产施工单及其附件进行单车内部核算。车辆结账出厂后统一由财务结账人员交回生产部存档备查。施工单证正常签字人有检验员(工单责任工程师、机打)、结账人和制单人(机打),非正常签字人有本方联系人(客户负责人)、客户联系和业务主管,主要是针对车间加项问题。

2) 批量派工

为方便派工处理,本系统提供了整车一次派工、按工种一次进行多个项目派工和按车间和班组派工的方法。

3) 数据测量

总成大修需检验员对基础数据进行测量,制订修理方案,确定外加工尺寸,加工完成后要对加工后的尺寸进行确定。

4) 加项

在修理过程中要加项,由检验员确认后,由业务员通知客户落实,经三方协商同意后进行相关的加项处理。其中由客户延误的时间应当向客户说明。

2. 项目开工

1) 开工处理

车间主任对在制已派工车辆进行开工处理(根据工人技术水平,工人工作状况,车辆、设备、工具、配件库存情况(开票库存)等具体情况进行派工);同时打印两份派工单,一份交工人留存以备月末进行工时总数核对,另一份附在生产施工单上作为其附件,以备完工后单车内部核算用。派工单正常签字人有车间主管(车间具体项目派工负责人,机打)、项目主修人(机打),非正常签字人有检验员(工单责任工程师)和生产主管,主要针对返工项目重新派工。

2) 用料、工时

相关可查询的报表有在制车辆用料浏览表、停工时间浏览表、工人工时浏览表等。

3) 旧件入库

项目主修人拆旧件后,到库房以旧换新。如无旧件直接领用新件,需检验员签字方可领件,即应在生产施工单或项目派工单等领料凭证上签字并注明有无旧件或旧件是否上车。

3. 领料验料

1) 领料

项目主修人对更换项目零件进行进一步确认后,携带领料凭证(生产施工单或项目派工单等)到库房领料。同时由库房打印领料单,填写发料人和领料人等。

2）领料检验

领料后需经检验员检验后方可进行组装,同时检验员在领料单上签字。

3）填写进货小票

外加工配件需经检验员检验后在客户提货小票上签字,方可填写进货小票和进行领料处理。

4）待料、领料

停工待料项目配件到货,库房入库后必须及时通知检验员,检验员领料后由库管员直接送料到工位或车间主任处,同时检验员和车间主任或项目主修人在领料单上签字。

4. 项目停工

1）停工登录

由于某种原因需停止已派未完工项目的修理,如停工待料、午间休息等,需登录具体项目停工时间、停工原因、经手人,并可显示项目停工历史。

2）批量停工登录

批量停工时,为方便停工处理,软件系统可提供整车一次停复工和按班组停复工两种可以一次进行多个项目停复工的登录方法。

3）复工登录

已停工项目由于修理条件满足,而进行复工处理。需登录的具体项目是复工时间。

4）相关可查询的报表

相关可查询的报表有停工时间浏览表和停工待料浏览表、修理项目汇总表、修理项目浏览表和在制项目浏览表。

5. 项目完工

1）完工处理

项目主修人修理项目完毕后,将所修项目转为完工处理。

2）确定平均劳动时间

由于软件系统记录时间精确到秒,所以登录完工时间后通过(完工时间－派工时间)－(复工时间－停工时间)＝实做工时,可确定每一项目的具体工作时间,对工人实际修理能力进行统计,以确定全厂某一项目平均劳动时间备查。

6. 项目检验

1）项目检验

项目主修人所修项目进行完工处理后,定期(车间完工或阶段性完工)由检验员进行检验,具体填写项目是检验人和检验时间。

2）项目返工

各工种完工自检后,报检验员检验项目合格后方可进入下一道工序修理或进行完工处理,不合格的重新进行项目返工。本系统暂时只记录项目返工次数,未记录原返工工时和原项目主修人。

3）路试

大修项目各工种完工后,检验员需根据情况决定是否进行路试,路试检查无误后填写合格证。

7. 项目返工

1）将返工项目重新转为未派工状态

整车完工前如果检验员发现修理不合格要求局部或全部项目返工时，经检验员和车间主任签字后准予返工，即在浏览页选中要返工的工单记录点击返工按钮，即进入返工表单，选中要返修的项目和项目用料后，则被选中项目将被重新转为未派工状态。

2）返工项目明细统计表

相关可查询的报表有返工项目明细统计表。

8. 整车完工

1）完工处理

车辆整车修理完毕后，检验员对所修项目进行整车检验，合格者进行整车完工处理，具体填写项目是总检经手人和总检时间。

2）返工处理

检验员检验项目不合格的，退回相应的车间重新进行项目返工。

3）竣工处理

检验员进行竣工检验合格后，将信息录入计算机，同时将钥匙交至业务员手中。检验员核对无误后，通知车主提车，该车辆退出生产阶段。

4）打印总检单

如需要可打印总检单。

5）可查询的报表

相关可查询的报表有：修理项目汇总表、修理项目浏览表和在制项目浏览表等。

9. 工人工时

1）奖金发放功能

企业按工人实修项目进行工人的奖金发放，可应用本功能。

2）工资发放功能

车辆修理项目检验合格即满足工人内部工资发放条件，还可确定是否发放该项目工资和发放该项目的部分工资。

3）作业看板制度

车间采用作业看板制度，即项目开工计算机录入开工牌号，牌号一式两份（每个工人同时只能有一个正开工的项目，则一个项目可有两个以上的工人同时修理，但只记录项目主修人），一份留存在车间作业看板上（以人员或施工小组为项目，即具体项目人员或施工小组编号、名称、开工、停工和完工），另一份由工人收留，一旦项目完工或停工，工人需交回号牌，项目复工或新项目开工再次领用号牌。

看板制度配合计算机录入：

计算机置已派工项目开工，同时工人领取自己的号牌。

计算机置完工，同时交回自己的牌号，等待下次新项目开工。

计算机置停工，根据停工原因的不同，如停工待料，需将计算机置停工，同时交回自己的号牌等下次新项目开工；如午休停工，需将计算机置停工，同时交回自己的牌号，午休过后计算机置复工处理，同时领回自己的号牌。

4）刷卡作业制度

车间采用刷卡作业制度,与看板制度配合,计算机录入功能基本相同,但更简便,所需时间更短,只是初期投入比看板制度高。

5)正常开工成本与工时关系

无论车间刷卡作业制度还是看板制度,都是为了统计工人的实数工时,从而准确估算企业正常开工成本和费用与全部工人实做工时合计之间的关系。

6)实发工资历史汇总表

相关可查询的报表有:工人实发工资历史汇总以及浏览表、工人工时浏览表等。

10.项目成本、材料销售价格调整

1)项目成本的调整

车间提供项目直接工时成本,库房提供直接材料成本,财务提供相关费用成本和企业利润目标,在此基础上由生产部按规定调整每个项目成本。

2)材料销售价调整

生产部用料售价调整需在车间、库房和财务协助下完成。

3)相关可查询的报表

相关可查询的报表有项目车型价格表、车型项目价格表、项目价格调整对比表、材料销售价格表、材料价格调整对比表。

11.生产部计算机操作员职责

生产部计算机操作员有责任定期维护修理项目档案、项目价格定义、项目用料、其他汽修项目定义、项目技术参数档案、车辆故障定义、故障项目定义。同时有义务协助业务员定义车型档案和车辆档案。

三、库房业务流程

1.初期录入

1)库存盘点

在正式启用本系统前库房应对存货进行盘点,最后将盘点结果录入计算机,具体项目有库房商品余数和金额。

2)成本计算

初期录入单录入完毕检查无误后应马上进行成本计算,应尽量保证初期录入时系统开票与账面库存一致。

3)初期录入单会签

初期录入单应同时打印两份,一份交财务备查,另一份库房留存备查,初期录入单正常签字人有本方经手人(库管员、机打)、房库主管、财务主管和制单人(机打)。

4)相关商品明细表查询

相关可查询的报表有营业报表中的商品明细账、进、销、存明细报表;采购查询中的进货明细表、进货统计,销售查询中的各类小票浏览等。

2.日常进货

1)日常进货

商品进货可根据供应商出库小票或发票明细录入进货明细,具体项目在新增单据表单或品种增加页可修改入库仓库、在明细页或品种增加页增加商品明细记录、小票完成时确定:发票种类、对方经手人、本方经手人、小票完成时间、运杂费、支付方式和物流公司等信息。

2) 进货暂存

在制作进货单时,如中途需中断操作,应该打开小票完成表单,点击<暂存>,这时该进货单就变成了一张暂存的进货单,以后可随时增加或编辑其记录。

3) 进货估入

应注意在未取得供应商发票以小票录入时,应把进货明细页的单据项目改为估入。估入的进货单据可参加成本计算,未做成本计算时,在进货单据到后,可直接修改原单据;成本计算后,估入的进货单据票到后,要先将原估入小票做退货处理,再做相应的进货。

4) 进货退货

(1) 有票退货:依照某张进货小票中的商品进行的退货处理。

(2) 无票退货:是指初期录入的商品或找不到进货小票的商品所应用的单据。

5) 紧急外购件处理

紧急外购配件(停工待料)交库管员后,可先开出领料单经检验员和车间主任签字送料到工位后,按客户提供小票录入相应进货小票。

6) 进货发票附件与进货、退货单处理

进货单同时打印两份,一份交财务作为进货发票附件,另一份库房留存备查,进货退货单应视为进货发票附件与进货单同样处理;进货单和退货单正常签字人有采购员、己方经手人(机打)、对方经手人(机打)和制单人(机打),非正常签字人有检验员(工单责任工程师,紧急外购件处理)、库房主管和业务主管。

7) 业务进、销、存明细表查询

相关可查询的报表有业务进、销、存明细表,进货统计表。

3. 修理领料处理

1) 日常修理领料

日常修理领料发料的条件是项目主修人以旧料向库房换领新料的过程。库房管理根据待领料的修理工单表确定领料工单,处于在制—完工未结算状态的工单,可进行领料处理;库房管理员还要根据是否有料和修理计划材料单所记录的材料确定是否发料给项目主修人。

2) 修理领料具体项目

修理领料具体项目是在待领料修理工单表单上选中"领料"时生成的工单,还可在汽修领料表上浏览该选中工单的明细记录,同时还可以通过汽修领料表单的更改明细功能修改出库的仓库、出库数量和出库价,修改完毕确认后回到修改领料单,选择本次领料的部门和领料人,再次确认并进入修理领料明细表编辑后,单击完成按钮,在小票完成表单上填入本方经手人后确认完成即可完成本次领料小票。

3) 非计划领料

软件系统还可提供非计划领料商品临时加料的功能,也就是说只要汽修系统提供一个工单号,即可任意开票,但应在明细页或品种增加页,增加商品明细记录。

4) 修理领料暂存

在制作一张较大的修理领料单时,如中途需中断操作,应该打开小票完成表单,点击按键<暂存>,这时该修理领料单就变成了一张暂存的修理领料单,以后可随时增加或编辑其记录。

5) 修理领料退货

有票退货的模式即依照某张领料小票中的商品进行的退货处理。

6) 领料单和领料退料单的签字手续

领料单打印两份,一份交项目主修人,作为生产施工单附件,另一份由库房留存备查,领料退料单也应视为生产施工单附件,与领料单同样处理,领料单和领料退料单正常签字人有发料人(库管员)、领料人(项目主修人,机打)、验料人(检验员、工单责任工程师)和制单人(机打),非正常签字人有库房主管和业务主管。

7) 相关可查询的报表

相关可查询的报表有业务进、销、存明细账,销售统计和各类小票浏览。

4. 成本计算

1) 移动平均成本计算法

该系统使用移动平均成本计算方法,由于成本计算后单据不能再进行修改,所以月末应统一进行成本计算机处理,处理的具体方法:先将所有进货小票录入计算机(有进货发票的需核对发票数量、金额后录入;没有进货发票的按小票数量、金额做估入处理),在月末由专人将所有进货单和领料小票进行成本计算。

2) 负数商品处理

为保证月末商品无负库存,业务进、销、存明细账期末余额无负数才可进行领料小票的成本计算;如无未录入的进货小票,应将所有负数商品作为进货估入录入,下月初做退货处理(有票估入可等票到后再进行估入退货和重新录入处理)。

3) 月末报送出库单和成本明细报表

月末打印有实际成本的出库单(根据销售毛利明细表修改)或打印销售和成本明细报表报送财务计算当月领料总成本。

5. 定期盘库

库房人员需对仓库内的商品进行定期盘点。

1) 定期盘点目的

(1) 核对仓库实际库存与账面库存是否有出入,如有出入应做相应的盘亏处理。

(2) 清理积压库存商品根据相关仓储管理规定,应折价处理要过期的产品。

(3) 在会计期末核对仓库实际库存与账面库存后,按照账面成本与可变现净值孰低的原则提取商品跌价准备。

2) 旧料管理

(1) 待处理旧料库和修复旧料库的录入,在计算机系统和实际仓库中建立待处理旧料库和修复旧料库。

(2) 按类分检、安排修理或按废品处理。

3) 旧料管理制度

旧料一般在旧料库保存至车辆出厂后一个月,如客户无要求,厂方将旧料按类分检,可修复的旧料要出库安排修理,不可修理的废料出库按废品处理。

6. 库房计算机操作员的其他责任

1) 定期维护职责

库房计算机操作员有责任定期维护修理商品档案、供方客户档案、名片管理、仓库定义、货位定义、商品名称定义、价格种类定义。

2）协助定义车型档案

库房计算机操作员有义务协助业务员定义车型档案。

四、财务业务流程

（1）汽修结账收款核对处理。

每天与前台坐班收款员结账，核对日结账收款报表，统计每日收取的现金、银行支票和挂账信息。该报表打印两份，双方核对报表内容无误后签字，一份收款员留存，另一份会计留存备查。

（2）应收款管理。

协助业务员建立完善的企业应收款还款制度，并监督其执行情况。

（3）发票处理。

①监督职责。监督前台坐班收款员所开收据和普通发票，控制并统一填开增值税发票。

②检查职责。检查进货发票：检查采购收到的进货发票是否真实有效。

（4）监督库存核对。

监督库房盘库对盘盈盘亏商品做相应的处理，如仓库商品数量或金额与财务发票商品数量或金额不符，有责任协助库房调整。不得单独调整手工账，造成人为的仓库库存与财务手工账不符。

（5）监督工资发放情况。

监督生产车间工人工时工资的计算发放情况。

（6）收入成本费用核算（毛利）。

五、系统员业务流程

（1）网络权限设置。

按董事会决议进行网络权限设置。

（2）软件系统权限设置。

按总经理要求进行软件系统权限设置。

（3）定期备份。

按公司规定定期进行数据备份。

（4）数据维护。

按常规进行数据维护。

（5）审查修改各种报表。

按公司规定审查修改各种报表。

（6）定期与软件公司联系。

按公司规定定期与软件公司联系，解决岗位培训和系统的运行、维护与升级等事宜。

第三节　互联网在汽车维修行业的应用

随着经济的发展，当今社会已进入知识经济的时代，信息高速公路的开通，计算机技术的广泛应用，已深入到我们社会生活的各个领域。由于高新技术在现代汽车上的广泛应用，汽车维修、检测业已逐步引入互联网技术。从发展的趋势看,汽车维修、检测的发展必须应用互联网技术。联系汽车维修、检测业应用互联网技术的必要性、紧迫性,国外汽车维修、检测业应用互联网技术的现状,以及我国汽车维修行业面临的问题,进而指明了我国应用互联网技术的发展方向。

据不完全统计,目前国内新的汽车电子控制技术领域,微机使得汽车各个系统在公路上行驶的汽车有五十多种,约两千多种车的控制从过去的机械控制、电气控制变为计算机软件控制。总共有2万多种不同的发动机类型,有几千种控制,这种控制方式将控制过程的命令和程序固化在各个控制系统电脑类型。每个年份的车型,标识在原厂提供的计算机的芯片中。所以今天的汽车维修技术人员要排电路图就有近万幅,元件位置图有几千幅,以及排除故障就必须要了解微机控制程序的特点及相应的各种维修、调整数据、故障码读取及清除方法。

一、互联网在汽车维修行业应用的必要性

1. 传统汽车修理业在互联网技术方面的局限性

传统的汽车修理资料主要以纸质媒介存在,如图纸、修理说明书等,这种资料承载的信息量小,查询效率低,给资料的整理和管理带来了不便。当前Internet的发展打破了以往信息传播在空间和时间上的局限,它能在一个极短的时间内就将特定的信息传播到全球的每一个角落,这对汽车修理资料的更新和传播具有重要意义。

2. 现代汽车修理业对互联网技术的需求

从国际汽车修理行业的发展来看,将计算机信息技术应用到汽车修理中已经成为汽车修理行业发展的必然趋势。将信息技术引入到现代汽车修理业中具有以下优势:

(1)企业管理部门可以通过建立汽车修理管理信息系统以及时了解当前承接的修理业务数量及这些业务的工作进度,从而可对修理工作进行统筹安排。

(2)使用计算机对修理业务进行记录,使用信息网络和传感器技术对修理进度进行跟踪,使汽车修理企业的工作模式发生了质的飞跃。

(3)因为信息管理系统的辅助,使得企业管理层可以从繁琐的统筹安排、生产调度和统计报表中解脱出来,从而可以根据企业当前承担业务的能力去争取更多的客户,这可以使企业得到最有效的利用,增加了经济效益。

(4)信息化管理还可以为每一个客户建立车辆档案,这为长期、灵活的客户服务奠定了基础,例如到期提醒客户进行车辆维修、保养以及更换零件,从而有效地改善了服务质量。

(5)对于客户提出的问题可以通过信息化管理系统进行快速查询和展示,提高了客户的满意度。

(6)根据承接的修理业务类型对维修人员和备件进行合理调配,实现了企业资源的最优化配置。

二、互联网技术在汽车修理行业应用的主要形式

1. 汽车修理管理信息系统

汽车修理管理信息系统主要由维修业务录入、维修人员管理、维修备件管理、客户车辆档案管理、汽车修理进度跟踪和售后服务等模块组成。汽车维修业务录入主要负责企业承

接业务的记录功能,它是后续汽车修理进度管理和售后服务的基础,记录对象主要包括汽车类型、故障类型以及完成修理作业的价格预估等;维修人员和备件管理主要负责修理企业的资源配置和调度管理,根据承接修理业务的汽车故障类型,调派最合适的维修人员和进行维修作业时所需要的备件;客户车辆管理可以为客户的故障车辆建立完整准确的档案,为长期、灵活的客户服务奠定基础。

2. 汽车修理专家系统

将企业承接的维修业务整理成案例,并记录入汽车修理专家系统。在遇到汽车故障时,可以根据故障类型在案例库中进行检索,提取出相同故障类型案例中的维修处理方案,以辅助维修人员进行维修方案制订。此外,如果案例库中没有类似的案例或已检索出的案例的维修处理方案不适合,则还可以将汽车故障的表现特征以及各种仪器设备检测出来的数据输入到专家系统中,通过专家系统的模糊推理或缺省推理等智能模块生成维修处理方案,一方面应用到对汽车的维修实施以检验方案的正确性,另一方面则可以作为新案例加载到案例库中成为新案例,供以后使用。

3. 汽车故障远程诊断

信息网络技术的发展给汽车故障的远程诊断奠定了基础,通过将本地监测设备读取到的故障信息通过有线或无线的方式传送到厂家的故障诊断中心的服务器上,而故障诊断中心则会将分析结果反馈回现场以指导维修作业。尤其是随着当前可视化网络技术的发展和应用,使得远在千里之外的专家也能够像在现场一样对汽车的故障特征进行观察,并一步一步地指导现场维修人员进行维修作业。

第十五章 与汽车维修相关的法律、法规和标准

由于我国汽车维修企业的管理体制与管理方式的改革正在进行之中,相关的法律法规也正在不断完善。制定一套适应新的市场环境,统一、有序、科学的,各类维修企业可以和必须执行的法律、法规是汽车维修行业健康发展的当务之急。在"改制"完成之前,现行的一些为数不多的法律、法规仍是当前汽车维修企业必须严格遵守的规则。

第一节 现行与汽车维修企业相关的部分法律、法规

一、现行与汽车维修企业相关的部分法律

现行与汽车维修企业相关的部分法律包括:
《中华人民共和国安全生产法》。
《中华人民共和国道路交通安全法》。
《中华人民共和国合同法》。
《中华人民共和国消费者权益保护法》。
《中华人民共和国质量法》。
《中华人民共和国标准化法》。
《中华人民共和国计量法》。
《中华人民共和国消防法》。

二、现行与汽车维修企业相关的部分法规

现行与汽车维修企业相关的部分法规如下:

1. 国务院国家行政法规

《机动车维修管理规定》(2005)。
《道路交通事故处理办法》(1992)。
《汽车维修行业管理暂行办法》(1986)。
《道路运输车辆维护管理决定》(1998)。
《汽车维修合同实施细则》(1992)。
《汽车维修质量纠纷调解办法》(1998)。

2. 地方发布的汽车维修规章

主要指由某些省(市、自治区)人民政府发布的,在本地区执行的一些有关汽车维修方面的规章,它们是现有汽车维修法规的具体细化和补充,各级汽车维修企业和交通运输部门

也应认真执行。

第二节 现行与汽车维修企业相关的部分标准

一、国家标准

现行与汽车维修企业相关的部分国家标准包括：
《汽车维修术语》（GB/T 5624—2005）。
《汽车维护、检测、诊断技术规范》（GB/T 18344—2001）。
《汽车修理质量检查评定方法》（GB/T 15746—2011）。
《机动车发动机冷却液》（GB 29743—2013）。
《道路运输车辆综合性能要求和检验方法》（GB 18565—2016）。
《汽车大修竣工出厂技术条件 第1部分：载客汽车》（GB/T 3798.1—2005）。
《汽车大修竣工出厂技术条件 第2部分：载货汽车》（GB/T 3798.2—2005）。
《商用汽车发动机大修竣工出厂技术条件 第1部分：汽油发动机》（GB/T 3799.1—2005）。
《汽车发动机大修竣工技术条件 第2部分：柴油发动机》（GB/T 3799.2—2005）。
《大客车车身修理技术条件》（GB/T 5336—2005）。
《滚筒式汽车车速表检验台》（GB/T 13563—2007）。
《滚筒反力式汽车制动检验台》（GB/T 13564—2005）。
《汽车维修业开业条件 第1部分：汽车整车维修企业》（GB/T 16739.1—2014）。
《汽车维修业开业条件 第2部分：汽车综合小修及专项维修业户》（GB/T 16739.2—2014）。
《汽车综合性能检测站能力的通用要求》（GB/T 17993—2005）。
《汽车鼓式制动器修理技术条件》（GB/T 18274—2000）。
《汽车制动传动装置修理技术条件 气压制动》（GB/T 18275.1—2000）。
《汽车制动传动装置修理技术条件 液压制动》（GB/T 18275.2—2000）。
《汽车动力性台架试验方法和评价指标》（GB/T 18276—2000）。
《汽车盘式制动器修理技术条件》（GB/T 18343—2001）。
《燃气汽车改装技术要求 第1部分：压缩天然气汽车》（GB/T 18437.1—2009）。
《燃气汽车改装技术要求 第2部分：液化石油气汽车》（GB/T 18437.2—2009）。
《汽车发动机电子控制系统修理技术要求》（GB/T 19910—2005）。
《机动车维修从业人员从业资格条件》（GB/T 21338—2008）。
《电喷汽车喷油嘴清洗液》（GB/T 23435—2009）。
《汽车风窗玻璃清洗液》（GB/T 23436—2009）。
《汽车上光蜡》（GB/T 23437—2009）。
《使用乙醇汽油车辆检查、维护技术规范》（GB/T 25349—2010）。
《使用乙醇汽油车辆燃油供给系统清洗工艺规范》（GB/T 25350—2010）。
《使用乙醇汽油车辆性能技术要求》（GB/T 25351—2010）。
《压缩天然气汽车维护技术规范》（GB/T 27876—2011）。

《液化石油气汽车维护技术规范》(GB/T 27877—2011)。
《平板式制动检验台》(GB/T 28529—2012)。
《机动车发动机外表面清洗液》(GB/T 31025—2014)。
《机动车发动机润滑系清洗液》(GB/T 31026—2014)。
《机动车发动机冷却系统内部清洗剂》(GB/T 31027—2014)。
《漆膜颜色标准》(GB/T 3181—2008)。
《机动车运行安全技术条件》(GB 7258—2012)。
《机动车辆后视镜的性能和试验方法》(GB 15084—1994)。
《汽车及挂车外部照明和信号装置的数量、位置和光色》(GB 4785—1998)。
《机动车前照灯使用和光束调整技术规定》(GB 7454—1987)。
《车用汽油机油换油指标》(GB 8028—2010)。

二、行业标准

现行与汽车维修企业相关的部分行业标准包括：
《汽车喷、烤漆通用技术条件》(JT/T 324—1997)。
《汽车维护工艺规范》(DB35/T 164—2013)。
《移动式气缸镗床》(JT/T 115—2007)。
《连杆轴瓦镗床》(JT/T 122—2007)。
《气缸体轴瓦镗床》(JT/T 123—2007)。
《气缸珩磨机》(JT/T 125—2007)。
《立式制动鼓镗床》(JT/T 126—2007)。
《磨气门机》(JT/T 129—2007)。
《汽车举升机》(JT/T 155—2004)。
《中负荷车辆齿轮油》(JT/T 224—2008)。
《汽车喷烤漆房》(JT/T 324—2008)。
《汽车排气分析仪》(JT/T 386—2004)。
《汽车底盘测功机》(JT/T 445—2008)。
《汽车悬架装置检测台》(JT/T 448—2001)。
《汽车检测站计算机控制系统技术规范》(JT/T 478—2002)。
《汽车发动机综合检测仪》(JT/T 503—2004)。
《前轮定位仪》(JT/T 504—2004)。
《四轮定位仪》(JT/T 505—2004)。
《不透光烟度计》(JT/T 506—2004)。
《汽车侧滑检验台》(JT/T 507—2004)。
《机动车前照灯检测仪》(JT/T 508—2015)。
《汽车防抱制动系统检测技术条件》(JT/T 510—2004)。
《汽车故障电脑诊断仪》(JT/T 632—2005)。
《汽车悬架转向系间隙检查仪》(JT/T 633—2005)。
《汽车前轮转向角检验台》(JT/T 634—2005)。
《轮胎拆装机》(JT/T 635—2005)。

《立轴缸体缸盖平面磨床》(JT/T 636—2005)。
《气门座镗床》(JT/T 637—2005)。
《汽车发动机电喷嘴清洗检测仪》(JT/T 638—2005)。
《汽车车体校正机》(JT/T 639—2005)。
《汽车维修行业计算机管理信息系统技术规范》(JT/T 640—2005)。
《多功能汽车制动性能检测台》(JT/T 649—2006)。
《机动车维修技术人员从业资格培训技术要求》(JT/T 698—2007)。
《汽车自动变速器维修通用技术条件》(JT/T 720—2008)。
《汽车空调制冷剂回收、净化、加注工艺规范》(JT/T 774—2010)。
《汽车空调制冷剂回收、净化、加注设备》(JT/T 783—2010)。
《事故汽车修复技术规范》(JT/T 795—2011)。
《机动车维修服务规范》(JT/T 816—2011)。
《汽车售后服务客户满意度评价方法》(JT/T 900—2014)。
《在用汽车喷烤漆房安全评价规范》(JT/T 937—2014)。
《汽车喷烤漆房能源消耗量限值及能源效率等级》(JT/T 938—2014)。
《液化天然气汽车维护技术规范》(JT/T 1009—2015)。
《液化天然气汽车日常检查方法》(JT/T 1010—2015)。
《纯电动汽车日常检查方法》(JT/T 1011—2015)。
《汽车外廓尺寸检测仪》(JT/T 1012—2015)。
《碳平衡法汽车燃料消耗量检测仪》(JT/T 1013—2015)。
《混合动力电动汽车维护技术规范》(JT/T 1029—2016)。
《汽车外部清洗设备》(JT/T 1050—2016)。

参 考 文 献

[1] 庞志远.汽车维修企业管理实务[M].重庆:重庆大学出版社,2011.
[2] 栾琪文.现代汽车维修企业管理实务[M].北京:机械工业出版社,2011.
[3] 鲍贤俊.汽车维修业务管理[M].北京:人民交通出版社,2011.
[4] 沈树盛.汽车维修企业管理[M].3版.北京:人民交通出版社,2014.
[5] 丁云鹏.汽车维修技术与实训[M].北京:机械工业出版社,2016.
[6] 齐建民.汽车维修企业管理[M].北京:人民交通出版社,2012.
[7] 冉广仁.汽车维修质量检验[M].北京:人民交通出版社,2014.
[8] 晋东海,翟云茂.汽车维修企业经营与管理[M].北京:机械工业出版社,2015.
[9] 夏长明,宋晓丽.汽车维修企业管理[M].北京:机械工业出版社,2016.
[10] 倪勇.汽车4S企业管理制度与前台接待[M].北京:机械工业出版社,2016.
[11] 徐广琳.汽车维修企业管理[M].北京:机械工业出版社,2016.
[12] 晋东海.汽车维修企业管理实务 永续发展篇[M].北京:机械工业出版社,2016.
[13] 胡春红.汽车维修质量检验[M].杭州:浙江大学出版社.2016.
[14] 胡建军.汽车维修企业创新管理[M].北京:机械工业出版社,2011.
[15] 阳小良.汽车维修服务企业管理软件使用[M].北京:人民交通出版社,2011.
[16] 赵伟章.汽车维修业务管理[M].哈尔滨:哈尔滨工程大学出版社,2011.
[17] 彭高宏.汽车维修企业管理[M].北京:中国人民大学出版社,2011.
[18] 汤超.5S现场管理方法在汽车维修企业的应用研究[D].吉林:吉林大学,2016.
[19] Dogan Y, Ozkutuk A, Dogan O. Implementation of "5S" methodology in laboratory safety and its effect on employee satisfaction[J]. Mikrobiyoloji bulteni, 2014, 48(2): 300-310.
[20] Lamprea E J H, Carre o Z M C, Sánchez P M T M. Impact of "5S" on productivity, quality, organizational climate and industrial safety in Caucho Metal Ltda[J]. Ingeniare. Revista chilena de ingeniería, 2015, 23(1): 107-117.
[21] Da S. Effects of simplicity and discipline on operational flexibility: an empirical re-examination of the rigid flexibility model[J]. Journal of Operations Management,2006,24(6): 932-947.
[22] Leotsakos A, Zheng H, Croteau R, et al. Standardization in patient safety: the WHO High 5S project[J]. International Journal for Quality in Health Care, 2014, 26(2): 109-116.
[23] 孙颖.北京公交公司新能源汽车战略实施研究[D].北京:北京工业大学, 2016.
[24] 刘莹莹.NZ公司客户关系管理策略研究[D].南京:南京大学, 2016.
[25] Islam M, Hossain S S, Bhuyan S A, et al. Implementaton of "5S" in a plastic manufacturing company with fuzzy logic [J]. International Journal of Research, 2015, 2(1): 648-659.

人民交通出版社汽车类本科教材部分书目

1. "十二五"普通高等教育本科国家级规划教材

书 号	书 名	作 者	定 价	出版时间	课 件
978-7-114-10437-4	汽车构造（第六版）上册	史文库、姚为民	48.00	2016.7	配光盘
978-7-114-10435-0	汽车构造（第六版）下册	史文库、姚为民	58.00	2016.8	配光盘
978-7-114-13444-9	汽车发动机原理（第四版）	张志沛	38.00	2017.04	有
978-7-114-11616-2	汽车运用工程（第五版）	许洪国	39.00	2016.7	有

2. "十一五"普通高等教育本科国家级规划教材

书 号	书 名	作 者	定 价	出版时间	课 件
978-7-114-09527-6	汽车排放及控制技术（第二版）	龚金科	28.00	2016.7	有
978-7-114-09749-2	汽车检测技术与设备（第三版）	方锡邦	25.00	2015.4	有
978-7-114-09545-0	汽车电子控制技术（第二版）	冯崇毅、鲁植雄、何丹娅	35.00	2016.7	有
978-7-114-11612-4	汽车理论（第二版）	吴光强	46.00	2014.8	有
978-7-114-10652-1	汽车设计（第二版）	过学迅、黄妙华、邓亚东	38.00	2013.9	有
978-7-114-09994-6	汽车制造工艺学（第三版）	韩英淳	38.00	2016.2	有
978-7-114-11157-0	汽车振动与噪声控制（第二版）	陈 南	28.00	2015.7	有
978-7-114-05467-9	汽车节能技术	陈礼璠、杜爱民、陈 明	19.00	2013.8	
978-7-114-09884-0	专用汽车设计（第二版）	冯晋祥	42.00	2013.7	有
978-7-114-07419-6	汽车营销学	张国方	41.00	2016.7	有
978-7-114-11522-6	汽车发动机原理（第二版）	颜伏伍	42.00	2014.9	有
978-7-114-11672-8	汽车事故工程（第三版）	许洪国	36.00	2015.11	有
978-7-114-10630-9	汽车再生工程（第二版）	储江伟	35.00	2013.8	
978-7-114-13643-6	汽车电子控制技术（第四版）	舒 华	48.00	2017.3	有
978-7-114-09561-0	汽车运行材料（第二版）	孙凤英	16.00	2016.5	
978-7-114-06226-1	专用汽车设计	冯晋祥	36.00	2010.12	
978-7-114-07875-0	汽车理论	许洪国	20.00	2009.8	
978-7-114-06742-6	汽车排放与噪声控制（第二版）	李岳林	28.00	2017.4	有
978-7-114-06651-1	汽车运行材料	孙凤英	15.00	2011.7	

3. 应用技术型高校汽车类专业规划教材

书 号	书 名	作 者	定 价	出版时间	课 件
978-7-114-13075-5	汽车构造·上册（第二版）	陈德阳、王林超	33.00	2016.08	有
978-7-114-13314-5	汽车构造·下册（第二版）	王林超、陈德阳	45.00	2016.12	有
978-7-114-11412-0	汽车液压与气压传动	柳 波	38.00	2014.07	有
978-7-114-11411-3	汽车营销	谢金法、赵 伟	35.00	2014.07	有
978-7-114-12846-2	汽车电器设备	吴 刚	39.00	2016.04	有
978-7-114-11281-2	汽车电气设备	王慧君、于明进	32.00	2015.07	有
978-7-114-11280-5	发动机原理	訾 琨、邓宝清	40.00	2014.07	有
978-7-114-11279-9	汽车维修工程	徐立友	43.00	2014.07	有
978-7-114-11508-0	汽车电子控制技术	吴 刚	45.00	2014.08	有
978-7-114-13147-9	汽车试验技术	门玉琢	33.00	2016.08	有
978-7-114-11446-5	汽车试验学	付百学、慈勤蓬	35.00	2014.07	有
978-7-114-11710-7	汽车评估	李耀平	29.00	2014.10	有
978-7-114-11874-6	汽车专业英语	周 靖	22.00	2015.03	有
978-7-114-11904-0	新能源汽车	徐 斌	29.00	2015.03	有
978-7-114-11677-3	汽车制造工艺学	石美玉	39.00	2014.10	有
978-7-114-11707-7	汽车CAD/CAM	王良模、杨 敏	45.00	2014.10	有
978-7-114-11693-3	汽车服务工程导论	王林超	25.00	2016.05	有
978-7-114-11897-5	汽车保险与理赔	谭金会	29.00	2015.01	有
978-7-114-11905-7	汽车诊断与检测技术（第四版）	张建俊	45.00	2016.05	有

咨询电话：010-85285253；010-85285977．咨询QQ：64612535；99735898